保險學原理 （第四版）

孫蓉、蘭虹 主編

第四版前言

本次教材修訂主要是基於以下幾方面：反應保險市場的最新發展狀況；部分內容進一步系統化、理論深化以及簡化；修改調整教學過程中發現的教材問題等。

此次修訂我們從結構和內容上對第三版《保險學原理》進行了較為全面的修訂：為體現以人為本的精神，將第四章第二節和第三節的內容作了調換。我們新增了榮幸博士為作者，榮幸撰寫了第三章第二節和第三節的內容並對本章作了大量的補充和修改；同時，補充了第一章第二節和第八章第三節的部分內容，並對全書其他章節內容作了一些修改。蘭虹對第四章第二節（現為第三節）、第六章第一節至第四節的內容做了較大的增補和修改，調整了部分參考文獻。孫蓉修改了第二章和第五章的部分內容。彭雪梅對第八章第三節和第四節的內容做了較大的增補和修改。王曉全對第九章第二節的內容作了微調，並增補了一些參考文獻。此外，我們重新調整、增加了參考文獻及附錄的內容。

孫蓉教授對全書各章的內容提示、正文、復習思考題進行了調整、修改和補充完善，收集整理了參考文獻和附錄，完成總纂和定稿工作。

本書編寫及修訂的主要分工如下：

前言：孫蓉；

第一章：第一節，孫蓉；第二節至第三節，胡秋明；

第二章：孫蓉；

第三章：第一節，孫蓉；第二節至第三節，韋生瓊、榮幸；

第四章：第一節，李虹；第二節，韋生瓊；第三節，蘭虹；

第五章：孫蓉；

第六章：蘭虹；

第七章：彭雪梅；

第八章：彭雪梅；

第九章：第一節至第二節，王曉全；第三節，楊馥。

　　限於編寫者的學識水平，本書錯漏之處在所難免，懇請各位同仁及讀者指正。

編者

前　言

　　保險業發展到今天，已逐漸成為朝陽產業。保險市場主體不斷增加，消費者的保險意識不斷增強，保險法律法規體系不斷建立和完善，保險監管不斷加強，保險市場不斷拓展，保險理論研究不斷深化，保險實踐更加貼近市場需求。正是在這一背景下，為滿足高等院校保險學專業課程的教學需要，我們編寫了這本教材。

　　保險學是交融了社會科學和自然科學的一門綜合性學科，涉及的內容十分廣泛。本書著重介紹了保險學的基礎知識、基本理論和基本技能。各章由內容提示、正文、復習思考題和主要參考文獻四部分組成。內容包括風險與風險管理、保險概述、保險的起源與發展、保險的類別、保險合同、保險的基本原則、保險經營及其過程、保險基金、保險市場九個方面。我們在寫作過程中努力將保險學理論與保險實踐、中國國情與國際慣例相結合，使體例規範統一，內容、結構完整，反應保險理論及實務的最新動態，力求使本書成為一本面向市場、面向未來的保險學教材。本書適宜於作為高等院校保險專業課的教材，也可作為各類保險培訓教材，還可供對保險感興趣的讀者參閱。

　　本書由孫蓉擬定大綱、編寫計劃並負責全書的總纂工作。本書是以蘭虹主編的《保險學基礎》教材為基礎編寫的，但又區別於《保險學基礎》。在編寫過程中，我們刪減、壓縮了「涉外保險」、「保險費率的計算原理」、「財產保險」和「人身保險」等章及附錄的內容，在各章的內容及結構上做了較大的調整，並新增了「保險基金」、「保險市場」、「風險管理概述」、「風險管理的創新與發展」、「保險產生的基礎」、「保險的各種學說」、「保險合同爭議處理的方式」、「保險投資的原則」等章、節、目的內容，並根據新的內容新增了大量的參考文獻及復習思考題，以更好地滿足教學需要。蘭虹作為《保險學基礎》的主編曾做了大量的工作，為本書的編寫奠定了好的基礎，這次又在部分章節的內容、佈局及名稱等方面，做了不少努力；彭雪梅也提出了一些有益的建議。

　　本書編寫分工如下：

孫蓉：前言，第一章第一節，第二章，第三章第一節，第五章；
蘭虹：第四章第二節，第六章，第七章第一節至第四節；
胡秋明：第一章第二節至第三節；
韋生瓊：第三章第二節至第三節，第四章第三節；
李虹：第四章第一節；
彭雪梅：第七章第五節，第八章；
王曉全：第九章。

本書在寫作過程中受到了不少作者的思想和觀點的啟示，在此一併致

限於編寫者的學識水平，本書錯漏之處在所難免，懇請各位同仁及讀者指正。

編者

目　錄

第一章　風險與風險管理

第一節　風險 ………………………………………………………… (1)
　　一、風險的含義 …………………………………………………… (1)
　　二、風險的構成要素 ……………………………………………… (3)
　　三、風險的分類 …………………………………………………… (5)
第二節　風險管理概述 ……………………………………………… (7)
　　一、風險管理的概念 ……………………………………………… (7)
　　二、風險管理的產生與發展 ……………………………………… (10)
　　三、風險管理的目標 ……………………………………………… (15)
　　四、風險管理的基本原則 ………………………………………… (16)
　　五、風險管理的基本職能 ………………………………………… (17)
　　六、風險管理的基本程序 ………………………………………… (18)
第三節　風險管理的創新與發展 …………………………………… (25)
　　一、整合性風險管理 ……………………………………………… (25)
　　二、非傳統風險轉移方式的創新與發展 ………………………… (32)
　　三、保險證券化 …………………………………………………… (35)

第二章　保險概述

第一節　保險的內涵 ………………………………………………… (40)
　　一、保險的各種學說 ……………………………………………… (40)
　　二、保險的含義 …………………………………………………… (45)
　　三、保險的要素 …………………………………………………… (46)
　　四、保險與其他類似經濟行為及制度的比較 …………………… (48)
第二節　保險的職能與作用 ………………………………………… (50)

一、保險的職能及功能 ……………………………………… (50)
　二、保險的作用 …………………………………………… (51)

第三章　保險的起源與發展

第一節　保險產生的基礎 ……………………………………… (55)
　一、自然基礎——風險的客觀存在 ………………………… (55)
　二、經濟基礎——剩餘產品的存在與商品經濟
　　　的發展 …………………………………………………… (56)
第二節　世界保險的起源與發展 ……………………………… (57)
　一、國外古代的保險思想和原始保險形態 ………………… (57)
　二、世界保險產生與發展的歷史 …………………………… (58)
　三、世界保險業發展的現狀和趨勢 ………………………… (66)
第三節　中國保險的起源與發展 ……………………………… (75)
　一、中國古代的保險思想和原始形態的保險 ……………… (75)
　二、舊中國的保險業 ………………………………………… (77)
　三、新中國的保險業 ………………………………………… (80)
　四、新中國保險業的發展趨勢 ……………………………… (89)

第四章　保險的類別

第一節　保險的一般分類 ……………………………………… (98)
　一、按保險的性質分類 ……………………………………… (98)
　二、按保險的實施方式分類 ……………………………… (100)
　三、按保險標的分類 ……………………………………… (101)
　四、按承保方式分類 ……………………………………… (102)
第二節　人身保險 …………………………………………… (103)
　一、人壽保險 ……………………………………………… (104)
　二、意外傷害保險 ………………………………………… (115)
　三、健康保險 ……………………………………………… (119)
第三節　財產保險 …………………………………………… (124)
　一、財產保險概述 ………………………………………… (124)

二、財產損失保險 ………………………………………… (128)
三、責任保險 ……………………………………………… (137)
四、信用保證保險 ………………………………………… (140)
五、農業保險 ……………………………………………… (141)

第五章　保險合同

第一節　保險合同概述 ……………………………………… (143)
　一、保險合同的概念 ……………………………………… (143)
　二、保險合同的特徵 ……………………………………… (144)
第二節　保險合同的主體、客體和內容 …………………… (146)
　一、保險合同的主體 ……………………………………… (146)
　二、保險合同的客體 ……………………………………… (151)
　三、保險合同的內容 ……………………………………… (151)
第三節　保險合同的訂立、變更、中止、
　　　　復效和終止 ……………………………………… (156)
　一、保險合同的訂立 ……………………………………… (156)
　二、保險合同的變更 ……………………………………… (158)
　三、保險合同的中止與復效 ……………………………… (160)
　四、保險合同的終止 ……………………………………… (161)
第四節　保險合同的爭議處理 ……………………………… (164)
　一、保險合同爭議處理的方式 …………………………… (164)
　二、保險合同的條款解釋原則 …………………………… (165)

第六章　保險的基本原則

第一節　最大誠信原則 ……………………………………… (168)
　一、最大誠信原則的基本含義和產生的原因 …………… (168)
　二、最大誠信原則的主要內容及相關法律規定 ………… (170)
第二節　保險利益原則 ……………………………………… (174)
　一、保險利益原則的含義及其意義 ……………………… (174)
　二、財產保險利益與人身保險利益的比較 ……………… (177)

第三節　近因原則 …………………………………………（180）
　一、近因及近因原則的含義 ……………………………（180）
　二、近因的判定及近因原則的應用 ……………………（180）
第四節　損失補償原則 ……………………………………（182）
　一、損失補償原則的含義 ………………………………（182）
　二、損失補償原則量的規定 ……………………………（183）
　三、被保險人不能獲得額外利益 ………………………（184）
第五節　代位原則和分攤原則 ……………………………（185）
　一、代位原則 ……………………………………………（185）
　二、分攤原則 ……………………………………………（188）

第七章　保險經營及其過程

第一節　保險經營概述 ……………………………………（191）
　一、保險經營的基本原則 ………………………………（191）
　二、經營保險業務的組織 ………………………………（193）
第二節　保險展業和承保 …………………………………（196）
　一、保險展業 ……………………………………………（196）
　二、承保 …………………………………………………（198）
第三節　再保險 ……………………………………………（201）
　一、再保險及其特徵 ……………………………………（201）
　二、再保險的業務種類 …………………………………（202）
　三、再保險業務的安排方式 ……………………………（206）
第四節　保險理賠 …………………………………………（207）
　一、保險理賠的原則 ……………………………………（207）
　二、保險理賠的程序 ……………………………………（208）

第八章　保險基金與保險投資

第一節　保險基金的含義和特性 …………………………（210）
　一、基金的含義和種類 …………………………………（210）
　二、保險基金的含義 ……………………………………（212）

三、保險基金的特徵 …………………………………… (214)
第二節　保險基金的來源、運動及其與保險資金
　　　　的比較 …………………………………………… (215)
一、保險基金的來源 …………………………………… (215)
二、保險基金的運動 …………………………………… (216)
三、保險資金 …………………………………………… (217)
四、保險基金與保險資金的區別 ……………………… (219)
第三節　保險基金的存在形式 …………………………… (219)
一、未到期責任準備金 ………………………………… (220)
二、未決賠款準備金 …………………………………… (220)
三、保險保障基金 ……………………………………… (221)
第四節　保險投資 ………………………………………… (222)
一、保險投資的意義 …………………………………… (222)
二、保險投資的資金來源 ……………………………… (223)
三、保險投資的原則 …………………………………… (224)
四、保險投資的一般形式 ……………………………… (225)

第九章　保險市場與保險監管

第一節　保險市場概況 …………………………………… (229)
一、保險市場的概念及構成要素 ……………………… (229)
二、保險市場的特徵 …………………………………… (230)
三、保險市場的模式 …………………………………… (231)
第二節　保險市場的供求及其影響因素 ………………… (233)
一、保險需求的經濟分析 ……………………………… (233)
二、影響保險需求的因素 ……………………………… (235)
三、需求函數和需求曲線 ……………………………… (239)
四、保險供給的含義 …………………………………… (240)
五、保險供給的影響因素 ……………………………… (241)
六、保險供給函數和保險供給曲線 …………………… (241)
第三節　保險監管 ………………………………………… (242)
一、保險監管的概念與特徵 …………………………… (243)
二、保險監管的必要性 ………………………………… (243)

三、保險監管的理論基礎 ………………………………………（245）
四、保險監管的目標和原則 ………………………………………（247）
五、保險監管的方式 ………………………………………………（249）
六、保險監管的主要內容 …………………………………………（250）

第一章 風險與風險管理

內容提示：風險是保險的邏輯起點。保險理論中的風險，通常是指損失發生的不確定性。風險由風險因素、風險事故和損失構成。風險有不同的類別。在闡述了風險之後，本章主要介紹了風險管理的內涵、目標及基本程序；現代風險管理的創新與發展。全面而準確地理解風險的含義、掌握風險管理的基本內涵、基本程序，是本章的學習重點。把握國際風險管理的最新發展趨勢，包括整合性風險管理的思想、非傳統風險轉移方式及保險證券化的整體趨勢，是本章的學習難點。

第一節 風險

風險的存在是保險產生的基礎。沒有風險也就不可能產生保險。因此，研究保險需從風險開始。

一、風險的含義

從一般的意義上講，風險是指未來結果的不確定性。只要某一事件的發生結果與預期不同，就存在著風險。風險的不確定性體現為某一事件的發生可能導致三種結果：損失、無損失或收益。如果未來結果低於預期價值就稱為損失；如果未來結果高於預期價值就稱為收益。在未來不確定的三種結果中，損失尤其值得我們注意。因為，如果事件發生的結果不會有

損失，就沒有必要談論風險。換言之，正是因為損失發生的不確定性可能引起將來的不利結果，這才需要對風險進行管理，這才促使了作為風險管理方式之一的保險的產生與發展。因此，保險理論中的風險，通常是指損失發生的不確定性。

只要風險存在，就一定有發生損失的可能。在風險存在的情況下，損失可能發生，也可能不發生，但如果發生損失的可能性為零或百分之百，則不存在風險。因為無論發生損失的可能性為零，還是發生損失的可能性為百分之百，其結果都是確定的，這與風險的含義相違背。

根據概率論，風險的大小取決於損失的概率，若損失的概率是 0 或 1，就不存在不確定性；而當損失的概率在（0，1）之間時，概率越大，則風險越大。從概率論的角度來分析認識問題，就不難理解風險的含義。

風險具有下列特徵：

（一）風險的客觀性

風險是客觀存在的，自然界的地震、颱風、洪水，人類社會中的瘟疫、意外事故等風險，都是不以人的意志為轉移的。人們只能在一定的時間和空間內改變風險存在和發生的條件，降低風險發生的頻率和損失程度，難以徹底消除風險。

（二）風險的普遍性

人類社會自產生以來，就面臨著各種各樣的風險。隨著科學技術的發展、生產力的提高、社會的進步，新的風險不斷產生，風險事故造成的損失也越來越大。在現代社會，個人及家庭、企事業單位、機關團體乃至國家都面臨著各種各樣的風險，風險滲入到社會經濟生活的方方面面。風險的發生具有普遍性，風險無時不在、無處不在。

（三）風險的可測性

個別風險的發生是偶然的，但是通過對大量風險的觀測可以發現，風險往往呈現出明顯的規律性，從而體現出風險是可以測量的特性。如果我們根據以往的大量資料，運用概率論及數理統計的方法，去處理大量相互獨立的偶發風險事故，就可以測算出風險事故發生的概率及其損失範圍，對風險損失的大小進行較為準確地預測，從而可以較為準確地反應風險發生的規律性。可見，通過對偶發事件的大量觀測分析，可以揭示出風險潛在的規律性，使風險具有可測性。

（四）風險的可變性

在一定的條件下，風險可能發生變化。隨著科學技術的發展與普及，

可能產生一些新的風險，而有些風險會發生性質的變化；隨著人們對風險認識程度的增強和風險管理方法的完善，有些風險在一定程度上得以控制，可降低其發生頻率和損失程度，導致風險量的變化；還有一些風險可能在一定的時間和空間範圍內被消除。總之，隨著人類社會的進步與發展，既可能使新的風險產生，也可能使原有的風險發生變化。

(五) 風險的社會性

風險具有社會屬性，而不具有自然屬性。就自然現象本身而言無所謂風險，各種自然災害、意外事故可能只是大自然自身運動的表現形式，或者是自然界自我平衡的必要條件。然而，當災害事故與人類相聯繫，對人類的財產、生命等造成損失時，對人類而言就成了風險。因此，沒有人類社會，就沒有風險可言，這正體現出風險的社會性。

二、風險的構成要素

風險是由多種要素構成的，這些要素的相互作用，共同決定了風險的存在、發展和變化。一般認為，風險的構成因素包括風險因素、風險事故和損失。

(一) 風險因素

風險因素又稱風險條件，是指那些隱藏在損失事件後面，增加損失可能性和損失程度的條件。風險因素是風險事故發生的潛在原因，是造成損失的間接的、內在的原因。風險因素的存在，有可能增加風險事故發生的頻率、增大風險損失的程度。風險因素可分為實質風險因素、道德風險因素和心理風險因素。

1. 實質風險因素

它是指在社會生活中客觀存在並能引起事物變化的種種物理因素。實質風險因素一般表現為有形的風險因素。有形的風險因素是指那些看得見的、影響損失頻率和程度的環境條件。例如，汽車的用途及煞車系統，建築物的位置、構造及佔有形式，甚至人體的免疫力，都可以歸入實質風險因素。實質風險因素與人為因素無關，故又稱為物質風險因素。

2. 道德風險因素

它是與人的道德修養及品行有關的無形的風險因素，即由於個人的行為不端、不誠實、居心不良或有不軌企圖，故意促使風險事故發生，以致引起社會財富損毀和人身傷害的原因和條件。例如，詐欺、縱火等惡意行為，都屬於道德風險因素。

3. 心理風險因素

它是與人的心理狀態有關的無形的風險因素，即由於人的主觀原因，如疏忽、過失、僥幸心理或依賴保險心理等，以致引起風險事故發生的機會增大。例如，外出未鎖門的行為，由於會增加盜竊事故發生的可能性，就屬於心理風險因素。

道德風險因素和心理風險因素都是無形的風險因素，由於它們都與人的因素密不可分，因而，可以統稱為人為因素。

(二) 風險事故

風險事故是指造成人身傷亡或財產損失的偶發事件，是造成損失的直接的、外在的原因，是損失的媒介物。只有通過風險事故的發生，才會導致人身傷亡或財產損失。例如，在汽車煞車失靈釀成車禍導致車毀人亡這一事件中，煞車失靈是風險因素，車禍是風險事故。如果僅有煞車失靈而無車禍，就不會造成人員的傷亡。風險事故意味著風險的可能性轉化為現實性，即風險的發生。

對於某一事件，在一定條件下，可能是造成損失的直接原因，則它成為風險事故；而在其他條件下，可能是造成損失的間接原因，則它又成為風險因素。例如，下冰雹以致路滑而引起車禍，造成房屋被撞毀，這時冰雹是風險因素，車禍是風險事故；若冰雹直接將行人砸傷，則它是風險事故。

(三) 損失

風險是指損失發生的不確定性，因而風險的存在，意味著損失發生的可能性。一般而言，損失是指非故意的、非預期的和非計劃的經濟價值的減少或人身的傷害。例如，折舊、記憶力減退等，都不能稱為損失。在保險實務中，將損失分為直接損失和間接損失，前者是指實質性的、直接引起的損失，後者是指額外費用損失、收入損失、責任損失、信譽損失、精神損失等。

風險是由風險因素、風險事故和損失三者構成的統一體。一方面，風險與損失機會之間存在著密切的關係。損失機會的大小在一定程度上反應了風險的程度，損失機會越大，風險越大；而如果損失機會越有規律，越易被人們把握，那麼風險的程度也就可能越低。但是它們之間的關係並不是絕對的，即是說並不是所有風險都必然造成損失，損失不完全以風險為因。例如財產的折舊損失，就是一種可以預計後果的損失。另一方面，風險因素、風險事故以及損失之間存在著因果關係：風險因素的增加或產

生，可能導致風險事故發生並引起損失，從而產生實際結果與預期結果之間的差異程度，即是風險。

三、風險的分類

在日常的生產與生活中，人類面臨著各種各樣的風險。為了對風險進行管理，需要對風險進行分類。按照不同的分類方式，可以將風險分為不同的類別。

(一) 按風險的性質分類，可將風險分為純粹風險與投機風險

1. 純粹風險

它是指造成損失可能性的風險，其所導致的結果有兩種，即損失和無損失。或者說純粹風險是指只有損失機會而無獲利可能的風險。例如，房屋所有者的房屋遭遇火災，會造成房屋所有者經濟上的損失。各種自然災害、意外事故的發生，都可能導致社會財富的損失或人員的傷害，因此，都屬於純粹風險。純粹風險的變化較為規則，有一定的規律性，可以通過大數法則加以測算；而且，純粹風險的發生結果往往是社會的淨損失。因而，保險人通常將純粹風險視為可保風險。

2. 投機風險

它是指既有損失機會又有獲利可能的風險。投機風險是相對於純粹風險而言的。投機風險發生的結果有三種，即損失、無損失和收益。例如，賭博、買賣股票等行為的風險，都可能導致賠錢、賺錢和不賠不賺三種結果。投機風險的變化往往是不規則的，無規可循，難以通過大數法則加以測算；而且，投機風險的發生結果往往是社會財富的轉移，而不一定是社會的淨損失。因而，保險人通常將投機風險視為不可保風險。

(二) 按風險對象分類，可將風險分為財產風險、責任風險、信用風險和人身風險

1. 財產風險

它是指導致一切有形財產發生毀損、滅失和貶值的風險。例如，火災、爆炸、雷擊、洪水等事故，可能引起財產的直接損失及相關的利益損失，因而都是財產風險。財產風險既包括財產的直接損失風險，又包括財產的間接損失風險。

2. 責任風險

它是指個人或團體因疏忽、過失造成他人的財產損失或人身傷害，根據法律規定或合同約定，應負經濟賠償責任的風險。例如，駕駛汽車不慎

撞傷行人，構成車主的第三者責任風險；專業技術人員的疏忽、過失造成第三者的財產損失和人身傷亡，構成職業責任風險等。責任風險較為複雜和難以控制，其發生的賠償金額也可能是巨大的。

3. 信用風險

它是指在經濟交往中，權利人與義務人之間，因一方違約或違法給對方造成經濟損失的風險。例如，借款人不按期還款，就可能影響到貸款人資金的正常週轉，從而使貸款人因借款人的不守信用而遭受損失。

4. 人身風險

它是指由於人的生理生長規律及各種災害事故的發生導致的人的生、老、病、死、殘的風險。人生的過程離不開生、老、病、死，部分人還會遭遇殘疾。這些風險一旦發生可能造成本人、家庭或其撫養者、贍養者等難以預料的經濟困難乃至精神痛苦等。人身風險所導致的損失包括人的生、老、病、死、殘引起的收入損失及額外費用損失或災害事故的發生導致人的身體傷害等。

(三) 按風險產生的原因分類，可將風險分為自然風險、社會風險、政治風險、經濟風險和技術風險

1. 自然風險

它是指由於自然力的不規則變化引起的種種現象，所造成的財產損失及人身傷害的風險。如洪災、旱災、火災、風災、雹災、地震、蟲災等，都屬於自然風險。自然風險是客觀存在的，不以人的意志為轉移，但是，其形成與發生具有一定的週期性。自然風險是人類社會普遍面臨的風險，它一旦發生可能波及面很大，使人類蒙受莫大的損失。

2. 社會風險

它是指由於個人或團體的故意或過失行為等所導致的損失風險。例如，盜竊、玩忽職守等引起的財產損失或人身傷害。

3. 政治風險

它是指在對外投資和經濟貿易等過程中，因政治因素或其他訂約雙方所不能控制的原因所導致的債權人損失的風險。例如，因戰爭、暴動、罷工、種族衝突等原因使貨物進出口合同無法履行的風險。

4. 經濟風險

它是指個人或團體的經營行為或者經濟環境變化而導致的經濟損失的風險。例如，在生產或銷售過程中，由於市場預測失誤、經營管理不善、消費需求變化、通貨膨脹、匯率變動等所導致的產量的增加或減少、價格

的漲跌等風險。

5. 技術風險

它是指伴隨著科學技術的發展、生產方式的改變而產生的風險。例如，核輻射、空氣污染、噪音等風險。

(四) 按風險的影響程度分類，可將風險分為基本風險與特定風險

1. 基本風險

它是指非個人行為引起的風險。基本風險是一種團體風險，可能影響到整個社會及其主要生產部門，本質上不易防止。例如，政局變動、經濟體制改革、巨災等，都屬於基本風險。

2. 特定風險

它是指風險的產生及其後果，只會影響特定的個人或組織。此風險一般可以由個人或組織對其採取某種措施加以控制。特定風險事件發生的原因多屬個別情形，其結果局限於較小範圍，本質上較易控制及防範。例如，某企業生產的產品因質量不佳引起經濟賠償責任的風險，可列入特定風險範疇。

第二節　風險管理概述

一、風險管理的概念

風險管理的思想古已有之。遠古時代居住在岩洞裡的原始人類就懂得用火恫嚇猛獸或抵禦猛獸的襲擊。可以這樣說，人類的發展歷史，就是一部人類與各種各樣的風險做鬥爭的歷史，人類在其發展歷程中的每一次進步，都意味著在認識和控制風險方面的又一次躍進。但作為一門系統的管理科學，風險管理（Risk Management）的概念是美國賓夕法尼亞大學所羅門·許布納（S. S. Huebuer）博士於1930年在美國管理協會的一次保險研討會上首次提出的。20世紀80年代以來，風險管理成為世界各國普遍重視的管理策略。國外有學者甚至認為，20世紀是保險業的世紀，21世紀將是風險管理的世紀。這裡，我們援引1996年彼得·伯恩斯坦（Peter L. Bernstein）在《與上帝抗爭：風險的非凡經歷》一書中的論述來引入

對風險管理各種定義的闡述。彼得·伯恩斯坦在該書中寫道①：

「一個具有革命意義的看法是，對風險的掌握程度是劃分現代和過去時代的分水嶺。所謂對風險的掌握就是說未來不再更多地依賴上帝的安排，人類在自然面前不再是被動的。在人們發現跨越這個分水嶺的道路之前，未來只是過去的鏡子，或者只是屬於那些壟斷了對未來事件進行預測的聖賢和占卜者的黑暗領地。」

「風險管理有助於我們在非常廣闊的領域裡進行決策，從分配財富到保護公共健康，從戰爭到家庭計劃安排，從支付保費到系安全帶，從種植玉米到玉米片的市場營銷。」

(一) 關於風險管理的各種定義

風險無處不在且永遠都在運動變化中，風險管理的含義也非常寬泛且處於變革發展過程中。在保險與風險管理領域，專家學者們從各自不同的角度來定義風險管理。

美國風險管理領域的權威 C. 小阿瑟·威廉斯教授在其早期的《風險管理與保險》(第六版) 教材中指出，風險管理是通過對風險的識別、估計和控制，以最少費用支出將風險所導致的種種不利後果減少到最低限度的一種科學管理方法②。這一定義的特色首先在於它揭示了風險管理的實質是以最經濟合理的方式消除風險導致的各種災害性後果；其次，它指出了風險管理是包括風險識別、風險衡量、風險控制等內容的一整套系統而科學的管理方法，並將風險管理納入了現代科學管理系統，使之成為一門新興的管理科學，而不是將風險管理僅僅視為處置風險的一種技術；最後，威廉斯在其最新版本的《風險管理與保險》(第八版) 教材中強調了現代風險管理的業務範圍在擴展、職能在創新，強調風險管理由傳統的純粹風險管理向純粹風險與動態風險（例如財務風險）整合性管理變革。③

美國另一學者格林在《風險與保險》一書中認為：「風險管理是管理階層處理企業可能面臨的特定風險的一種方法和技術；風險管理的對象是純粹風險而非投機性風險。」該定義的特點在於將風險管理的範圍集中於

---

① PETER L. BERNSTEIN. Against the gods: the remarkable story of risk [M]. New York: John Wiley and Sons, 1996.

② C. ARTHUR WILLIAMS, JR AND RICHARD M. HEINS. Risk management and insurance (the 6th edition). New York: McGraw–Hill book Co., 1989.

③ C. 小阿瑟·威廉斯，等. 風險管理與保險 [M]. 馬從輝，劉國翰，譯. 北京：經濟科學出版社，2000.

處置企業所面臨的特定風險即純粹風險，並將風險管理視為一門技術和一種方法。很顯然，將風險管理的範圍僅僅局限於企業面臨的純粹風險，是不能反應現代風險管理業務範圍和職能的最新發展的。

英國特許保險學會（CII）教材從廣義上界定了風險管理：從廣義上說，風險管理是為了減少不確定事件的影響，通過組織、計劃、安排、控制各種業務活動和資源，以消除各種不確定事件的不利影響。

美國風險管理與保險學者斯科特·哈瑞頓（Scott E. Harrington）在其出版的《風險管理與保險》一書中，著重從管理過程的角度來認識風險管理，包括識別風險、衡量潛在的損失頻率和損失程度、開發並選擇能實現企業價值最大化的風險管理方法、實施所選定的風險管理方法並進行持續地監測。而且他非常強調的風險管理的理念和方法，正被廣泛地應用於諸如價格風險等動態風險的管理控制中。[1]

臺灣保險界的權威人士袁宗蔚在其《保險學——危險與保險》一書中，將風險管理定義為：風險管理是在對風險的不確定性及可能性等因素進行考察、預測、搜集分析的基礎上制定出的包括識別風險、衡量風險、積極管理風險、有效處置風險及妥善處理風險所導致的損失等內容的一整套系統而科學的管理方法。[2]

綜上所述，本書對風險管理的定義如下：風險管理是指為實現一定的管理目標和策略，在全面系統及動態風險分析的基礎上，對各種風險管理方法進行選擇和組合，制定並監督實施風險管理總體方案的決策體系、方法與過程的總稱。

(二) 如何理解風險管理的概念

對風險管理概念的理解，應強調以下幾點：

(1) 風險管理是一門新興的管理學科，而不僅僅是一種管理技術。作為一門管理學科，風險管理同其他管理學科日益趨同，體現為計劃、組織、指揮和協調各類組織的有關活動的管理過程，並強調以合理的風險管理費用支出將組織面臨的各類不確定性風險控制在可接受的限度。

(2) 風險管理過程不僅強調具體的組織框架、風險管理工具與方法的廣泛運用，而且非常強調風險管理決策框架和整體思維框架的至關重要性。具體而言，現代風險管理的發展，強調秉承整體風險管理的理念，綜

---

[1] SCOTT E. HARRINGTON. 風險管理與保險 [M]. 陳秉正，等，譯. 北京：清華大學出版社，2001.

[2] 袁宗蔚. 保險學——危險與保險 [M]. 北京：首都經貿大學出版社，2000.

合運用多種風險管理工具與方法，以最小的風險成本實現組織價值最大化的目標。

（3）明確風險管理應遵循不同的經營目標和策略。顯然，不同的組織和機構，其經營環境和管理目標不同，風險管理的組織框架和具體的風險管理方法也會有所差異。風險管理以減少各種組織面臨的不確定性、實現相應的管理目標為宗旨。

（4）強調系統、全面和動態的風險分析在整個風險管理決策框架和方法中的基礎性作用。更進一步地講，風險分析既包括通過完善客觀概率統計方法去提高風險識別與衡量的能力，也包括提升風險管理者主觀認知風險和衡量評價風險的能力。

（5）風險管理不應僅僅關注純粹風險或靜態風險，而且應當積極介入投機風險或動態風險的管理。現代風險管理的業務範圍不僅僅停留在自然災害和意外事件的管理，而且日益關注諸如市場價格波動之類的財務風險管理。伴隨著全球經濟的集中度和關聯度的提高、金融服務的一體化和自由化進程加快及新技術、新材料的廣泛使用，各類組織面臨的不確定性增加。相應地，風險管理的業務範圍也越來越寬泛，適用的領域越來越廣，全面、整體的風險管理也將受到日益廣泛的重視。

（6）風險管理的主體是各類組織，包括個人、家庭、企業的風險管理，也包括政府公共部門、非營利性的社會團體的風險管理。當然，不同的風險管理主體，其管理目標會有所差異，風險管理的決策框架和實施的風險管理方法也會有差異。

二、風險管理的產生與發展

（一）風險管理的產生

作為一門系統的管理科學，風險管理最早產生於美國。1921年，美國著名經濟學家富蘭克·H. 奈特（Frank Hyneman Knight）在其經典著作《風險、不確定性和利潤》一書中，將不能度量的不確定性和可以度量的風險進行了區分，認為「意外」是普遍存在的，並警告人們不要過分依賴以往發生事故的概率來對未來做出推斷。1931年，美國管理協會保險部開始率先倡導風險管理，並通過舉辦學術會議和研討班的形式集中研究風險管理和保險問題。1932年，美國紐約幾家大公司組織成立了紐約保險經紀人協會，該協會定期討論有關風險管理與保險的理論和實踐問題，後來逐漸發展成為全美範圍的「美國保險管理協會」，並進而發展為「風

險和保險管理協會」，極大地推動了現代風險管理的興起和發展。

(二) 風險管理在 20 世紀 50—70 年代的發展

究竟是學者們加速了風險管理的發展，還是商業實踐激發了學者們的靈感，這一問題仍存有一定的爭執。然而，毫無疑問的是，1955—1964 年期間，誕生了現代的、學術性的、職業化的風險管理。1955 年，加勒赫爾（Gallagher）明確提出「專業的保險管理者也應是專業風險管理人員」；1956 年《哈佛商業評論》發表了加勒赫爾的論文《風險管理：成本控制的一個新階段》，將風險管理引入實踐階段。20 世紀 60 年代初，多倫多的一位保險經理巴羅（Barlow）在比較了自有資本損失、保費支出、損失控制成本及預收管理成本總額之後，發展了風險成本的理念，使風險管理的思想不僅僅局限於保險領域，開始緩慢向外拓展。1973 年，著名的日內瓦協會即保險經濟學研究國際學會（International Association for the Study of Insurance Economics）成立，開始了對風險管理、保險和經濟學的綜合研究，為促進風險管理原則的發展提供了重要的科學基礎。1974 年，瑞典的哈密爾頓（Hamilton）創立了風險管理週期模型，描述了風險管理過程——從風險評估、風險控制到制定相關措施和檢驗實施效果，並對各環節之間的相互作用進行檢查，提升了風險管理系統的發展。1975 年，「美國保險管理協會」正式更名為「風險和保險管理協會」（Risk and Insurance Management Society，RIMS），這是風險管理發展進程中的一個大事件。該協會通過廣泛的教育計劃和風險管理諮詢服務，推進了風險管理在美國及世界其他地區的快速發展。

需要指出的是，風險管理在 20 世紀 50—70 年代的發展，很大程度上還得益於同一時期美國一些大公司發生的重大損失使公司高層決策者開始認識到風險管理的重要性。其中一次是 1953 年 8 月 12 日通用汽車公司在密歇根州的一個汽車變速箱廠因火災損失了 5,000 萬美元，成為美國歷史上損失最為嚴重的 15 起重大火災之一。這場大火與 20 世紀 50 年代其他一些偶發事件一起，推動了美國風險管理活動的興起。之後，1979 年 3 月美國三里島核電站的爆炸事故，1984 年 12 月 3 日美國聯合碳化物公司在印度的一家農藥廠發生的毒氣泄漏事故，以及 1986 年蘇聯切爾諾貝利核電站發生的核泄漏事故等一系列事件，大大推動了風險管理在世界範圍內的發展。

(三) 風險管理在 20 世紀 80 年代的發展

20 世紀 80 年代風險管理發展的顯著特點是風險管理思維方式的進一

步提升和風險管理在全球範圍的推進。

1980年，風險分析協會（The Society for Risk Analysis，SRA）在美國華盛頓成立。風險分析協會旨在系統、綜合地反應公共政策、風險管理理論及環境風險管理的進展。到1999年，該協會的22,000多個會員活躍在歐洲和日本。由於風險分析協會的努力，風險評估、風險管理等術語頻繁出現在北美和歐洲議會的討論中，從而將風險管理擴展至更廣泛的決策議程。

1983年，在美國風險和保險管理協會年會上，世界各國專家雲集美國紐約，共同討論並通過了「101條風險管理準則」，對風險管理的一般準則、技術與方法、管理等達成了基本共識，以用於指導各國風險管理的實踐。「101條風險管理準則」共分12部分，包括：風險管理一般準則；風險識別與衡量；風險控制；風險財務處理；索賠管理；職工福利；退休年金；國際風險管理；行政事務處理；保險單條款安排技巧；交流；管理哲學。「101條風險管理準則」的通過，標誌著風險管理發展達到了一個新的水平。

1986年，英國風險管理學會（Institute of Risk Management，IRM）在倫敦成立。該協會設立了一套風險管理學會會員的國際資格認證考試，這是一個著眼於風險管理全方位的長期性教育計劃。而同年在新加坡召開的風險管理國際研討會表明，風險管理已由大西洋區域向太平洋區域發展，成為由北美到歐洲再到亞太地區的全球性風險管理運動。

總體上來看，20世紀80年代風險管理思維發展的一個重要的特徵，是強調風險管理不應該僅僅關注技術與財務風險，而且應當充分關注風險的人文層面。傳統風險管理的思維方式受到嚴重挑戰，開始向客觀風險管理與主觀風險管理並重的方向融合發展，財務風險管理與災害風險管理也逐漸趨於融合。

（四）20世紀90年代以來風險管理的發展

長期以來，風險管理關注的對象主要是那些可能帶來損失的風險。在20世紀90年代以前，風險管理的理論、方法和實踐基本上是圍繞純粹風險展開的，而對諸如價格波動風險之類的動態風險則很少問津。究其原因，主要是因為大多數現代風險管理形式是從保險購買實踐中發展而來的，保險一直作為傳統風險管理的主要手段。長期以來，風險管理的發展就深深地打上了保險的烙印。研究風險管理的人大多來自保險界，具有實用意義的風險管理手段也通常是針對純粹風險的，這在一定程度上限制了

風險管理的發展。

進入20世紀70年代後,由於布雷頓森林體系崩潰帶來了匯率風險,原油價格攀升引發了產品價格風險,金融自由化浪潮下衍生性金融商品的濫用及金融服務一體化進程帶來了金融風險和金融危機,所有這些變化均導致了20世紀80年代對財務風險管理需求的爆發性增長。然而,儘管財務風險管理應該被認為是風險管理的一個重要組成部分,但20世紀80年代以來財務風險管理的發展並沒有引起風險管理和保險學界的充分重視。究其原因主要有:一是因為與財務風險管理有關的部門主要是商業銀行、投資銀行等,並不是保險公司;二是人們思維定式的慣性,仍然認為風險管理和保險所應解決的問題主要是純粹風險的管理。直至1998年美國風險與保險學會的年會上,財務風險管理才引起了保險學界和業界的充分重視。美國風險管理與保險學會時任主席斯蒂芬‧阿瑟(Stephen P. D'Arcy)在大會的演說中特別指出:風險管理與保險的研究應該從對純粹風險的研究轉向對投資風險的研究,從對人身和財產風險管理的研究轉向對財務風險管理的研究。由此,財務風險管理和金融風險管理才有了長足的發展,並成立了全球性的風險專業協會。首席風險執行官(Chief Risk Officer, CRO)在北美的一些公司(主要是金融行業)中出現並受到重視。首席風險執行官負責對公司面臨的所有風險進行識別和度量以及對風險資本進行有效利用。

20世紀90年代以來,保險業自身的創新變革打破了保險市場與資本市場的界限,金融混業經營的趨勢加速發展。而在混業經營背景下,風險分析和風險控制顯得尤為必要。因此,財務再保險、新的財務風險評估方法如在險價值(Value-at-Risk, VAR)的廣泛運用,使財務風險管理進入了更高的平臺。

20世紀90年代,風險管理發展的另一個顯著特徵是整合性風險管理的思維和決策體系逐步從後臺步入前臺,成為21世紀最具前景的發展領域。整合性風險管理框架受到廣泛重視,使風險管理越出傳統的金融和保險領域,成為企業經營管理、跨國公司經營管理的核心管理哲學,其重要性將會隨著經濟全球化的深化而越來越明顯。

(五)21世紀全面風險管理理論(ERM)的形成和發展

1999年,《巴塞爾新資本協議》形成了全面風險管理理論發展的一個推動力,《巴塞爾新資本協議》將市場風險和操作風險納入資本約束的範圍,提出了資本充足率、監管部門監督檢查和市場紀律三大監管支柱,蘊

含了全面風險管理的理念。進入 21 世紀，尤其以 2001 年美國遭受「9·11」恐怖襲擊、2002 年安然公司倒閉等重大事件為標誌，使眾多企業意識到風險是多元的、複雜的，必須採用綜合的管理手段。全面風險管理的概念獲得廣泛認同。2001 年，北美非壽險精算師協會（Casualty Acturial Society, CAS）明確提出了全面風險管理（Enterprise – wide Risk Management or Enterprise Risk Management，ERM）的概念，並對這種基於系統觀點的風險管理思想進行了較為深入的研究。CAS 對 ERM 的定義為：ERM 是一個對各種來源的風險進行評價、控制、研發、融資、監測的系統過程，任何行業和企業都可以通過這一過程提升股東短期或長期的價值。隨後，在內部控制領域具有權威影響的 COSO 委員會[①]，於 2004 年 9 月發布了《企業風險管理——整合框架》報告「EnterpriseRisk Management——Integrated Framework」。COSO 的風險管理整合框架中的風險管理概念、內容、框架構成了現代全面風險管理理論的核心。ERM 框架定義全面風險管理、闡述原則、模式、標準，為企業和其他類型組織評價和加強全面風險管理提供了基礎，並引入了風險偏好、風險容忍度、風險度量等概念和方法，為衡量企業風險管理的有效性提供指導。ERM 框架對全面風險管理的定義下得比較寬泛，可以運用於不同組織、不同行業和不同領域。定義的重心直接落在特定組織目標的實現上，為評價全面風險管理的有效性打下了基礎。全面風險管理模式可概括為「全球的風險管理體系、全面的風險管理範圍、全員的風險管理文化、全程的風險管理過程、全新的風險管理方法、全額的風險計量」。全面風險管理過程應用於企業內部的每個層次和部門，考慮組織內所有層面的活動，從企業總體的活動（如戰略計劃和資源分配）到業務部門的活動（如市場部、人力資源部），再到業務流程（如生產過程和新客戶信用復核），因此全面風險管理是當今企業為完善風險管理而提出的一種要求。全面風險管理框架有三個維度，第一是風險管理目標維度。風險管理目標和組織的風險要求緊密聯繫，決定著組織經營活動中對風險的容忍度。整體框架所界定的目標有四類：戰略目標、經營目標、報告目標和監管目標。這種分類可以把重心放在全面風險管理的

---

① COSO 是全國反虛假財務報告委員會下屬的發起人委員會（The Committee of Sponsoring Organizations of the Treadway Commission）的英文縮寫。1985 年，由美國註冊會計師協會、美國會計協會、財務經理人協會、內部審計師協會、管理會計師協會聯合創建了反虛假財務報告委員會，旨在探討財務報告中的舞弊產生的原因，並尋找解決之道。兩年後，基於該委員會的建議，其贊助機構成立 COSO 委員會，專門研究內部控制問題。

不同側面，不同類型的目標互相重疊，一種特定的目標可能會落入不止一個類別，不同類別的目標對應組織的不同需要。第二是風險管理要素維度。全面風險管理包括八個方面的要素，即內部環境、目標設定、風險識別、風險評估、風險對策、控制活動、信息和交流、監控，這幾個要素來自管理層經營企業的方式，並和管理流程整合在一起。八個因素相互獨立、相互聯繫又相互制約，共同構成了全面風險管理這一有機體系。第三是企業組織層級維度。企業的各個層級包括組織的高級管理層、各職能部門、各條業務線及下屬各子公司，組織裡的每個人對全面風險管理都負有責任。全面風險管理框架三個維度的關係是：全面風險管理的八個要素都是為組織的四個目標服務的；組織各個層級都要堅持同樣的四個目標；每個層級都必須從以上八個方面進行風險管理，該框架適合各種類型的企業或機構的風險管理。

2006年，國際風險管理會議將「將全面風險管理整合到企業實踐中去」作為其主題，表明全面風險管理在企業實踐中的重要地位已經引起了學術界和企業界的高度重視。之後的研究都是在全面風險管理理念的基礎上進一步的細化和深入。

三、風險管理的目標

作為一門新興的管理科學，風險管理的目標究竟是什麼？風險管理的早期倡導者詹姆斯・克瑞斯提（James Cristy）認為：「風險管理是企業或組織通過控制意外損失事故風險，以保障企業或組織盈利。」美國著名風險管理專家赫利克斯・科羅曼（Helix Kloman）認為：「風險管理的目標是保存組織生存的能力，並對客戶提供產品和服務，從而保護公司的人力與物力，保障企業的綜合盈利能力。」美國斯科特・哈瑞頓（Scott E. Harrington）認為：「風險管理的總體目標是通過風險成本最小化實現企業價值最大化。」如何理解不同專家學者在描述風險管理目標上的差異？我們需要以一種動態的、發展的眼光來審視風險管理的目標。伴隨風險管理的理念、方法及業務範圍的發展變化，風險管理的目標也會相應地做出調整。具體可以從以下三個方面來把握風險管理的目標：

（一）風險管理的總體目標

通過風險成本最小化實現企業價值最大化是風險管理的總體目標。簡而言之，由於風險存在而導致企業價值的減少，構成了風險成本。純粹風險成本包括：①期望損失成本；②損失控制成本；③損失融資成本；④內

部風險抑制成本；⑤殘餘不確定性成本。通過全面系統的風險管理，可以減少企業的風險成本，也就是減少企業的現金流出或增加企業的現金流入，穩定企業的淨現金流量，從而實現企業價值的最大化。簡而言之，就是通過風險成本最小化實現企業價值的最大化。

（二）風險管理的損失前目標

通過加強損失控制、事先安排損失融資方式及組織內部積極採取措施抑制風險等風險管理的手段，有效地減少風險損失發生的頻率及損失程度，減輕經濟主體對潛在損失的煩惱和憂慮，從而優化資源配置，這是風險管理的損失前目標。

（三）風險管理的損失後目標

通過實施有效的損失融資安排及其他的風險管理方法，保證企業和組織在遭遇不確定風險損失時能夠及時得到補償，從而維持生存，或是保持企業的正常經營，實現企業的穩定收益，這是風險管理的損失後目標。

四、風險管理的基本原則

為實現風險管理的目標，我們應遵循以下風險管理的基本原則：

（一）全面周詳原則

首先，必須全面周詳地瞭解各種風險損失發生的頻率、損失的嚴重程度、風險因素以及因風險出現而引起的其他連鎖反應，這是實施風險管理的重要基礎。其中，損失發生的頻率和損失發生的嚴重程度會直接影響人們對損失危害後果的估計，從而最終決定著風險管理方法的選擇及其效果的優劣。其次，應全面周詳地安排風險管理計劃，選擇風險管理的方法。局部的乃至細微的疏忽，往往會給全局帶來嚴重不利的影響，甚至會影響風險管理目標的實現。最後，應當全面周詳地實施風險管理計劃，並不斷根據實際情形進行調整，這是實現風險管理目標的可靠保證和必備前提。所以，全面周詳原則是風險管理的基本原則。

（二）量力而行原則

風險管理方法的選擇必須遵循量力而行的原則。風險管理作為一種處置風險、控制風險的科學管理方法，為人們與風險損失的鬥爭提供了一種系統的武器。但並不是說任何企業、單位與個人都能輕而易舉地實施風險管理，達到處置風險、減少損失的目標。相反，在實施風險管理過程中，各實施主體應根據量力而行的原則，綜合採用多種風險管理方法來控制風險、轉移風險損失的財務後果。如果確認某種風險是無法消除和防止的，

就應該估計損失的程度，事先安排有效的損失融資方式，盡量降低該損失對企業正常生產經營活動或對個人、家庭生活水平的影響。如果風險發生後會導致巨大的經濟損失，引起企業停產、破產或使個人、家庭發生嚴重的經濟困難，這種已超過主體自身財力所能承擔的風險，就應當採取保險方式來處置。所以，在風險管理中應注重量力而行的原則。

(三) 成本效益比較原則

風險管理的重要性不僅在於提供了一套系統科學的處置風險方法，而且在於它強調以最少的成本、最少的費用支出獲得最大的風險管理效益。成本效益比較原則是風險管理應遵循的另一重要原則，尤其是在風險管理實務中，這往往成為優先考慮的因素。因而，在實施風險管理實踐過程中，如何合理、有效地選擇最佳風險管理方法，應圍繞以最少的費用支出獲得最大的風險管理效益這一中心，無論是自留風險、保險，還是損失控制，都是在成本約束條件下選擇最佳方案。上述方法無論是單獨使用還是綜合使用，都必須進行費用與效益的比較。只有實現以最少費用獲得最大風險管理效益之後，我們才能夠說是真正實現了風險管理的宗旨和目標。如果風險的處置與控制是以付出高昂的費用成本為代價，就不能真正體現風險管理作為現代科學管理方法的優越性。

五、風險管理的基本職能

界定風險管理的基本職能並不是一件容易的事情。風險管理的理念和方法在不斷創新，其職能也在不斷拓展。傳統風險管理的基本職能集中於處置「可保險的風險」上。到 20 世紀 80 年代，風險管理的職能逐步擴大，拓展到處置一些諸如價格變動風險的動態風險領域。20 世紀 90 年代以後，整合性風險管理理念和系統方法的提出，進一步將風險管理的基本職能拓展至投資決策管理、金融風險管理等領域。

就一般意義上來說，風險管理的基本職能可描述為「最大限度地減少組織面臨的不確定性」。具體而言，風險管理的基本職能可以分解為以下幾方面：

(1) 幫助經濟組織全面系統地識別和估計風險；

(2) 實施損失控制和內部風險抑制計劃；

(3) 安排各類保險計劃，構成經濟組織最基本、最核心的風險管理職責；

(4) 安排各類非保險損失融資計劃，如自留風險和專業自保計劃；

（5）設計和協調員工福利計劃；
（6）提供風險管理的教育培訓計劃；
（7）提供索賠管理與法律訴訟服務。

整合性風險管理理念和方法的發展，進一步拓展了風險管理的基本職能，包括：
（1）貨幣保值；
（2）資本預算；
（3）公共關係；
（4）遊說政府；
（5）公司併購。

可以這樣說，現代風險管理的發展，已經使得風險管理發展成為企業管理中一個具有相對獨立職能的管理領域。在圍繞企業的經營和發展目標方面，風險管理和企業的經營管理、戰略管理一樣具有十分重要的意義，且三者之間相互融合、緊密聯繫（如圖 1-1 所示）。

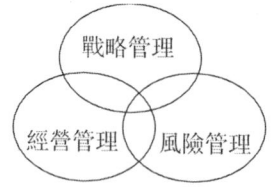

圖 1-1　經濟組織的三個核心職能

六、風險管理的基本程序

不論什麼類型的風險，其管理過程一般都包括以下幾個關鍵步驟：
（1）確立風險管理目標；
（2）識別各種可能減少企業價值（導致損失）的重大風險；
（3）衡量潛在損失可能發生的頻率和程度；
（4）開發並選擇適當的風險管理方法，其目的是增加股東的企業價值；
（5）制定並實施所選定的風險管理方案；
（6）持續地對經濟組織的風險管理方案和風險管理戰略的實施情況和適用性進行監督、評估與反饋。

(一) 確立風險管理目標

確立風險管理目標是風險管理程序的第一步，是風險管理決策行為的重要基礎和首要前提。風險管理目標應該是具體可行的，並融入到企業的戰略管理、營運管理過程中。正如前面所述，企業風險管理的總體目標是通過風險成本最小化實現企業價值的最大化。這是就一般意義而言的。事實上，對不同的企業而言，風險管理的具體目標可能各不相同，但都強調風險管理目標與企業的經營管理目標、戰略發展目標相協調。當然，由於個人、家庭、非營利性社會團體及政府公共部門的風險管理目標各有不同，其風險管理決策和採用的風險管理方法也就略有差異。

(二) 風險識別

風險識別是指對各類潛在的和現實的風險因素進行全面、系統地信息搜集並認知風險的方法與過程。將風險進行歸類和細分，如物質性風險、人身風險、金融風險、財務風險、財產與責任風險、收入波動風險等，對於把握風險的性質及其危害，具有重要的指導意義。在風險感知的基礎上，進一步分析各類風險事故的致損原因，準確區分相關風險因素，如自然、社會、心理及行為等，對於風險損失的控制、風險事故發生後實施經濟補償均是必不可少的決策環節。

風險問題的複雜性，要求風險識別應當是全面系統和動態調查的過程，既需要對業已認知的各類風險運用新的方法與技術進行準確識別，更要關注一些潛在的、新興的、可能帶來某些災害性後果的新風險，增強識別和認知程度；既要探尋自然災害風險的運動軌跡，繼續增強風險識別的科學性，更應高度關注人為風險及其危害後果。受多種複雜因素的共同作用，現代人因行為和心理方面的扭曲、壓抑所導致的心理失常、精神失範，將有可能對社會帶來某些災難性後果，這是未來社會應當高度重視的風險源。從某種意義上說，人的行為失範對社會帶來的負面影響甚至可能遠遠大於一般自然災害的危害程度。問題的癥結正是在於我們對這類風險源的誘因知之甚少。這從一個側面說明對風險的認知和定性分析具有重要價值。

風險識別的方法有很多，並且隨著人類認知風險能力的增強、科學技術的發展創新以及經驗的不斷累積，識別風險的方法將得到改進並趨於完善。在宏觀領域中，決策分析、投入產出分析、統計預測分析、幕景分析、神經網絡模型分析等具有重要的風險識別功能；在微觀領域中，生產流程圖法、損失清單分析法、保險調查法、財務分析法等均是企業常用的

風險識別方法。而隨著醫療技術進步與各種醫療檢測手段的綜合運用，對各類疾病風險的識別和檢測，亦達到相當完善的水平，如心理與行為測評法、心理分析和心理療法在識別人類自身的各種潛在行為風險時，發揮著越來越重要的作用。

（三）風險衡量

經過全面系統的風險識別之後，就進入了風險衡量階段。風險識別與風險衡量經常被統稱為風險分析。風險衡量就是運用概率論和數理統計方法對潛在損失風險發生的頻率、損失的範圍與程度進行估計和衡量。損失頻率是指一定時期內損失可能發生的次數；損失程度是指每次損失可能發生的規模，即損失金額的大小。

風險衡量在風險管理中的重要意義體現在兩個方面：一方面有助於估計和衡量風險程度，降低損失後果的不確定狀態；另一方面，有利於把握風險損失波動情況及其變化幅度，為選擇風險管理方法和進行風險管理決策提供科學依據。

具體而言，風險衡量的內容應包括三個方面：首先，風險衡量要估計風險事故在一定時間內發生的頻率大小，估計不同概率水平下的損失後果；其次，風險衡量要估計和衡量不同經濟組織面臨的平均風險損失及總損失金額的大小；最後，風險衡量要分析、估計每一次具體的風險損失偏離平均損失的程度，這對風險管理決策取向具有關鍵意義。

（四）開發並選擇適當的風險管理方法

在確立風險管理目標和系統分析風險的基礎上，根據風險管理的基本原則，開發並選擇適當的風險管理方法，為風險管理決策提供可比較的方案，這是風險管理程序的一個重要組成部分。風險管理方法大致可以分為三類：損失控制、損失融資和內部風險抑制，如圖1-2所示。

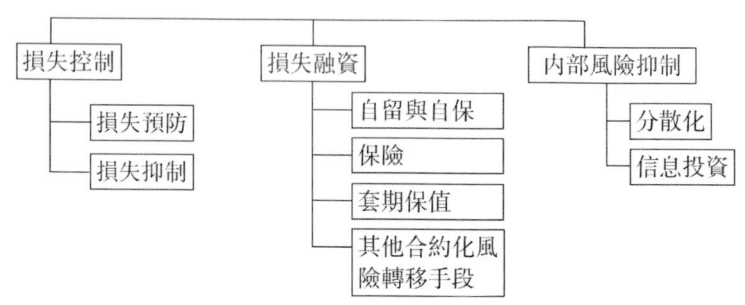

圖1-2　主要的風險管理方法

1. 損失控制

所謂損失控制，是指有意識地採取行動降低損失發生的頻率或減少損失的程度。通常把主要是為了降低損失發生頻率的行為稱為損失預防手段，而把主要是為了減少損失程度的行為稱為損失抑制手段。一般來說，損失預防是防患於未然，其行為作用於損失事故發生之前；損失抑制是「亡羊補牢」，其行為作用於損失事故發生過程中或損失事故發生之後。損失預防的一個常見例子是對飛機進行定期檢查，以防止飛機機械故障的發生，從而降低了飛機墜毀的頻率，但對飛機一旦墜毀的損失程度卻無能為力。損失抑制的一個常見例子是安裝熱感或者菸感的噴淋系統，從而減少火災事故的損失程度。但是，需要說明的是，許多損失控制手段會同時影響損失頻率和損失程度，所以往往無法將它們嚴格歸於損失預防還是損失抑制手段。舉個例子，在汽車中安裝安全氣囊在大多數情況下可以降低車禍中傷害的嚴重程度，但同時也可能影響到車禍傷害發生的頻率。車禍傷害事故是增加還是減少，取決於由於安全氣囊的保護使得雖然發生了車禍事故卻沒有造成傷害的次數，是否超過了由於安全氣囊在不恰當時間打開或打開太猛而造成的傷害事故的次數，以及由於安全氣囊的保護作用而使司機麻痺大意造成的車禍事故與傷害的次數。

損失控制的一種極端情況就是避免風險。避免風險就是當風險損失發生的可能性很大或損失程度很嚴重時，可以主動放棄有可能產生風險損失的某項計劃或某一事物。例如，航空公司考慮到天氣惡劣而取消某次航班，就避免了該航班發生空難事故的風險。當然，我們也應該清楚地知道，避免風險的方法雖然將風險損失的概率控制到為零，但同時也喪失了風險行為可能帶來的收益。

有必要著重指出的是，在整個風險管理決策框架中，風險控制①最為重要，它是積極主動的風險管理思維觀，充分體現了人的主觀能動作用，提升了人在整個風險管理框架中的關鍵性作用。人是風險事故的主要承受者，也是為數不少的風險事故的重要風險源。只有重視人的作用，提升人對生命價值的深切關懷，才能從根源上、從根本上關注人類所處的風險社會，並尋求其解決的辦法。因而在眾多風險控制工具中，安全教育的重要性，無疑遠遠高於一般的、具體有形的安全工程及技術和方法。如果風險控制的這一決策思路能夠上升到管理哲學和決策思維的層面，是我們提升

---

① 廣義上的風險控制，包括了損失控制及內部風險抑制兩類方法。

風險控制質量和水平的關鍵點。

2. 損失融資

較之於損失控制方法，損失融資方法是一種消極的措施。所謂損失融資方法，是指一旦風險事故發生，通過預先的損失融資安排，提供及時有效的經濟補償，使經濟組織的生產經營迅速恢復到正常水平成為可能。一般而言，損失融資方法包括：自留風險、購買保險、套期保值交易及其他合約化風險轉移手段。

（1）自留風險。它是指經濟組織自己承擔了部分或全部的風險損失。自留風險是風險管理中一種重要的損失融資方法。自留風險包括主動的、有意識的、有計劃的自留與被動的、無意識的、無計劃的自留兩大類。前者是在全面的風險識別和準確的風險衡量基礎上，認為對某些損失後果採取自行承擔，將比轉移給外部機構更經濟合理，從而主動選擇了自留風險，以便更好地實現股東價值的最大化；後者往往是在沒有意識到風險存在或低估了風險損失的程度或無法將風險轉移出去時，只能由經濟組織自行承擔風險損失的財務後果了。

企業自留風險的損失融資安排包括：①動用企業的庫存現金、銀行存款或其他流動資產來補償經濟損失，然後在較短時期內攤入企業生產成本或營業成本；②建立意外損失補償基金；③向外借入資金，如應急貸款或特別貸款；④發行新股；⑤成立專業自保公司，為企業內部的風險損失進行自我保險。需要指出的是，在企業遭受重大風險損失後，向外舉債和增發新股的難度都會比較大，或者是成本比較高。

（2）購買保險。保險是一種風險轉移機制，是風險管理中普遍採用的一種損失融資方法。經濟主體通過購買保險的方式，以確定的保險費支出獲得了保險人對不確定的風險損失進行補償的承諾。保險人通過集中大量同質性風險單位，收取保險費並建立保險基金，將少數被保險人的風險損失在眾多的投保人中進行分攤，從而實現了風險分散、損失分攤的職能。

（3）套期保值交易。它是一種很重要的損失融資方法。諸如遠期合約、期貨合約、期權合約以及互換合約等金融衍生產品已經廣泛應用於多種類型風險的管理中，特別是價格風險的管理。可以利用這些合約來對某些風險進行對沖，也就是對沖由於利率、價格、匯率變動而帶來的損失。這裡我們舉一個簡單的例子來說明套期保值交易如何對沖價格風險。在生產過程中要使用石油的公司會因為石油價格的意外上漲而遭受損失，而生

產石油的公司則會因為石油價格的意外下跌而遭受損失。於是，這兩類公司可以使用遠期合約來進行套期保值。在遠期合約中，生產石油的公司必須在未來某個約定的交貨日以一個事先約定的價格（稱作遠期價格）向使用石油的公司提供約定數量的石油，而不管當時市場上石油的實際價格是高還是低。由於在簽訂合約時，遠期價格就已經商定妥了，所以使用石油的公司與生產石油的公司都可以通過遠期合約來降低價格風險。

（4）其他合約化風險轉移手段。經濟主體可以通過簽訂合約的方式來轉移財產或經營活動的風險。例如，出租人可通過財產租賃合同將財產風險轉移給承租人，建築商可通過分包合同將風險較大的工程項目轉移給專業施工隊，醫院可以通過簽訂免責協議將手術風險轉移給患者及其家屬等。與避免風險不同的是，在通過簽訂合約轉移風險的情況下，風險本身依然存在，只不過是通過合約將損失的財務或法律責任轉移給其他經濟主體了。

值得一提的是，隨著金融、保險創新的不斷深化，近年來出現了一些新的損失融資方法，如巨災證券化、有限風險保險、財務再保險等，有力地推進了新形勢下損失融資方法的創新和發展，開闢了風險管理的新路徑。

3. 內部風險抑制

目前被廣泛採用的內部風險抑制方式有：①分散化；②增加信息投資。分散化是指經濟組織通過將經營活動分散的方式來從組織內部降低風險，也就是人們常說的「不把所有的雞蛋放在一個籃子裡」。需要注意的是，公司股東採取投資組合來分散風險的做法，會對公司購買保險以及使用對沖手段的決策產生重要的影響。增加信息投資的目的是提高損失期望估計的準確程度。增加信息投資所帶來的對企業未來現金流更精確的估計或預測，可以減少實際現金流相對於期望現金流的變動。[①] 這方面的例子很多，如增加信息投資來提高對純粹風險損失發生頻率和損失程度估計的準確性，為降低產品價格風險而對不同產品潛在需求情況進行的市場調研，以及對未來商品價格或利率進行預測等。

（五）風險管理決策與實施

風險管理決策是指根據風險管理的目標和基本原則，在全面、系統的風險分析基礎上，科學地選擇風險管理方法及其組合，從而制定出風險管

[①] 風險成本對企業價值的影響主要體現為實際現金流相對於期望現金流的變動。

理的總體方案和管理重點。風險管理決策是風險管理程序的重要組成部分。

選擇什麼樣的風險管理工具和方法，必須以風險管理的目標和基本原則為基本出發點。立足於這一決策基點，需要在風險分析的基礎上，進一步做出購買保險決策，安排自留風險決策，尤其需要充分考慮在實施全面風險控制的前提下，保險決策與自留風險決策的科學、合理的組合，以體現風險管理決策的價值。通過各種風險管理方法的最佳組合，以最小的風險成本實現企業價值的最大化。

風險管理方案的實施是指將風險管理的各項任務付諸實施，並在各職能部門分配，具體實施購買保險計劃、風險控制計劃（包括損失控制計劃與企業內部風險抑制計劃）、自留風險計劃等。風險管理的格言是：損失前的預防勝過損失後的補償。因而，風險管理方案的實施階段，應當充分發揮損失前風險控制工具的重要作用，通過積極的風險防範措施，啟動預警系統，盡可能消除隱患。在損失發生後，盡快啟動搶救機制和救助機制，將損失的後果和人員傷亡減少到最低限度。由於風險的不確定性和複雜性，風險管理方案在實施過程中，應注意體現綜合配套和靈活調整的管理原則，這對於提升風險管理的績效具有非常重要的意義。

（六）持續地對經濟組織的風險管理方案和風險管理戰略的實施情況和適用性進行監督、評估與反饋

在風險管理方案的實施過程中，需要根據風險管理目標和實施的具體情況，不斷地調整原有風險管理方案，使之更加符合預定的風險管理目標和實際情形。風險管理方案實施效果的監督與評估貫穿於風險管理的全過程，需要對風險管理方法的選擇、風險管理決策過程、風險管理實施程序等進行系統的評估，並不斷地調整風險管理方案及其實施程序。由於風險管理過程的複雜性，強化對風險管理各個環節進行動態監督與評估，不斷運用反饋機制對風險管理方案進行調整，使之與風險管理的每一個具體目標都更加接近，這對於風險管理總體目標的實現、提升風險管理決策水平、提高風險管理績效等，均具有非常重要的意義。

第三節　風險管理的創新與發展

如前所述，自 20 世紀 80 年代以來，風險管理得到了飛速的發展。其中，既有風險管理理念和思維方式的提升，又有風險控制、損失融資等具體方法與技術的創新，為風險管理帶來了欣欣向榮的發展氣息，凸顯出其在 21 世紀的重要戰略地位。風險管理的關鍵在於選擇風險管理的理念和方法。全面而深入地把握風險管理理念與方法的創新和發展，無疑對於提高我們的風險管理理論素養、拓寬我們的風險管理視野具有積極的意義。

一、整合性風險管理

(一) 整合性風險管理的內涵與特徵

1. 整合性風險管理的內涵

企業整合性風險管理（Integrated Risk Management，IRM）的理念和方法是 20 世紀 90 年代以來風險管理領域發展的最新成果之一。要對整合性風險管理下一個全面而準確的定義，並非一件容易的事情。整合性風險管理更多地體現為風險管理理念與方法的創新。就一般意義而言，整合性風險管理是指對影響企業價值的眾多風險因素進行識別和衡量，並將企業面臨的所有風險都納入到一個有機的具有內在一致性的管理框架中去，通過整合多種風險管理方法，實現以最小的風險成本獲得最大的企業價值的風險管理總體目標。具體而言，整合性風險管理的基本思想和原則強調：以企業價值為分析基礎，以整個企業所有經營和管理活動為考察對象，綜合分析企業可能面臨的所有的風險，借助風險分析、風險交流和風險管理等現代的風險管理方法和過程，充分利用不同風險可以相互抵消、相互影響、相互關聯的性質，及時、有效地發現和控制那些對企業價值有負面影響的因素，挖掘和利用企業潛在的發展和獲利機會。也就是說，利用整合性風險管理的思想進行風險分析不但要考慮到純粹風險，還應注意到投機風險；不但要分析單個事件的結果，也要意識到相關風險的綜合效應；不但要注意企業的短期利益，也要兼顧企業的長期發展；不但要關注企業內部自身的損益，也要照顧到外部消費者的得失；不但要注意風險管理的成本，也要提高風險管理的效率等。總之，整合性風險管理是要從以風險損失為分析基礎轉變為以企業價值為分析基礎，化分離式的風險管理為整合

式的風險管理，變單一的損失控制為綜合性的價值創造。

2. 整合性風險管理的特徵

儘管整合性風險管理對於不同的組織來講有著不同的範疇和對象，但就一般而言，整合性風險管理具備如下特徵：

（1）強調風險是一個整體的概念。整合性風險管理認為組織面臨的諸多風險彼此之間並不是孤立的，從本質上來講是不可分割的，是相互聯繫、相互影響的。我們只有整體地、綜合地、全面地認識風險和實施風險管理，才能從根本上有效地控制風險，實現組織的目標。

（2）強調組織內部不同風險管理者之間的合作。通過這種合作，就可以在同一個框架下審視組織面臨的種種風險，確定和評估組織的風險排序，進而對組織風險管理的重點以及風險管理成本有一個更清晰的認識，完成組織的戰略性目標。

（3）整合性風險管理往往以資本市場、保險市場的創新及相互融合為基礎。近二十年來金融市場的發展，特別是現代金融理論和金融工具的創新，為風險管理提供了新技術和新方案；保險市場與資本市場的融合，使可保風險的範圍得到了拓寬；保險產品在創新的同時，又使保險市場從資本市場上獲得了更大的承保能力。這些新型的風險管理工具為整合傳統的風險管理提供了極大便利。

（4）以最小的風險成本實現企業價值的最大化是企業整合性風險管理的總體目標。傳統的風險管理方案是以風險損失作為分析基礎，強調綜合運用多種風險管理方法，將風險事件造成的損失控制到最小化。而整合性風險管理方案則以企業價值作為分析基礎，強調立足於整個企業範圍內的所有經營和管理活動，綜合分析評估企業可能面臨的所有風險，充分利用不同風險之間可以相互抵消、相互影響的性質，有效配置企業的資金，力求以最小的風險成本實現企業價值的最大化目標。基於企業價值的風險管理方法，強調風險管理決策應注重風險與收益的關係，應注重企業的價值創造。從根本上說，企業價值是由企業未來淨現金流量的大小、時間及變動決定的。因而，有效的風險管理決策應該促使企業的現金流量穩定，以確保企業發展持久及企業價值增加。另外，實施整合性風險管理方案，並非一味地追求將企業面臨的各種風險都全部轉移出去或留存下來，而是要合理地確定企業留存風險和轉移風險的比例和結構，進而確定企業的資本結構，合理安排企業的實收資本和表外資本，提高企業資本的使用效率。

（5）企業整合性風險管理理念要融入企業文化之中。實施企業整合性風險管理方案，除了要建立一些具體的制度以外，還必須要有足夠的耐心，把整合性風險管理的理念融入企業文化之中，要讓企業的每個員工樹立這樣一種意識：風險管理是優秀企業高效管理體系的組成部分，而不僅僅是附屬；風險管理應該是全體員工的職責，而不是某一個人的職責，一個好的管理者也應該是一個好的風險管理者。事實上，無論從理財的角度講，還是從資產負債表的角度講，公司業務的運作全都是在管理風險和管理收益。企業的風險管理和戰略管理、營運管理是相互融合、緊密聯繫而不可分割的。將整合性風險管理的理念融入企業文化之中，關鍵是構建一套風險管理語境下的通用工作語言。從實際經驗來看，美國加州聯合石油公司主要通過風險評估的方法來改變企業員工的原有觀念，把風險意識融入企業的日常經營決策中去，使人們認識到風險管理是每一個職員的職責，大家都有義務遵守風險管理的制度。而微軟公司則善於通過企業內部網的建設來實現信息授權，從而在整個企業範圍內傳播風險意識，將風險管理的意識融入每一個員工的日常決策之中。[1]

3. 整合性風險管理的發展

從國外理論界的發展狀況來看，整合性風險管理已經成為不少學者的重要研究領域。肯特·米勒（Kent D. Miller）是較早提出整合性風險管理概念的學者，早在1992年，米勒就針對公司的國際業務領域提出了整合性風險管理的思想。尼爾·多爾蒂（Neil A. Doherty）[2]對近年來金融市場的各種創新和發展，特別是保險證券化做了較為詳盡的介紹，為風險的整合提供了較好的知識基礎。麗薩·繆爾布饒科（Lisa K. Meulbroek）[3]則明確提出，公司進行風險管理可以選擇三種方式：第一，改變公司經營模式；第二，調整公司資本結構；第三，運用某些金融工具（包括保險合同）。在繆爾布饒科看來，按照一個統一的管理戰略框架或者說是價值模型對以上三種方式進行整合，就構成了整合性風險管理的核心內容。在實踐方面，已經有不少公司，包括一些全球性的大公司，如夏普公司、霍尼韋爾公司等，在積極嘗試和運用整合性風險管理的戰略思想。又如，早在1999年，Piraeu銀行集團就開發和使用了整合性風險管理方案，將資產負

---

[1] 關於企業整合性風險管理的案例，請參考托馬斯·L. 巴頓、威廉·G. 申克、保羅·L. 沃克所著的《企業風險管理》（中國人民大學出版社，2004年）一書。

[2] 尼爾·多爾蒂是美國賓夕法尼亞大學沃頓商學院著名的保險學者。

[3] Lisa K. Meulbroek是哈佛商學院的管理學者。

債管理與企業風險管理（主要是經營風險管理）整合為一個部門，使用整合的計算機系統，提供融合資產負債管理與企業風險管理的報告。該集團又於2001年將資產負債管理和市場風險、信用風險相整合進行管理。近年來，美國、亞洲和歐洲的一些金融機構正在為保險業開發具有整合性風險管理功能的軟件包，許多保險公司對這些軟件包產生了強烈的需求願望。一些大型保險公司則自己開發這類信息系統軟件，有些則開發既適合保險公司自身也適應相關保戶的具有整合性風險管理功能的軟件包。

（二）整合性風險管理的分類

一般來講，按照整合性風險管理的整合程度不同，我們可以將整合性風險管理分成四個等級，各個等級都對應著相應的整合性風險管理技術。[①]

1. 一級整合：給定資本結構，在一個市場內實現整合

這類整合性風險管理技術能夠整合保險市場或資本市場中多種風險，但還沒有同時跨越這兩個不同的市場。風險管理經理和資本運作經理可以根據公司的風險偏好和資本結構，分別設計並實施這種整合性方案。目前很多管理者對此已經很熟悉了。在金融市場上，籃子期權（Basket Options）和雙觸發原因期權（Double-trigger Options）可以在一次對沖交易中融入兩種或兩種以上的資本市場風險，如利率風險、外匯風險、商品價格風險等。同樣在保險市場上，也出現了可以將不同保險風險結合在一起的、提供綜合保障的綜合保單。

2. 二級整合：在給定資本結構下，實現跨市場整合

這類方案可以將保險市場和資本市場的風險整合在一起，它建立在公司特定的風險偏好和資本結構基礎之上，需要風險經理和資本運作經理進行合作。這類整合方案可以同時涵蓋利率風險、外匯風險、商品價格和保險風險，其形式可以是保險的形式，也可以以衍生產品的形式出現。目前常見的兩種形式是：①多年度/多險種產品（Multi-year and Multi-line Products），為保險風險和資本市場風險的損失提供綜合保障；②多觸發原因產品（Multi-trigger Products），在保險事件發生時激活資本市場風險保障，或者在資本市場指數達到某一執行水平時激活保險保障。

3. 三級整合：改變資本結構，實現跨市場整合

這類整合可以單獨或綜合應用於保險市場風險和資本市場風險的管理

---

① 林義. 風險管理與人身保險 [M]. 北京：中國財政經濟出版社，2004.

中，被視為傳統資本的替代品，可以同時改變風險組合和資本結構。這類整合性風險管理需要財務總監和其他風險管理責任人的共同努力。實施三級整合的目的不僅是為了規避風險，而且是為了公司進行資本管理的需要。其主要形式有：有限風險保險（Finite Risk Insurance）[①]、責任自然終止方案（Run‐off Solution）和或有資本（Contingent Capital）。

4. 四級整合：改變市場結構，實現跨市場整合

這類整合也可以歸入前面三類整合方案，但不同的是，實施這類整合不僅需要公司單方面的行動，還要求保險市場和資本市場發生結構變化，才能使其獲得經濟上的可行性並得以實施。典型的技術有：保險債券、保險衍生產品、信用衍生產品和天氣衍生產品等。

（三）整合性風險管理的方法

整合性風險管理的思想是明確的，也是理想的。整合性風險管理思想的具體應用與實踐，需要理論和方法的創新。這裡，僅僅介紹兩種主要的應用整合性風險管理思想的方法。

1. 基於價值的風險管理方法（Value‐based Risk Management）

基於價值的風險管理方法並不是專門的風險管理方法，在投資決策、經營決策、戰略決策過程中，它都是被普遍推薦的方法。該方法強調，決策應該以企業的財務分析為基礎，以股東（企業）價值最大化為目標。基於價值的風險管理方法，強調風險管理決策應注重風險與收益的關係，應注重企業的價值創造。從根本上說，企業價值是由企業未來淨現金流量的大小、時間及變動決定的。因而，有效的風險管理決策應該促使企業的現金流量穩定，以確保企業發展持久及企業價值增加。基於這種風險管理方法，企業應該以企業所面臨的所有風險為考察對象，應該關注那些對企業價值產生影響的風險，應爭取以較低的風險成本獲得較高的企業價值。

2. 平衡記分卡方法（Balanced Scorecard）

平衡記分卡被認為是現代企業管理最為熱門和最為重要的管理策略，成為企業追求成功的重要思路。M. A. Raquib 將整合性風險管理的思想與平衡記分卡方法相結合，找到了一條整合性風險管理思想應用的途徑。平衡記分卡給出了一組衡量企業活動的重要指標因素，涉及企業管理的四個重要方面：顧客、內部經營、學習與增長、財務。「顧客方面」是反應企

[①] 當投保人為保險公司時，有限風險保險也被稱為有限風險再保險（Finite Risk Reinsurance）。

業外部環境的一個重要因素，是企業開發市場、擴展市場、提高競爭力的重要方面；企業管理應兼顧企業本身和顧客的利益，使顧客滿意是「顧客方面」應追求的目標。「內部經營方面」包含了產品開發、生產、流通整個過程的經營和服務。企業內部經營管理應該具有創造性、靈活性，應具有迅速、靈活地隨著企業內部狀況和外部環境的改變而做出及時調整的能力。「學習與增長方面」集中反應在企業如何充分開發和激勵企業內部的人力資源上。如何挖掘和提高人力資源的能動性，使企業員工有能力、有動力、有精力去為企業設定的各項目標協同工作，這是影響企業現在和未來持久發展的重要方面。「財務方面」是企業管理綜合結果的集散地，既受制於其他三個方面的影響，又受制於金融風險、管理決策等方面的影響。財務方面的目標就是股東價值最大化，這也是企業管理的最終目標。這四個方面是企業戰略決策所考慮的關鍵因素，它們相互制約、相互促進。有效合理的企業管理就是要兼顧這四個方面，協調這四個方面的目標，並充分考慮和利用它們的相互關係，以提高企業競爭力和經營效率。

平衡記分卡方法正是以這四個方面作為出發點和途徑來應用整合性風險管理的思想。首先，利用風險管理的方法和技巧，如風險識別、風險衡量、風險控制等方法和步驟來分析這四個方面各自潛在的風險；其次，利用這四個方面風險的相互影響和相互抵消的特點，通過風險分析、風險控制、風險交流的方法，以企業整體為考慮對象，權衡風險與收益，堅持成本效率原則，來進行風險管理決策。不難看出，企業在這四個方面的風險幾乎包含了企業所面臨的所有重要風險，因而這種風險管理方法符合整合性風險管理的思想。

需要指出的是，整合性風險管理思想的應用，還體現在非傳統風險轉移方式（又稱可選擇性風險轉移方式，ART）的創新和發展上。對此，下文將作詳細的介紹。

（四）建立整合性風險管理系統的步驟

按照整合性風險管理戰略的要求，建立整合性風險管理系統的步驟如下：

1. 風險識別與可能性預測

要全面分析企業所處的環境和內外部特點，列出企業可能面臨的所有風險因素，即列出風險清單。風險識別過程一定要避免出現認識上的盲區，要盡量將各種潛在的和現實的風險因素都識別出來。在列出企業面臨的所有風險後，還要對風險事件發生的可能性（包括獨立發生和聯合發

生）進行預測。

2. 評估各種風險如何影響企業的價值即風險成本的構成和大小

在實施整合性風險管理的過程中，風險經理不僅要估計出每一種風險對企業價值的影響，而且還必須瞭解每一種風險是如何作用於整個企業的風險組合，以及減少每一種風險所需要的成本。這一過程所要求的分析方法與目前各企業的習慣做法有很大不同。由於風險管理產生的效益（以及成本）在每個企業之間有所不同，風險管理策略必須量體裁衣，適應每個企業的具體情況。對於有些企業來說，讓收益水平保持在一定的波動範圍內將會增加企業的價值。而對於另外一些企業來說，價值最大化策略本身的目標則是使企業或者股東權益的市場價值處於一定水平的波動狀態。因此，為能夠制定最優的風險管理戰略，風險經理必須首先要瞭解各種不確定的情形是如何影響到企業未來的收益狀況，以及這些不確定性的收益狀況是如何影響到企業的市場價值的。也就是說，為了評估企業是否應該採取以及在多大程度上實施針對某些風險因素的管理手段，風險經理必須首先搞清楚風險管理會通過哪些渠道潛在地影響企業的價值。對這種潛在影響渠道的理解構成了任何風險管理戰略的基石，而如果缺乏對這種潛在影響渠道的正確理解，那麼，所有企圖評估風險管理的成本收益的努力都將是徒勞的。

3. 分析風險管理方式

風險經理必須考慮對已經列明的風險以何種方式進行管理，特別是要從轉變經營方式、調整資本結構、使用各種金融工具三方面入手進行分析。在這個過程中，關鍵問題是分析清楚不同風險管理方式是如何相互作用的。另外，企業還可以通過其他方式，如調整資本結構，來管理自身面臨的風險。例如，較低的債務水平意味著企業可以少支付固定利息費用，從而可以使得企業獲得更大的靈活性來應對可能出現的影響企業價值的任何不利變化。同時，債務少還減少了企業陷入財務困境的可能性。當然，每種風險管理策略分別具有不同的成本和收益。較低的債務率也使得企業不能充分利用債務利息的稅收盾牌作用。

有些風險並不能通過轉變企業經營方式來加以有效管理，這一方面是因為有時找不到可行的經營方式，另一方面也因為有時採取某種經營方式成本太高或者妨礙企業實現更高的戰略目標。在這種情況下，一些特定的金融工具，包括金融衍生產品（如期貨、期權、互換合約等），可以考慮用來管理風險。使用特定的金融工具可以應對的風險有很多，如商品、貨

幣、股票指數、利率、甚至天氣風險等，當損失發生後，這些金融工具能夠幫助減弱甚至消除這些損失對企業價值帶來的不利影響。通過特定的金融工具管理風險的好處在於企業能夠在不妨礙正常經營的情況下以較低的成本對某些特定風險給予足夠的關注。不過，通過金融工具能夠有效管理的風險只能是某些特定的風險。例如，貨幣的套期保值只能對由於匯率波動導致的收入損失提供保護。

不同的風險管理方式可以結合起來去實現一個共同的目標。每個企業都有很多種管理風險的方法和途徑，並且每個企業的最佳風險自留額水平以及為達到這一目標所使用的具體工具都是不同的。為了能夠比較每一種風險管理方式的優勢和劣勢，風險經理必須考慮多種因素，如風險管理戰略有效實施所需要的信息、成本、工具等，包括在目前的市場上能否找到所需要的風險管理工具。將這些信息納入到企業價值模型中是整合性風險管理過程的重要環節。

4. 建立企業價值模型

在掌握了企業面臨的各種風險因素、風險組合、管理風險的不同方式及其成本之後，風險經理就可以著手分析能夠使得企業價值最大化的風險管理策略。為實現這一目標，風險經理必須構建一個企業價值模型，將其掌握的有關企業風險的各種信息和知識——包括這些風險如何影響企業價值——都納入到這個模型中。通過改變模型的輸入變量，就可以發現不同風險的變化是如何影響企業價值的。借助這一模型，風險經理就可以確定企業最佳的風險自留水平是多少、該自留水平上的風險組合的具體構成以及實現這一目標的最好途徑。

二、非傳統風險轉移方式的創新與發展

（一）非傳統風險轉移方式的概念框架

所謂非傳統風險轉移方式，又稱為可選擇性風險轉移方式（Alternative Risk Transfer, ART），它是相對於傳統的通過購買保險進行風險轉移的方式而言的。起初 ART 表述的是這樣一些機制，它使企業能以專業自保公司（Captive Insurance）、風險自留集團（Risk Retention Group）等形式更容易地為自身風險提供保險保障。隨著時間的推移和市場的發展變化，ART 同樣演變得十分迅速，但因現有的產品和機制的多樣性，它還沒有一個被公眾廣泛接受的定義。就一般意義上來說，ART 是指除傳統的保險或再保險以外的一切關於風險的承擔、轉移或者融資的產品或

機制。

　　相對於傳統的保險風險轉移方式而言，ART 的特性表現為：①ART 絕大部分的產品或機制都是為特定的客戶量身定制的，旨在提高風險轉移的效率，擴大可保風險的範圍，以及在資本市場上尋求額外的承保能力。它使一個企業能更有效地進行風險管理，並將有限的資金集中於核心業務進而提高企業的經營效益。②整合性風險管理思想的應用，推動了風險管理技術和方法的創新，進而推動了 ART 方式的演變和發展。③ART 是分散、轉移巨災風險或為巨災風險損失安排融資渠道的重要方式。④ART 是對傳統保險和再保險補償機制的補充。⑤20 世紀 80 年代後期及 90 年代初，資本市場的發展與創新，為風險融資證券化創造了有利的外部支持環境，從而也為 ART 的迅速發展提供了可能。⑥在金融自由化和金融混業經營的背景下，保險與非保險金融仲介機構之間跨行業經營的融合不斷深化，為 ART 的發展提供了有利的契機。

　　如圖 1-3 所示，加深對 ART 概念框架的認識，可以從兩個方面著手：ART 的渠道和 ART 的產品與方法。

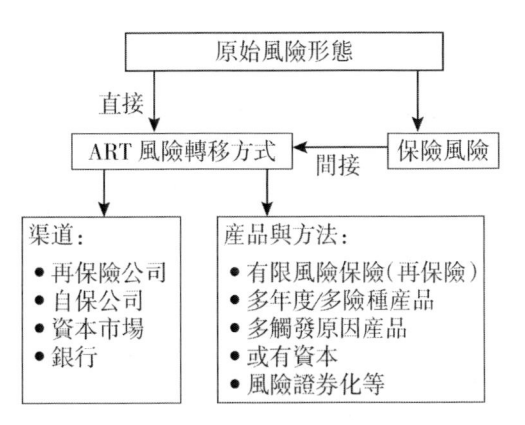

圖 1-3　非傳統風險轉移方式的渠道、產品與方法

1. ART 方式的渠道

　　所謂渠道，就是 ART 實施的載體。再保險公司、自保公司、資本市場和銀行就是風險轉移人利用 ART 轉移風險的渠道。ART 的使用有直接和間接之分，前者是指風險轉移人直接借助於 ART 的產品或 ART 的交易渠道進行風險轉移的行為；後者則是通過保險公司進入 ART 市場。在大多數情況下，ART 方式轉移風險是通過（再）保險公司進入 ART 市場

的，很少有投保人自己直接進入 ART 市場。因為（再）保險公司是風險管理的專業組織，其經營風險的能力和聲譽已為市場上各方面所認可。通過（再）保險公司這一金融仲介機構，投保人可以迴避單個風險的個體特徵，如道德風險，從而在資本市場上更加容易獲得風險融資。有必要指出的是，自保公司不僅是 ART 風險轉移方式的渠道之一，同時其本身就是一種 ART 產品。

2. ART 產品與方法

ART 用於轉移風險的產品和方法是多種多樣的，主要包括有限風險保險（再保險）、多年度/多險種產品、多觸發原因產品、或有資本及保險證券化產品。下面將對 ART 的產品和方法一一進行介紹。

(二) ART 產品的主要形式

1. 專業自保公司（Captive Insurance）

專業自保公司是最早的 ART 產品。它是指非經營保險業務的企業單獨或與其他企業合資建立的專門為股東企業提供保險的風險融資機構。專業自保公司大多數都是再保險公司，母公司的風險先由當地一家傳統保險公司承保，然後由後者將該業務分出給專業自保公司。這樣可以為企業自身一些不可保風險提供保險，不但降低了保險成本，而且不會產生道德風險。出於避稅的考慮，專業自保公司大多在自由港註冊，如百慕大等地區。

2. 有限風險（再保險）（Finite Risk Insurance/Reinsurance）

非傳統風險轉移中的有限風險型產品（FR）的重點在於風險融資，而不是風險的轉移。目前的 FR 主要是為再保險業務設計的，是為保險公司的再保險融資提供服務的。FR 產品的主要特徵為：①從投保人（分出人）轉移到（再）保險公司的風險是被限定的，但通常包括承保風險和時間風險。除可保風險外，FR 的承保人還可以承擔某些傳統保險不可保的風險，如利率風險、信用風險和匯率風險。②保險合同的期限通常跨越多個年度，使得風險可以在多年內分散，使得一些在一個會計年度內無法進行風險融資的業務成為可能。③FR 保單的實際成本主要取決於具體索賠情況，保費中未用於賠償的部分在合同期滿後，由保險人或再保險人返還給投保人（分出人）。

3. 多年度/多險種保險產品（Multi－year /Multi－line Products，MMP）

MMP 的主要特點為：①在同一個保險計劃中將多個彼此並不獨立的

保險風險，如火災、營業中斷和責任等風險捆綁在一起，並採用一個綜合費率。MMP 還可以承保一些特殊的風險，如匯率風險和商品價格波動風險，以及一些歷來被認為是無法承保的風險，如政治風險。②承保人的責任限額和對投保人的免賠額並不像傳統保險那樣按年度和單一險種來計算，而是在所有險種和全部合同期的基礎上計算出來的。MMP 除了可以在業務組合內分散風險外，還可以在一定時間段內分散風險。③與大多數有限風險保險產品不同的是，MMP 可以同時對大量的風險進行轉移。

4. 多觸發原因產品（Multi - trigger Products，MTP）

在保險合同中設立兩個給付條件（即觸發原因），其中一個為保險事件，另一個為非保險事件，只有兩者同時發生時，保險人才進行賠付。兩個給付條件由投保人自己決定，具有很大的靈活性。MTP 最大的特點是當投保人同時遭受兩個或更多的不利事件時能獲得損失補償。由於兩個或更多獨立事件同時發生的概率很低，所以該保險的費率很低，有利於產品的推廣。

5. 或有資本（Contingent Capital，CC）

或有資本是指保險人與投保人約定，在投保人發生嚴重損失、難以從資本市場獲得所需經營資金時，保險人提供資本來源，以維護投保人的法定清償能力。或有資本具體有兩種途徑：一是投保人與保險人約定，當保險事件（一般為導致嚴重損失的事件）發生時，投保人可從保險人處獲得權益或債務資本；二是投保人可以從保險人處購入股票賣出期權，當投保人在保險事件發生且股價跌到某個事先設定的價位時，可以按事先約定的價格將股票出售給保險人，獲得經營資金。當然，事後投保人要在規定的時間內贖回股票，並支付相應的紅利或利息。

6. 保險證券化產品（Securitisation of Insurance Risk）

保險證券化是 20 世紀 90 年代以來國際金融市場中出現的一種新趨勢。鑒於保險證券化對保險業乃至整個金融業發展的重要性，下文將作專門的介紹。

三、保險證券化

保險證券化可以定義為保險公司通過創立和發行金融證券，將承保風險轉移到資本市場的過程。保險證券化的過程包括兩個要素：其一，將承保現金流轉化為可買賣的金融證券；其二，通過證券交易，將承保風險轉移給資本市場。保險風險證券化產生的動力來自於兩個方面：其一，面對

巨災風險威脅時，保險業的承保能力明顯不足；其二，資本市場投資者分散風險、獲取更高的投資回報率的強烈願望，同樣催生了保險證券化產品的創新和發展。

（一）產險巨災風險證券化的主要形式

1. 巨災債券

巨災債券是通過發行收益與指定的巨災損失相連結的債券，將保險公司的部分巨災風險轉移給債券投資者。債券合同一般規定，如果在約定期限內發生指定的巨災，且損失超過事先約定的限額，則債券持有人就會損失或延期獲得債券的部分或全部利息和/或本金，而發行債券的保險公司或再保險人獲得相應的資金，用於賠付超過限額的損失；如果巨災沒有發生或者巨災損失沒有超過該限額，則證券投資者就會按照約定的較高的利率（通常高於無風險利率，如美國國債息率）收回本金利息，作為使用其資金和承擔相應承保風險的補償。

在資本市場上，需要通過專門的中間機構來擔保巨災發生時保險公司可以得到及時的補償，以及保障債券投資者與巨災損失相連結的投資收益。以地震風險證券化為例，先由保險公司或再保險公司出資成立一個特殊目的子公司，除了向投資者發行債券收取巨災保障基金外，也接受母公司的巨災投保，並收取再保險費。若沒有發生巨災損失，特殊目的子公司將在債券到期前，按照合同約定支付本利給債券投資者；相反，若巨災損失在債券到期日前發生，特殊目的子公司會將資金先行理賠給巨災投保人，再將剩餘資金付給債券投資人。

巨災債券所轉移的風險可以是某家保險公司承保的巨災風險，也可以是整個保險業所承保的某種巨災風險。例如，日本東京海上保險公司在1997年12月發行的1億美元的地震債券，以及1999年瑞士豐泰發行的巨災債券。如同再保險一樣，巨災債券也可以分層次轉移承保風險。例如，某再保險公司發行的颶風債券分為A-1和A-2部分，債券A-1部分的收益從屬於公司該年度1億~1.638億美元之間的颶風損失，而債券A-2部分的收益從屬於該年度1.638億~5億美元之間的颶風損失。此外，只有在再保險價格相對較高，使得高風險的巨災債券的票面利率高於市場利率水平時，巨災債券才能吸引投資者並籌措到足夠基金，為巨災風險累積充足的保障。自巨災債券誕生以來，美國至少有10家保險公司採用這種方式來抵禦因地震、颶風等巨災帶來的損失。

2. 巨災期權

巨災期權是以巨災損失指數為基礎而設計的期權合同，包括看漲期權和看跌期權。它以某種巨災風險的損失限額或損失指數作為行使價，而涉及的損失風險既可以是某家保險公司的特定承保風險，也可以是整個保險行業的特定承保風險。如果保險公司買入看漲巨災期權，則當合同列明的承保損失超過期權行使價時，期權價值便隨著特定承保損失金額的升高而增加。此時如果保險公司選擇行使該期權，則獲得的收益與超過預期損失限額的損失正好可以相互抵消，從而保障保險公司的償付能力不受重大影響。而巨災期權的賣方事先收取買方繳納的期權費用，作為承擔巨災風險的補償。

由於保險本質上是一種期權或是期權的組合，因此，利用期權特性來控制保險公司的經營風險，符合保險公司對動態償付能力的需求。相對於巨災債券而言，巨災期權一般通過場內交易，轉移風險的成本較低。與其他期權相同的是，當特定的承保損失超過期權行使價時，巨災期權賣方的損失隨著承保損失金額的增加而增加。在期權市場上，由於單個保險期權的損失風險對巨災期權的賣方而言是沒有上限的，因此在實際操作中較難找到單個保險期權的賣家，往往需要組合兩個合同期限相同但具有不同行使價的期權，來降低期權賣方承擔的風險。例如，美國芝加哥期貨交易所推出的巨災期權就是執行看漲期權價差交易，在買進一個協議指數較低的看漲期權的同時再賣出一個到期日相同但協議指數較高的看漲期權。

巨災期權有場內交易和場外交易兩種形式。場外交易可以比較容易地根據保險公司所要轉移的風險情況，安排適合公司承保風險狀況的期權合同，但交易方違約的風險比較大。場內交易必須符合期貨交易所規定的各種標準交易條件，期權合同含有的風險通常是整個保險業的某項巨災風險，不一定適合單個保險公司分散風險的個性需求。

3. 巨災期貨

巨災期貨是由美國最先推出的一種套期保值工具，其交易價格一般與某種巨災的損失率或損失指數相連結。這種期貨合同通常設有若干個交割月份，在每個交割月份到期前，保險公司和投保人會估計在每個交割月份的巨災損失率大小，從而決定市場的交易價格，而市場對巨災損失率的普遍預期也會對期貨交易價格產生影響。例如，保險公司預計第四季度巨災損失率將要上升，為控制該季度賠款，就會買入一定數量的12月份期貨合約，如果屆時巨災確實發生而且導致公司損失率上升，則第四季度後，

在期貨交易價格隨市場預期損失率上升而上漲時，公司通過簽訂同樣數量的賣出期貨合約取消期貨義務，獲得期貨買入與期貨賣出之間的差價，並用於抵消因實際損失率超過預期造成的額外損失。當實際損失率低於預期時，保險公司雖然在期貨市場上遭受一定損失，但可以通過保險方面的收益得到彌補。

巨災風險證券化通過在保險業和資本市場之間搭建橋樑，給保險行業的融資帶來了戰略性的益處。這些證券化工具不僅為保險公司提供了更多管理風險的方法，而且能夠使資本市場的投資者參與財產巨災風險市場，減少巨災對一家保險公司和整個保險行業帶來的負面影響，有益於整個社會的穩定。

(二) 人壽和年金風險的證券化

保險證券化得以成功的重要因素之一，是通過重新包裝保險風險並銷售給資本市場，使投資者能夠更有效地配置資金、分散投資風險。只要存在這種效率增加的可能性，保險風險證券化就會繼續存在於資本市場。這也說明了人壽和年金風險同樣存在證券化的可行性。隨著保險業與資本市場的聯繫日漸密切，在再保險公司的推動下，壽險業也開始嘗試進入保險證券化的領域。目前，壽險業唯一出現的證券化個案是英國 NPI 公司通過證券化提高保險基金盈餘的比率。NPI 公司與一家特殊目的公司簽訂了再保險合約，通過該特殊目的公司發行債券來籌集資金。這證明了壽險公司已經對利用資本市場進行風險轉移以及提升財務實力產生了興趣。

到目前為止，壽險風險證券化與產險巨災風險證券化有著顯著的不同。NPI 公司在證券化交易中雖然轉移了部分風險，但債券發行人的首要動機是為承保新業務從資本市場融資，而巨災風險證券的交易是將風險轉移到資本市場上去。其實除融資目的外，保險公司和再保險公司同樣可以通過證券化，將壽險或年金產品的某些風險轉移到資本市場，由資本市場上的投資者來支付賠款或給付保險金。根據壽險和年金產品的特點，證券化有兩種潛在的途徑應用於壽險和年金業務。

(1) 年金產品通常存在年金領取人壽命超過預期的風險（即長壽風險），為有效防範這種死亡率風險，可以基於一個國家範圍的死亡率指數設計一種長期債券。再保險公司通過發行這類債券，可以增加承保能力，接受更多壽險公司和退休金計劃的分保業務。

(2) 基於特定的被保險群體設計一種債券。保險公司在承保某一特定群體的大額或巨額定期壽險時一般會進行較為嚴格的核保，由於關於該

類業務的承保經驗有限，預計死亡率可能存在相對較高的偏差。在這種情況下，壽險公司可以設計發行一種 5 年期或 10 年期的債券為該類風險提供保障，而在傳統再保險市場中，該類業務一般較難分出，而且即使分出，成本也會非常高。

復習思考題

1. 什麼是風險？風險由哪些要素組成？
2. 風險的分類方式主要有哪幾種？
3. 概念比較：①風險因素與風險事故；②純粹風險與投機風險。
4. 什麼是風險管理？如何理解風險管理的基本內涵？
5. 風險管理的目標是什麼？簡述風險管理的基本原則。
6. 風險管理的基本職能包括哪些？如何理解風險管理職能的創新與發展？
7. 簡述風險管理的基本程序。
8. 如何理解整合性風險管理的基本思想？整合性風險管理的方法主要有哪些？
9. 什麼是非傳統風險轉移方式？請列舉幾種非傳統風險轉移方式的渠道和產品。
10. 何為保險證券化？保險證券化的主要形式有哪些？

第二章 保險概述

內容提示：對保險的論述形成了各種學說。保險可從法律和經濟角度定義。可保風險、大量同質風險的集合與分散、保險費率的制定、保險基金的建立和保險合同的訂立等構成了保險的要素。保險與儲蓄、賭博、救濟等經濟行為及制度既相似又不相同。保險具有基本職能和派生職能，既有積極作用，也有消極影響。學習本章時應深入認識和把握保險是什麼？可保風險具有哪些條件？理解和分析保險的職能等問題。

第一節　保險的內涵

一、保險的各種學說

在保險理論界通常將西方經濟學家對保險的論述劃分為若干學說，其中，日本學者園・乾治的歸納最為全面。園・乾治認為，保險的學說可以分為損失說、二元說和非損失說三類。在此，我們以園・乾治的觀點為基礎，對西方經濟理論中的保險學說進行概括性的介紹。

（一）損失說

損失說是以損失概念作為保險性質的學說。

1. 損失賠償說

英國的馬歇爾（S. Marshall）認為：「保險是當事人的一方收受商定的金額，對於對方所受的損失或發生的危險予以補償的合同。」德國的馬

修斯（E. A. Masius）認為：「保險是約定當事人的一方根據等價支付或商定，承保某標的物發生的危險，當該項危險發生時，負責賠償對方損失的合同。」由於這種學說認為保險是一種損失賠償合同，因而被稱為損失賠償說。損失賠償說就財產保險而言可以說是適當的，但對於人身保險用損失賠償的概念進行解釋就顯得不妥，特別是人身保險中的生存保險，在被保險人生存至保險合同期滿或保險合同約定的期限時，能獲得生存保險金，可以說與損失無關。

2. 損失分擔說

損失賠償說側重於合同雙方當事人的關係，損失分擔說卻強調在損失賠償中多數人對損失的共同分擔。損失分擔說的代表人物是德國的華格納（A. Wagner）。他認為：「從經濟意義上說，保險是把個別人由於未來特定的、偶然的、不可預測的事故在財產上所受的不利結果，使處於同一危險之中，但未遭遇事故的多數人予以分擔以排除或減輕災害的一種經濟補償制度」；「這個定義既能適用於任何組織、任何險種、任何部門的保險，同時也可適用於財產保險、人身保險，甚至還可適用於自保。」「保險是把損害分擔於多數人進行賠償的，不論財產保險或人身保險，所有的保險都是損害保險。」華格納認為，保險不僅是保險合同當事人雙方之間的關係，而且是把損失分擔給多數人的一種經濟補償制度。該學說的獨到之處在於它不拘泥於法律上的解釋，而是以經濟學的知識為基礎，指出保險的性質是多數被保險人的相互關係。但它既然認為保險是多數人對損失的分擔，又把自保納入其中，顯然是自相矛盾的。

3. 危險轉嫁說

此學說認為保險是對損失的賠償，是對危險的轉嫁。其代表人物是美國的魏蘭脫（A. H. Willet）。他指出：「保險是為了賠償資本的不確定損失而積聚資金的一種社會制度，它是依靠把多數的個人危險轉嫁給他人或團體來進行的。」

由於損失賠償說、損失分擔說和危險轉嫁說都強調了損失，都以損失概念作為保險性質，故被統稱為損失說。

(二) 二元說

園・乾治把否認人身保險說和擇一說歸為二元說。

1. 否認人身保險說

損失這個概念，無論是從經濟方面進行狹義的解釋，還是包括精神損失在內的廣義的解釋，都難以闡明人身保險的性質。這樣，「否認人身保

險說」學派就應運而生。否認人身保險說是一些法學家所倡導的，有些經濟學家也予以支持。如經濟學家科恩（G. Cohn）就說：「因為在人身保險中，損失賠償的性質極少，它不是真正的保險而是混合性質的保險。」又如，埃斯特（L. Elster）直截了當地說：「在人身保險中完全沒有損失賠償的性質，從國民經濟來看，人身保險不過是儲蓄而已。」威特（Johan. De. Witt）則認為：「人身保險不是保險，而是一種投資。」否認人身保險說實際上是以損失賠償或分攤作為保險的性質，對人身保險是保險予以否認，這顯然是不全面的。

2. 擇一說

這種學說不同意否認人身保險說強調人身保險不是保險的說法，但又不能找出財產保險和人身保險的共同概念，因而主張將財產保險與人身保險分別以不同的概念進行闡明。主張擇一說的有愛倫貝堡。他從保險合同的角度認識保險，他認為對保險合同的綜合性定義，應該是「保險合同不是損失賠償的合同，就是以給付一定金額為目的的合同」，兩者只能擇其一。

（三）非損失說

損失說和二元說多少都與損失概念相關，因而，一些幾乎完全擺脫損失概念的學說，就被稱為非損失說。如技術說、慾望滿足說、所得說和經濟確保說等。

1. 技術說

主張此學說的是費芳德（C. Vivante）。他認為，保險不能沒有保險基金，在計算這種保險基金時，一定要通過特殊技術，使保險人實際支出的保險金的總額與全體投保人交納的淨保險費的總額相等。保險的特性就在於採用這種特殊技術，科學地建立保險基金，這樣就沒有必要在保險合同是否以損失賠償為目的的問題上爭論不休了。而且，這種技術不一定要按照統計學或概率論等精密的科學方法，即使光靠經驗或推測也可以求得。技術說為了彌補損失說等學說的缺陷，以技術的特殊性作為保險性質，不免有失偏頗。因為經營賭博、發行彩票等也需要特殊技術，按技術說的觀點，很容易認為保險與賭博、彩票等如出一轍，這顯然是不當的。

2. 慾望滿足說

此學說的倡導者是拉札路斯。他從經濟學的觀點探索了保險的性質，認為保險是以損失賠償和滿足經濟需要為其性質的。根據拉札路斯的學說，戈比（U. Gobbi）進一步指出，保險的目的是當意外事故發生時，以

最少的費用滿足該偶發慾望所需的資金,並予以充分可靠的經濟保障。戈比把一切事故及對經濟生活的影響分為:第一,慾望和滿足慾望的手段關係不變;第二,使兩者都有利,也就是增加滿足需要的手段;第三,使兩者都不利,這種不利因素又分為滿足需要的手段不變而慾望增加和滿足慾望的手段減少兩種情況。戈比認為:「作為處理第三種變化的手段有儲蓄,因此,保險是有組織的儲蓄。」戈比對保險使用了慾望一詞,並從主觀上予以解釋,創立了慾望滿足說。但他將保險看成是儲蓄,則明顯不妥。慾望滿足說受到不少學者的支持。例如,威爾納(G. Worner)說:「保險是多數人的團結互助的集體,其目的在於對意外事故引起的財產上的慾望,以共同的、互助的補償手段為保障。」慾望滿足說的另一個代表人物是馬納斯(A. Manes)。他認為保險是處於同樣經濟不安定的情況下,許多企業經營單位把偶發的且能計算出來的財產上的慾望,根據互助原則予以保障的經濟手段。後來,馬納斯將財產上的慾望改稱為金錢上的慾望,認為金錢上的慾望包括直接損失、利益喪失、儲蓄能力停止、防止緊急損失費用以及其他不得已的開支,存在於與貨幣價值有關的一切場合,而引起金錢上慾望的事故,就是保險事故,包括自然災害和人為的意外事故。他說:「衝擊經營單位的慾望叫作危險,在危險發生後就叫作損失」;「保險是保障因保險事故引起金錢慾望的組織,如果發生保險事故,必須以引起金錢上的慾望為前提條件。」馬納斯的觀點是從金錢慾望的角度做了進一步接近損失賠償說的補充,適用於解釋財產保險,對人身保險,特別是人壽保險則不太適用,但是他對保險互助原則的強調具有相當的價值。

3. 所得說

此學說的代表人物是休魯茲(F. Hulusse)。他認為保險產生的根本原因在於經濟的不穩定,即保險是為瞭解除因經濟的不安定以致儲蓄無能為力的缺點,在經濟不安定的情況下,把儲蓄的負擔分攤給多數經營單位的組織,以保障所得。所得說適用於人身保險,不適宜於財產保險,但此學說將經濟的不安定作為保險存在的理由,是其獨到之處。

4. 經濟確保說

胡布卡(J. Hupka)認為,一切保險的共同目的或者說所有加入保險的動機,都不是為一定事故的損失作準備,而是在未來的不確定的災害事故發生後得到經濟上的保障。經濟確保說的特點是把滿足經濟上的保障需要作為保險的目的,這一學說對保障的強調可以用於解釋財產保險和人身

保險，因而有其獨特的價值。

以上有關保險的各種學說①各有所長，為我們今天認識保險的性質、特徵提供了重要的啟示。

除各種保險學說以外，在西方經濟理論中還有不少涉及保險的論述。

例如，羅雪爾在《歷史方法的國民經濟學講義大綱》一書中寫道：「保險是將各個個人的巨大損失，分攤給多數人來負擔的方法。它一方面有很大的刺激節約的作用，另一方面也打擊那些屬於過失的破壞或完全出於惡意的破壞。……保險措施在國民經濟中的效用在於它極大地保證了信用。……為了使火災保險的保險費做到合理，需要劃分許多等級。不僅要看建築物的種類、環境和它的用途，而且要看它的空間大小以及該地區的文化發展狀況。文化程度越高，危險的程度越小。」② 從羅雪爾的表述可以看見，保險是一種損失分攤的方法，有刺激節約、打擊破壞及保證信用的效用；保險費應根據危險的程度劃分不同的等級。

又如在《國富論》中，亞當‧斯密認為：「……保險費必須足以補償普通的損失，支付經營的費用，並提供資本要是用於一般經營所能取得的利潤。」③這一表述說明了保險費的構成或如何計算保險費率的問題。亞當‧斯密還指出：「保險業能予個人財產以很大的保障。一種損失本來會使個人趨於沒落的，但有了保險業，他這損失就可分配給許多人，全社會分擔起來毫不費力。不過，保險業者要想予他人以保障，他自己就必須有很大的一宗資本。」④ 也就是說，亞當‧斯密認為保險業能使損失在全社會分擔而保障個人財產，經營保險業需要有充足的資本金。

從西方經濟理論中有關商業保險的論述，我們可以看出，商業保險是將多數人的損害在全社會進行分攤並將風險轉嫁給保險人的一種方式；保險雙方當事人通過訂立保險合同建立起保險關係；保險包括財產保險和人身保險，在財產保險中，當發生保險合同約定的風險事故時，保險人對被保險人的財產所受損失進行賠償；人身保險具有儲蓄性、投資性，在人身

---

① 園‧乾治. 保險總論 [M]. 李進之，譯. 北京：中國金融出版社，1983：6-17.

② 威廉‧羅雪爾. 歷史方法的國民經濟學講義大綱 [M]. 朱紹文，譯. 北京：商務印書館，1981：72.

③ 亞當‧斯密. 國富論（上）[M]. 郭大力，王亞南，譯. 北京：商務印書館，1972：100.

④ 亞當‧斯密. 國富論（下）[M]. 郭大力，王亞南，譯. 北京：商務印書館，1972：317-318.

保險中，保險人不是賠償損失，而是給付保險金；投保人應該交納保險費，保險費應足以補償損失、支付經營費用並使保險人獲得社會平均利潤，保險人應根據風險狀況收取不同的保險費；保險人要為社會提供保險保障，需要具有充足的資本金；保險經營以概率論為基礎，技術性很強。

二、保險的含義

按照《中華人民共和國保險法》[①]（以下簡稱《保險法》）第二條的規定，保險是指投保人根據合同約定，向保險人支付保險費，保險人對於合同約定的可能發生的事故因其發生所造成的財產損失承擔賠償保險金責任，或者當被保險人死亡、傷殘、疾病或者達到合同約定的年齡、期限等條件時承擔給付保險金責任的商業保險行為。

對保險可以從兩個不同的角度進行定義：

（一）保險的法律定義

從法律的意義上解釋，保險是一種合同行為，體現的是一種民事法律關係。保險關係是通過保險雙方當事人以簽訂保險合同的方式建立起來的一種民事法律關係。民事法律關係的內容體現為平等主體間的權利義務關係，而保險合同正是投保人與保險人約定保險權利義務關係的協議。根據保險合同的約定，投保人有交納保險費的義務，保險人有收取保險費的權利，被保險人有在合同約定事故發生時獲得經濟補償或給付的權利，而保險人有提供合同約定的經濟補償或給付的義務。這種保險主體間的權利義務關係正是保險這種民事法律關係的體現。

（二）保險的經濟學定義

從經濟學的角度來看，保險是一種經濟關係，是分攤意外損失的一種融資方式。保險體現了保險雙方當事人之間的一種經濟關係，在保險關係中，投保人把損害風險以交付保險費的方式轉移給保險人，由於保險人集中了大量同質的風險，因而能借助大數法則來預測損失發生的概率，並據此制訂保險費率，通過向大量投保人收取的保險費形成的保險基金來補償其中少數被保險人的意外損害。因此，保險既是一種經濟關係，又是一種有效的融資方式，它使少數不幸的被保險人的損害，以保險人為仲介，在全體被保險人（包括受損者）中得以分攤。

---

① 以下凡未特別指明處，所言《保險法》均是指中華人民共和國第十一屆全國人民代表大會常務委員會第七次會議 2009 年 2 月 28 日修訂通過並公布、2009 年 10 月 1 日起施行的《中華人民共和國保險法》。

三、保險的要素

保險的要素是從事保險活動所應具備的必要的因素。構成保險要素的主要有可保風險、大量同質風險的集合與分散、保險費率的制定、保險基金的建立和保險合同的訂立等。

（一）可保風險

風險的存在是保險業產生和發展的自然基礎，沒有風險就不可能有保險，但保險人並非承保一切風險，而是只對可保風險才予以承保。因此，可保風險也就成了保險的第一要素。

作為可保風險，從廣義上講，是指可以利用風險管理技術來分散、減輕或轉移的風險；從狹義上講，則是指可以用保險方式來處理的風險。這種風險應該是不可抗力的風險，其所導致的損害應該是實質損害。換言之，可保風險是保險人願意並能夠承保的風險，是符合保險人承保條件的特定的風險。一般所言的可保風險是指狹義的可保風險。

可保風險一般具有以下五個條件：

1. 非投機性

保險人所承保的風險，應該是只有損失機會而無獲利可能的純粹風險。可保風險不具有投機性，保險人通常不能承保投機風險，因為保險人如果承保投機風險，既難以確定承保條件，又與保險的經濟補償的職能相違背。

2. 偶然性

保險人所承保的風險，應該是偶然的。可保風險應該是既有發生的可能，又是不可預知的。因為如果風險不可能發生，就無保險的必要；同時，某種風險的發生情況不具有必然性。

3. 意外性

保險人所承保的風險，應該是意外發生的。風險的發生既不是因為被保險人及其關係人的故意行為，也不是被保險人及其關係人不採取合理的防範措施所引起的。

4. 普遍性

保險人所承保的風險，應該是大量標的均有遭受損害的可能性。保險是以大數法則作為保險人建立穩固的保險基金的數理基礎，因此，可保風險必須是普遍存在的風險，即大量標的都有可能遭受損害。如果風險只是相對於一個標的或幾個標的而言，那麼保險人承保這一風險等於是下賭

註、進行投機。只有一個標的或少量標的所潛在的或面臨的風險，是不具備大數法則這一數理基礎的。只有對大量標的遭受損害的可能性進行統計和觀察，才能使保險人比較精確地測算出損失及傷害的概率，以作為制定保險費率的依據。

5. 嚴重性

保險人所承保的風險，應該是有較為嚴重的，甚至有發生重大損害的可能性。風險的發生有導致重大或比較重大的損害的可能性，才會產生保險需求。保險供給也才可能因此產生。

(二) 大量同質風險的集合與分散

保險人分散風險、分攤損害的功能是通過大量的具有相同性質風險的經濟單位的集合與分散來實現的。大量的投保人將其所潛在的或面臨的風險以參加保險的方式轉嫁給保險人，保險人則通過承保形式，將同種性質的分散性風險集合起來，當發生保險合同約定的事故時，又將少數人遭遇的風險損失及傷害分攤給全體投保人。因此，保險的經濟補償和給付過程，既是風險的集合過程，又是風險的分散過程。

(三) 保險費率的制定

保險關係體現了一種交換關係，投保人以交納保險費為條件，換取保險人在保險事故發生時對被保險人的保險保障。而保險交易行為本身要求合理地制定保險商品的價格——保險費率。因此，保險費率的制定就成了保險的一個基本要素。保險費率的高低直接影響到保險的供求狀況，保險人應該根據大數法則和概率論，合理地制定保險費率，以在保證保險人經營穩定性的同時，保障被保險人的合法權益。

(四) 保險基金的建立

保險對風險的分攤及對損害的補償，是在保險人將投保人交納的保險費集中起來形成保險基金的前提下進行的。保險基金主要是由按照各類風險出險的概率和損害程度確定的保險費率所收取的保險費建立起來的貨幣基金。保險實際上是將在一定時期內可能發生的自然災害和意外事故所導致的經濟損害的總額，在有共同風險的投保人之間平均化了，使少數人的經濟損害，由所有的投保人平均分攤，從而使單個人難以承受的損失，變成多數人可以承擔的損害，這實際上是把損害均攤給了有相同風險的投保人。這種均攤損害的方法只是把損害平均化，但並沒有減少損害。從全社會的角度來考察，「平均化的損害仍然是損害」。所以，保險對損害的分攤，必須通過保險基金的建立才能實現。顯然，如果沒有建立起保險基

金，當保險事故發生時，保險人的賠償或給付責任就無法履行。保險基金的存在形式是各種準備金，如未到期責任準備金等。當保險基金處於暫時閒置狀態時，保險人可以將保險基金重新投入社會再生產過程加以運用。可見，保險基金既是保險人賠付保險金的基礎，又是保險人從事資金運用活動的基礎。保險基金的規模大小，制約著保險企業的業務發展規模。

（五）保險合同的訂立

保險關係是通過保險雙方當事人以簽訂保險合同的方式建立起來的。如果沒有保險合同的訂立，就沒有保險關係的建立，就不可能明確的約定保險雙方當事人、關係人各自的權利和義務。因而，保險合同是保險雙方各自享有權利和履行義務的法律依據，保險合同的訂立是保險的一個基本要素。

四、保險與其他類似經濟行為及制度的比較

（一）保險與儲蓄

保險與儲蓄都是客戶以現有的剩餘資金用作將來需要的準備，都是處理經濟不穩定的措施。由於人身保險具有儲蓄性，因此，人們往往習慣於將這兩者進行比較。實際上，保險與儲蓄存在著較大的區別，主要體現在：

1. 目的不同

對投保人而言，參加保險的目的是以小額的保費支出將不確定的風險轉嫁給保險人，使被保險人獲得生產、生活安定的保障；而對儲戶而言，參加儲蓄的目的則是多種多樣的，主要用於預計的費用支出。

2. 性質不同

大量同質風險的集合與分散，是保險的要素之一。保險人將大量的投保人交納的保險費集中起來，對其中少數遭遇保險事故的被保險人進行補償或給付，從而實現了被保險人之間的互相幫助，因此，保險具有互助性質；儲蓄則是單獨地、個別地進行的行為，各儲戶之間沒有什麼關係，因而儲蓄屬於自助行為。

3. 權益不同

保險一般是以自願為原則，投保人投保自願、退保自由，但投保人退保後所領取的退保金一般小於其所交納的保險費；然而，如果投保人沒有退保，一旦發生了保險事故，被保險人獲得的保險金卻又可能大大超過投保人所交納的保險費。而在儲蓄中，儲戶存款自願、取款自由，對自己的

存款有完全的隨時主張權，所領取的是本金和利息之和，既不會小於本金，也不會大大超過本金。

(二) 保險與賭博

由於保險與賭博都取決於偶然事件的發生，都有可能獲得大大超過支出的收入，因此，有人將兩者混為一談。實際上，保險與賭博有著顯著的區別，主要體現在：

1. 目的不同

如前所述，投保人參加保險是為了轉嫁風險、獲得保險保障；而賭博的目的則不同，賭博的參加者一般是希望以小額的賭註博得大額的錢財，或者說，賭博的目的通常是圖謀暴利。

2. 結果不同

保險的結果是分散風險、利己利人；賭博的結果往往是製造風險、損人利己，甚至損己損人、擾亂社會秩序。

3. 法律地位不同

保險行為以法律為依據，有法律作保障；賭博一般屬於非法行為，得不到法律的保障。

(三) 保險與救濟

保險與救濟都是對風險損失的補償方式。但兩者也存在著區別，主要體現在：

1. 權利與義務不同

保險雙方當事人按照保險合同的約定，都要享有相應的權利、承擔相應的義務，從總體上講，保險雙方的權利和義務是對等的，雙方都要受保險合同的約束；而救濟是一種任意的單方面的施舍行為，其出發點是基於人道主義精神，救濟者提供的是無償援助，救濟雙方沒有對等的權利和義務可言。

2. 性質不同

保險是一種互助行為；而救濟是依賴外來的援助，既不是自助更不是互助，而只是一種他助行為。

3. 主體不同

在保險事故發生後，保險人一般是將保險金支付給保險合同約定的被保險人或者受益人；而在救濟中，救濟者和被救濟者往往事先都無法確定，救濟者可以是國家、社團組織或個人等，被救濟者則可能是各種災害事故的受災者或貧困者等。

第二節　保險的職能與作用

一、保險的職能及功能

保險的職能是由保險的本質和內容決定的，它是指保險的內在的固有的功能。保險的職能包括基本職能和派生職能。保險的基本職能是保險的原始職能，是保險固有的職能，並且不會隨著時間和外部環境的改變而改變。保險的派生職能是隨著保險業的發展和客觀環境的變化，在基本職能的基礎上派生出來的職能。一般認為，保險的基本職能是經濟補償，派生職能是融通資金和社會管理等。

（一）保險的基本職能：經濟補償

保險從產生時起，就對保險標的發生保險事故後的經濟損失進行補償，因而，經濟補償是保險的基本職能。保險發展到現在，這一職能仍然沒有改變。在保險活動中，投保人根據保險合同的約定，向保險人支付保險費，保險人對於保險合同約定的可能發生的事故因其發生所造成的財產及其相關利益的損失承擔賠償保險金的責任。顯然，經濟補償的職能主要適用於廣義的財產保險，即財產損失保險、責任保險和信用保證保險等。

保險人通過保險的經濟補償職能，為被保險人及其關係人提供經濟保障。

（二）派生職能：保險的融資職能

融資職能是指保險人將保險資金中的暫時閒置部分，以有償返還的方式重新投入社會再生產過程，以擴大社會再生產規模的職能。融資職能就是保險業進行資金融通的職能。

保險公司從收取保險費到賠付保險金之間存在著時間差和規模差，使保險資金中始終有一部分資金處於暫時閒置狀態，從而為保險公司融通資金提供了可能性。

融資職能是在保險業實現基本職能的基礎上順應一定的社會經濟條件而派生出來的特殊職能。它最初產生於市場經濟較為發達的西方國家。在市場經濟社會裡，資金的閒置被認為是一種不容寬恕的浪費，為防止浪費，就需要將處於暫時閒置狀態的保險資金加以運用，參與社會資金週轉，通過保險資金的運用產生收益，在擴大社會再生產規模的同時，增大保險資金總量，降低保險經營成本，穩定保險公司的經營。

经济补偿和经济给付的职能活动是保险人的负债业务，而利用包括负债业务形成的保险基金在内的保险资金进行的融资职能活动则是保险人的资产业务。保险资金的融通是保险公司收益的重要来源。

除以上职能外，还有不少关于保险职能及功能的提法，例如，保险的防灾防损职能、保险的社会管理功能①、保险的积德保障职能②等。

二、保险的作用

保险的作用是保险职能发挥的结果，是指保险在实施职能时所产生的客观效应。保险的作用既有积极作用，又有消极作用。其积极作用又分别体现于对微观经济的作用和对宏观经济的作用。

(一) 保险的积极作用

1. 保险在微观经济中的作用

(1) 有助于受灾企业及时恢复生产或经营

风险是客观存在的。自然灾害、意外事故的发生，尤其是重大灾害事故的出现，会破坏企业的资金循环，缩小企业的生产经营规模，甚至中断企业的生产经营过程，导致企业的经济损失。但是，如果企业参加了保险，在遭受了保险责任范围内的损失时，就能够按照保险合同的约定，从保险公司及时获得保险赔款，尽快地恢复生产或经营活动。

(2) 有助于企业加强经济核算

财务型的风险管理方式之一是通过保险方式转移风险。如果企业参加了保险，就能够将企业面临的不确定的大额的损失，变为确定的小额的保险费支出，并摊入到企业的生产成本或流通费用中，使企业以交纳保险费为代价，将风险损失转嫁给了保险公司。这既符合企业经营核算制度，又保证了企业财务成果的稳定。

(3) 有助于促进企业加强风险管理

保险本身就是风险管理方式之一，而保险防灾防损职能的发挥，更促进了企业加强风险管理。保险公司常年与各种灾害事故打交道，累积了较

---

① 2003年9月28日，中国保监会主席吴定富在出席北京大学「中国保险与社会保障研究中心成立大会」时首次提出了「现代保险功能理论」，认为保险具有三项功能，即：经济补偿功能、资金融通功能及社会管理功能。在2003年12月13日「第一届中国保险业发展改革论坛暨现代保险功能研讨会」上，吴定富进一步指出：保险的社会管理功能包括社会保障管理、社会风险管理、社会关系管理及社会信用管理四个方面的功能，由此引发了保险界对保险功能与职能的讨论，有的学者因此提出保险的职能应该包括社会管理职能。

② 狄横察，一口田，谷越. 论保险的积德保障职能 [J]. 保险研究，2005 (3).

為豐富的風險管理經驗，可以幫助投保企業盡可能地消除風險的潛在因素，達到防災防損的目的。保險公司還可以通過保險費率這一價格槓桿調動企業防災防損的積極性，共同搞好風險管理工作。儘管保險方式能對自然災害、意外事故造成的損失進行經濟補償，但是，風險一旦發生，就可能造成社會財富的損失，被保險企業也不可能從風險損失中獲得額外的利益。因此，加強風險管理符合企業和保險公司的共同利益。

（4）有助於安定人民生活

災害事故的發生對於個人及家庭而言同樣是不可避免的。參加保險不僅是企業風險管理的有效手段，也是個人及家庭風險管理的有效手段。家庭財產保險可以使受災的家庭恢復原有的物質生活條件；人身保險可以轉嫁被保險人的生、老、病、死、殘等風險，對家庭的正常生活起保障作用。也就是說，保險這種方式，可以通過保險人賠償或給付保險金，幫助被保險人及其關係人重建家園，使獲得保險保障的個人及家庭的生活，能夠保持一種安定的狀態。

（5）有助於保證民事賠償責任的履行，保障受害的第三者的利益

在日常生活及社會活動中，難免發生因致害人等的過錯或無過錯導致的受害的第三者的財產損失或人身傷亡引起的民事損害賠償責任。致害人等可以作為被保險人，將這種責任風險通過責任保險轉嫁給保險人。這樣，既可以分散被保險人的意外的責任風險，又能切實保障受害的第三者的經濟利益。

2. 保險在宏觀經濟中的作用

（1）有助於保障社會再生產的順暢運行

社會再生產過程包括生產、分配、交換和消費四個環節，這四個環節互相聯繫、互為依存，在時間上繼起，在空間上並存。但是，社會再生產過程會因遭遇各種自然災害和意外事故而被迫中斷和失衡。其中任何一個環節的中斷和失衡，都將影響整個社會再生產過程的均衡發展。保險對經濟損失的補償，能及時和迅速地對這種中斷和失衡發揮修補作用，從而保障社會再生產的延續及其順暢運行。

（2）有助於推動科學技術轉化為現實生產力

現代社會的商品競爭越來越趨向於高新技術的競爭。在商品價值方面，技術附加值的比重越來越大，但是，對於熟悉原有技術工藝的經濟活動主體來說，新技術的採用，既可能提高勞動生產率，又意味著新的風險。而保險的作用正是在於通過對採用新技術風險提供保障，為企業開發

新技術、新產品以及使用專利撐腰壯膽，以促進科學技術向現實生產力的轉化。

（3）有助於促進對外經濟貿易的發展和國際收支的平衡

在對外貿易及國際經濟交往中，保險是不可缺少的重要環節。保險業務的發展，如出口信用保險、投資保險、海洋貨物運輸保險、遠洋船舶保險等險種的發展，既可以促進對外經濟貿易，保障國際經濟交往，又能帶來無形的貿易收入，平衡國際收支。因此，外匯保費收入作為一項重要的非貿易收入，已成為許多國家累積外匯資金的重要來源。

（4）有助於促進社會穩定

社會是由千千萬萬的家庭和企業等構成的，家庭和企業是社會的組成細胞，家庭的安定和企業的穩定都是社會穩定的因素。保險通過對保險責任範圍內的損失和傷害的補償和給付，分散了被保險人的風險，使被保險人能夠及時地恢復正常的生產和生活，從而為社會的穩定提供切實有效的保障。

（二）保險的消極作用

保險既有積極作用，又有消極作用，這些消極作用可以說是在保險產生以後，社會不得不付出的代價。

1. 產生道德風險，出現保險詐欺

保險產生後，道德風險也隨之產生，出現了形形色色的保險詐欺現象。例如，為了獲得巨額保險金而殺害被保險人的事件在國外屢有發生。

2. 增大費用支出

一方面，伴隨著保險的產生，開設機構、開辦業務、雇傭工作人員等，使社會支出中新增了一筆保險公司的業務費用支出；另一方面，其他職業的工作者借保險之機漫天要價，例如，有的原告律師在重大責任事故的案件中，索價高昂，大大超過原告的經濟損失，以圖在原告多得賠款的同時自己多得訴訟費用。此外，保險詐欺帶來的查勘定損乃至偵破費用，事實上也使保險經營成本增大，費用開支增加。

可見，保險給社會帶來很大效益，也使社會付出較大代價。但其社會效益大於其所付出的代價，此代價是社會為獲得保險效益而必須做出的一種犧牲。所謂有利必有弊，有得必有失，不能因噎廢食，而應盡可能充分發揮其積極作用，盡可能避免或減少消極作用。

復習思考題

1. 保險有哪些學說？
2. 你對保險是怎樣認識的？
3. 保險的要素有哪些？
4. 什麼是可保風險？可保風險需要具備哪些條件？
5. 概念比較：保險費與保險金；保險與儲蓄；保險與賭博；保險與救濟。
6. 保險具有哪些職能及功能？你對這些職能及功能如何看待？
7. 你怎樣認識保險的作用？

第三章　保險的起源與發展

內容提示：保險產生的基礎既有自然基礎，又有經濟基礎。本章在分析了國外古代保險思想和原始形態的保險的基礎上，介紹了世界保險的起源與發展過程，分析了世界保險業發展的現狀和趨勢；並對中國古代的保險思想及保險業的整個發展過程，特別是國內保險業務恢復以來保險業的發展作了較為詳細的介紹和分析。

第一節　保險產生的基礎

保險的產生既有其自然基礎，又有其經濟基礎。

一、自然基礎——風險的客觀存在

風險的客觀存在是保險產生的自然基礎。人類社會自產生以來就面臨著各種各樣的風險，風險的存在是不以人的意志為轉移的。風險一旦發生，會影響到個人、家庭、企事業單位正常的生產和生活，還可能影響到國民經濟的正常運行。為了保證社會生產、生活乃至國民經濟的順暢運行，客觀上需要進行風險管理，需要運用作為風險管理方式之一的保險方式對風險所導致的損失和傷害進行分攤和補償，這樣，保險就應運而生了。換言之，沒有風險的存在，沒有損害的發生，沒有對經濟損失補償和給付的需要，也就不可能有以經營風險為對象、以經濟補償和經濟給付為

職能的保險的產生。

二、經濟基礎——剩餘產品的存在與商品經濟的發展

（一）剩餘產品的存在是保險產生的物質基礎

物質財富的損失只能用物質財富來補償，因此，只有當存在著可供補償用的剩餘的物質財富時，對物質財富損失的補償才能實現，保險的產生才有了物質基礎。

在生產力水平極端落後的原始社會，生產的產品僅能勉強維持生產者及其家屬的生存，沒有剩餘產品，就不能建立包括保險基金在內的後備基金。因而，自然災害、意外事故造成的經濟損失，就直接導致了社會生產規模的萎縮和社會生活水平的下降，巨災的發生甚至還會導致個別部落的夭亡。

只有當社會生產出來的產品，不僅能滿足社會的基本生活需要，而且還有一部分剩餘時，才有可能存在用於補償損失的物質財富；否則，保險的產生、保險基金的形成就是無源之水、無本之木。如果沒有剩餘產品的存在，人們即使得到了保險公司支付的貨幣也買不到東西，這筆保險金就毫無用途，人們就不會投保，保險基金就不可能形成。所以，剩餘產品的存在是保險基金形成的唯一源泉，是保險產生的物質基礎。

（二）商品經濟的發展是保險產生的必要前提

保險的產生是以保險關係的成立為前提的，而保險關係是一種保險人與投保人、被保險人之間的交換關係。在這種關係中，一方面，投保人以交付保險費的形式換取保險保障，保險人以收取保費為交換條件，承擔被保險人遭受保險事故損害後的經濟償付責任。保險關係的產生和發展不過是交換關係本身發展的結果和表現。另一方面，保險是以眾多投保人交付的保險費形成的保險基金，來補償其中少數被保險人受到的經濟損失，因此，在全社會範圍內集合起大量被保險人是保險的內在要求。顯然，在分散的、封閉的、小生產的自然經濟條件下，是無法實現這一要求的。只有在生產社會化、商品經濟發展到一定程度的條件下，生產者之間在廣大的地域上形成了普遍的社會經濟聯繫，他們才可能為求得保障而集中起來，保險才可能產生。因此，商品經濟的發展是保險產生的必要基礎。

第二節　世界保險的起源與發展

一、國外古代的保險思想和原始保險形態

國外最早產生保險思想的並不是現代保險業發達的西方大國，而是處在東西方貿易要道上的文明古國，如古代的巴比倫、埃及、歐洲的希臘和羅馬。據英國學者托蘭納利論證：保險思想起源於巴比倫，傳至腓尼基（今黎巴嫩境內），再傳入希臘。國外古代的保險思想和原始的保險形態，可從下列史實中窺見。

公元前4500年，古埃及的一項文件中記載：當時石匠中盛行一種互助基金組織，通過收繳會費來支付會員死亡後的喪葬費用。

在古希臘，一些政治哲學或宗教組織通過會員攤提形成一筆公共基金，專門用於意外情況下的救濟補償。

在古羅馬歷史上曾出現過喪葬互助會，還出現了一種繳付會費的士兵團體，在士兵調職或退役時發給旅費，在死亡時發給繼承人撫恤金。

在公元前2500年的巴比倫時代，國王曾命令僧侶、法官和市長等，對其轄境內的居民徵收賦金，建立後備基金，以備火災及其他天災損失之用。

在公元前2250年的巴比倫王漢默拉比時代，曾在法典中規定，在隊商間如馬匹貨物等中途被劫或發生其他損失，經宣誓並無縱容或過失等，可免除其個人之債務，而由全體隊商補償。此種規定辦法，後傳至腓尼基，並擴充適用於船舶載運之貨物。

在公元前1000年，以色列王所羅門，對其國民從事海外貿易者，課徵稅金，作為補償遭遇海難者所受損失之用。

其他原始的保險形態，如古代猶太人結婚時所需的各種用具，強制由住民共同負擔備辦。巴勒斯坦人飼養騾馬者，如其騾馬被盜或為野獸捕噬時，其他飼養騾馬者須共同負擔其損失。印度古代法典禁止高利貸，但對於經營海上、森林、原野等之商旅，則容許之；且對從事海上貿易者，在遇有不可抗力損失時，予以免除償還的義務。

歐洲中世紀的行會或基爾特制度。到了中世紀，歐洲各國城市中陸續出現了各種行會組織，這些行會具有互助性質，其共同出資救濟的互助範圍包括死亡、痢疾、傷殘、年老、火災、盜竊、沉船、監禁、訴訟等不幸

的人身和財產損失事故，但互助救濟活動只是行會眾多活動中的一種。這種行會或基爾特制度在13～16世紀特別盛行，並在此基礎上產生了相互合作的保險組織。

歐洲中世紀是宗教統治的黑暗年代，許多高級教會人士反對保險方式的安排。在他們看來，任何天災都是天罰，減輕災難和不幸是違反上帝的意志，無疑，教會勢力對保險的發展曾起了阻礙作用。

二、世界保險產生與發展的歷史

（一）海上保險的起源與發展

海上保險是一種最古老的保險，近代保險也首先是從海上保險發展而來的。

1. 海上保險的萌芽——共同海損

共同海損是指在海上，凡為共同利益而遭受的損失，應由受益方共同分攤，它是航海遇難時所採取的一種救難措施，也是海上常見的一種損失事故處理方式。共同海損大約產生於公元前2000年，那時地中海一帶出現了廣泛的海上貿易活動。當時由於船舶構造非常簡單，航海是一種很大的冒險活動。要使船舶在海上遭風浪時不致沉沒，一種最有效的搶救辦法是拋棄部分貨物，以減輕載重量繼續航行。為了使被拋棄的貨物能從其他受益方獲得補償，當時的航海商提出了一條共同遵循的原則：「一人為眾，眾為一人」。這個原則後來為公元前916年的羅地安海商法所採用，並正式規定為：「凡因減輕船只載重投棄入海的貨物，如為全體利益而損失的，須由全體分攤歸還。」這就是著名的「共同海損」的基本原則。它可以說是海上保險的萌芽，但由於共同海損是船主與貨主分擔損失的方法，並非是保險補償，因此它是否屬於海上保險的起源尚有爭議。

2. 海上保險的雛形——船舶和貨物抵押借款

海上貿易的發展，帶來了船舶抵押借款和貨物抵押借款制度。這種借款在公元前800—前700年起就很流行，而且從希臘、羅馬傳到義大利，在中世紀也盛行一時。船舶抵押借款契約（Bottomry Bond）又稱冒險借貸，它是指船主把船舶作為抵押品向放款人取得航海資金的借款。如果船舶安全完成航行，船主歸還貸款，並支付較高的利息。如果船舶中途沉沒，債權即告結束，船主不必償還本金和利息。船貨抵押借款契約（Respondentia Bond）是向貨主放款的類似安排，不同之處是把貨物作為抵押品。

這種方式的借款實際上是最早形式的海上保險。放款人相當於保險人，借款人相當於被保險人。船舶或貨物是保險對象，高出普通利息的差額（溢價）相當於保險費。公元533年，羅馬皇帝查士丁尼在法典中把這種利息率限制在12%，而當時普通放款利率一般為6%。在這種方式下如果船舶沉沒，借款就等於預付的賠款。由此可見，船舶和貨物抵押借款具有保險的一些基本特徵，作為海上保險的起源已成為定論。這兩種借款至今仍存在，但與古代的做法不同，它們是作為船長在發生災難緊急情況下籌措資金的最後手段。有趣的是，今日放款人可以購買保險來保護自己在抵押的船舶中的利益。

　　船舶和貨物抵押借款後因利息過高被羅馬教皇九世格雷戈里禁止，當時利息高達本金的四分之一或三分之一。由於航海需要保險作支柱。後來出現了「無償借貸」制度。在航海之前，由資本所有人以借款人的地位向貿易商借得一筆款項，如果船舶和貨物安全抵達目的港，資本所有人不再償還借款（相當於收取保險費）；反之，如果船舶和貨物中途沉沒和損毀，資本所有人有償債責任（相當於賠款）。這與上述船舶抵押借款的順序正好相反，與現代海上保險的含義更為接近。

　　3. 近代海上保險的發源地——義大利

　　在11世紀後期，十字軍東徵以後，義大利商人曾控制了東西方的仲介貿易，並在他們所到之處推行海上保險。在14世紀中期，經濟繁榮的義大利北部出現了類似現代形式的海上保險。起初，海上保險是由口頭締約，後來出現了書面合同。世界上最古老的涉及保險的單證是一個名叫喬治·勒克維倫的熱那亞商人在1347年10月23日出立的一張承保從熱那亞到馬喬卡的船舶保險單[①]。這張保險單現在仍保存在熱那亞國立博物館。保單的措辭類似虛設的借款，即上面提及的「無償借貸」，規定船舶安全到達目的地後契約無效，如中途發生損失，合同成立，由資本所有人（保險人）支付一定金額，保險費是在契約訂立時以定金名義繳付給資本所有人。並規定，船舶變更航道使契約無效。但保單沒有訂明保險人所承保的風險，它還不具有現代保險單的基本形式。至於最早的純粹保險單一般認為是1384年的比薩保單。到1393年，在佛羅倫薩出立的保險單已有承保「海上災害、天災、火災、拋棄、王子的禁止、捕捉」等字樣，開始具有現代保險形式。

[①] 也有人認為出立的是公證書，參見袁宗蔚所著的《保險學》第151－152頁。

第三章　保險的起源與發展

當時的保險單同其他商業契約一樣，是由專業的撰狀人草擬，13世紀中期在熱那亞一地就有200名這樣的撰狀人。據一位義大利律師調查，1393年在熱那亞的一位撰狀人就草擬了80份保險單，可見當時義大利的海上保險已相當發達。莎士比亞在《威尼斯商人》中就寫到了海上保險及其種類。第一家海上保險公司於1424年在熱那亞出現。

　　隨著海上保險的發展，保險糾紛相應增多，這要求國家制定法令加以管理。1468年，威尼斯制定了關於法院如何保證保險單實施及防止詐欺的法令。1523年，佛羅倫薩制定了一部比較完整的條例，並規定了標準保險單的格式。

　　善於經商的倫巴第人後來移居到英國，繼續從事海上貿易，並操縱了倫敦的金融市場，而且把海上保險也帶進英國。今日倫敦的保險中心倫巴第街就是因當時義大利倫巴第商人聚居該處而得名。

4. 英國海上保險的發展

　　在美洲新大陸發現之後，英國的對外貿易獲得迅速發展，保險的中心逐漸轉移到了英國。1568年12月22日，經倫敦市長批准開設了第一家皇家交易所，為海上保險提供了交易場所，取代了從倫巴第商人沿襲下來的一日兩次在露天廣場交易的習慣。1575年，由英國女王特許在倫敦皇家交易所內設立保險商會，辦理保險單登記和制訂標準保單和條款。當時在倫敦簽發的所有保險單必須在一個名叫坎德勒的人那裡登記，並繳付手續費。1601年，伊麗莎白一世女王頒布了第一部有關海上保險的法律，規定在保險商會內設立仲裁法庭，解決日益增多的海上保險糾紛案件。但該法庭的裁決可能被大法官法庭的訴訟推翻，因此取得最終裁決可能要等待很長時間。

　　17世紀的英國資產階級革命為英國資本主義發展掃清了道路，大規模的殖民掠奪使英國逐漸成為世界貿易、航海和保險中心。1720年，成立的倫敦保險公司和皇家保險交易所因各向英國政府捐款30萬英鎊而取得了專營海上保險的特權，這為英國開展世界性的海上保險提供了有利條件。1756—1778年，首席法官曼斯菲爾德搜集了大量海上保險案例，編製了一部海上保險法案。

　　說到英國的海上保險，就不能不對當今世界上最大的保險壟斷組織之一——倫敦勞合社進行簡要的介紹。勞合社從一個咖啡館演變成為當今世界上最大的保險壟斷組織的歷史其實就是英國海上保險發展的一個縮影。1683年，一個名叫愛德華·勞埃德的人在倫敦泰晤士河畔開設了一

家咖啡館。該處逐漸成為經營遠洋航海的船東、船長、商人、經紀人和銀行高利貸者聚會的場所。1691年，勞埃德咖啡館從倫敦塔街遷至倫巴第街，不久成為船舶、貨物和海上保險交易的中心。當時的海上保險交易只是在一張紙上寫明保險的船舶和貨物以及保險金額，由咖啡館內的承保人接受保險的份額，並在底下署名。勞埃德咖啡館在1696年出版了每週三次的《勞埃德新聞》，著重報導海事航運消息，並登載在咖啡館內進行拍賣船舶的廣告。勞埃德於1713年死後，咖啡館由他的女婿接管並在1734年又出版了《勞合社動態》。據說，除了官方的《倫敦公報》外，《勞合社動態》是英國現存的歷史最悠久的報紙。

　　隨著海上保險業務的發展，在咖啡館內進行保險交易已變得不方便了。1771年，由79個勞埃德咖啡館的顧客每人出資100英鎊另覓新址專門經營海上保險。1774年，勞合社遷至皇家交易所，但仍然沿用勞合社的名稱，專門經營海上保險，成為英國海上保險交易的中心。19世紀初，勞合社海上承保額已占倫敦海上保險市場的90%，在以後的時間裡，勞合社以其卓著的成就使英國國會在1871年批准了「勞埃德法案」，使勞合社成為一個正式的社會團體，從而打破了倫敦保險公司和皇家保險交易所專營海上保險的格局。1906年，英國國會通過的《海上保險法》規定了一個標準的保單格式和條款，它又稱作為勞合社船舶與貨物標準保單，被世界上許多國家公認和沿用。1911年的法令又取消了勞合社成員只能經營海上保險的限制，允許其成員經營一切保險業務。

　　勞合社不是一個保險公司，而是一個社團，更確切地說，它是一個保險市場。它與紐約證券交易所相似，只是向其成員提供交易場所和有關的服務，本身並不承保業務。1986年，勞合社又遷至新的大樓。勞合社有數百個承保各類風險的組合，每個組合又由許多會員組成，並有各自的承保人。傳統上，會員對所在組合承保的業務承擔無限責任。勞合社會員最多的時候達3.3萬人，來自世界50多個國家。20世紀80年代後期，由於石棉案等巨額索賠，勞合社發生了嚴重虧損。20世紀90年代起，勞合社開始重建計劃，會員不再承擔無限責任。在長期的業務經營過程中，勞合社在全球保險界贏得了崇高聲譽。勞合社曾創造過許多個第一：勞合社設計了第一份盜竊保險單、第一份汽車保險單和第一份收音機保險單，近年又是計算機犯罪保險、石油能源保險和衛星保險的先驅。勞合社承保的業務十分廣泛，幾乎無所不保，包括鋼琴家的手指、芭蕾舞演員的雙腳、賽馬優勝者的腿、演員的生命，特別是在海上保險和再保險方面發揮了重要

的作用。勞合社作為不同的、獨立的承保組織組成的最大專業保險市場，擁有提供快速決策方法、廣泛的選擇和為客戶定制風險解決方案等方面的無與倫比的能力。如今，全球十大銀行、十大制藥公司、五大石油公司和道·瓊斯指數 90% 的公司都向勞合社購買保險。2002 年，勞合社的承保能力為 123 億英鎊，據倫敦勞合社首席執行官的估計，2003 年勞合社的承保能力將達到 142.5 億英鎊，這是該市場誕生 315 年以來承保能力最高的一次。勞合社由其成員選舉產生的一個理事會來管理，下設理賠、出版、簽單、會計、法律等部門，並在 100 多個國家設有辦事處。2000 年 11 月，勞合社正式在中國北京設立辦事處。

5. 其他國家海上保險的發展

在 14 世紀中期，海上保險已是每個海運國家的一個商業特徵。在美洲新大陸發現之後，西班牙、法國也進入對外貿易迅速發展階段。早在 1435 年，西班牙就公布了有關海上保險的承保規則及損失賠償手續的法令。1563 年，西班牙國王菲利普二世制訂了安特衛普（地處比利時，當時為西班牙屬地）法典，它分為兩部分：第一部分是航海法令，第二部分是海上保險及保險單格式法令，後為歐洲各國採用。1681 年，法王路易十四頒布的海上條例中也有海上保險的規定。此外，荷蘭、德國也頒布了海損及保險條例。海上保險法規的出現標誌著這些國家的海上保險有了進一步發展。

美國的海上保險發展較遲。在殖民地時代，美國沒有獨立的海上保險市場，商人被迫在倫敦投保。1721 年 5 月 25 日，美國出現了第一家海上保險組織，由約翰·科普森在費城市場街自己的寓所裡開設了一個承保船舶和貨物的保險所。獨立戰爭後不久，1792 年 12 月 15 日美國成立了第一家股份制保險公司——北美保險公司，該公司出售 60,000 股份，每股 10 美元，雖計劃承保人壽、火災和海上保險等業務，但最初只辦理了海上保險業務。1798 年，又建立了紐約保險公司。到 1845 年，美國約有 75 家經營海上保險的公司。在 1845—1860 年期間，美國海上保險業務發展迅速，該時期船舶總噸位增加了 3 倍。為了擴大紐約的海上保險市場，1882 年建立了類似勞合社的組織，由 100 多個成員組成紐約海上保險承保人組織。

(二) 火災保險的產生和發展

在 15 世紀，德國的一些城市出現了專門承保火災損失的相互保險組織（火災基爾特）。1676 年，由 46 個相互保險組織合併成立了漢堡火災

保險社。

1666年9月2日，倫敦發生的一場大火是火災保險產生和發展起來的直接誘因。當時火災的起因是皇家麵包店的烘爐過熱，火災持續了5天，燒毀了全城的一半，有13,000幢房屋和90個教堂被燒毀，20萬人無家可歸，造成了無可估量的財產損失。這場特大火災促使人們重視火災保險。次年一個名叫尼古拉斯・巴蓬的牙科醫生獨資開辦了一家專門承保火災保險的營業所，開創了私營火災保險的先例。由於業務發展，他於1680年邀集了3人，集資4萬英鎊，設立了一個火災保險合夥組織。保險費是根據房屋的租金和結構計算的，磚石建築的費率定為2.5%的年房租，木屋的費率為5%。正因為使用了差別費率，巴蓬才有了「現代保險之父」的稱號。

18世紀末到19世紀中期，英法德美等國相繼完成了工業革命，大機器生產代替了原先的手工操作，物質財富大量集中，對火災保險的需求也變得更為迫切。這個時期的火災保險發展異常迅速，而且火災保險組織以股份制公司的形式為主。最早的股份制公司形式的保險組織是1710年由英國查爾斯・波文創辦的太陽保險公司，它不僅承保不動產保險，而且把承保業務擴大到動產保險，營業範圍遍及全國，它是英國迄今仍存在的最古老的保險公司之一。英國在1714年又出現了聯合火災保險公司，它是一個相互保險組織，費率計算除了考慮建築物結構外，還考慮建築物的場所、用途和財產種類，即採用分類法計算費率，實為火災保險的一大進步。

美國於1752年由本杰明・富蘭克林在費城創辦了第一家火災保險社。這位多才多藝的發明家、科學家和政治活動家還在1736年組織了美國第一家消防組織。1792年，建立的北美保險公司在兩年後開始承辦火災保險業務，現在該公司的博物館裡還陳列著當時的消防設備和駕著馬車去救火場面的油畫。到了19世紀，歐美的火災保險公司如雨後春筍般湧現，承保能力大為提高。1871年，芝加哥的一場大火造成了1.5億美元的損失，其中有1億美元損失是保了險的，而且火災保險從過去只保建築物損失擴大到其他財產，承保的責任也從單一的火災擴展到風暴、地震、暴動等。為了控制同業間的競爭，保險同業公會相繼成立，共同制訂火災保險的統一費率。在美國的火災保險早期，保險人各自設計自己使用的保單，合同冗長且缺乏統一性。1873年，馬薩諸塞成為美國首先使用標準火險單的州，紐約州在1886年也通過了類似的法律。標準火險單的使用減少

了損失理算的麻煩和法院解釋的困難，這也是火災保險的一大進步。

（三）其他財產保險業務的發展

海上保險與火災保險是兩個傳統的財產保險業務，它們在發展過程中其承保的標的和風險範圍不斷得到擴展，已發展成為兩個綜合險的財產保險險種。在此基礎上，19世紀後半期以後，除海上保險和火災保險外，各種財產保險新險種陸續出現。如汽車保險、航空保險、機械保險、工程保險、責任保險、盜竊保險、信用保證保險等。

與財產保險業務的迅速發展相適應，19世紀中葉以後，再保險業務迅速發展起來。最初獨立經營再保險業務的再保險公司，是德國於1846年設立的科侖再保險公司。到1926年，各國共建立了156家再保險公司，其中德國的再保險公司數目最多。對於財產保險業務而言，由於其風險的特殊性，再保險已成為保險業務經營中不可缺少的手段。再保險使財產保險的風險得以分散，特別是財產保險業務在國際上各個保險公司之間的分保，使風險在全球範圍內分散。再保險的發展，又促進了財產保險業務的發展。今天，英、美、德、瑞士等國的再保險業務在國際上都佔有重要的地位。

（四）人身保險的產生和發展

從原始的萌芽形態到具有現代意義的人身保險，經歷了漫長的探索和演變。在這個時期，對人身保險的形成和發展影響重大的事件和人物主要有：

1.「蒙丹期」公債儲金辦法

12世紀的威尼斯共和國，為了應付戰時財政困難，發行了強制認購的公債。其辦法為：政府每年給予認購者一定的酬金直到其認購者死亡，本金一律不退還。這種給付形式接近於同時代的終身年金保險。它對後來年金保險的產生起了很大的影響作用。

2.「冬蒂」方案

這是1656年義大利銀行家洛倫佐‧冬蒂所設計的一套聯合養老保險方案，於1689年由路易十四頒布實施。該方案規定：每人認購300法郎，發行總數為140萬法郎的國債，每年由國庫付10%的利息，本金不退還。支付利息的辦法是：把所有認購者按年齡分為14個群體，利息只付給群體的生存者，生存者可隨群體死亡人數的增加而領取逐年增加的利息，如果群體成員全部死亡，就停止發放利息。這個辦法相當於現在的聯合生存者終身年金保險。

上述辦法，都是歐洲各國政府帶著財政目的強制推行的，以聚財為目的，必然引起人們的不滿和反對，難以長久存在。同時，這些方案的費用負擔都沒有經過科學精確的計算，難以達到公平、合理。隨著商品經濟的發展，人們越來越要求按照等價交換的原則，根據享有的權利負擔費用，這就導致了許多學者對人身保險計算問題的研究。

3. 死亡表的研究和編製

為使人身保險符合公平、合理的原則，不少學者開始了對人口問題的研究，並編製死亡表。其中主要的死亡表有：①1662年，英國的格朗脫編製的以100個同時出生的人為基數的世界上第一張死亡表。此表簡單也不夠精確，但給後來的研究以很大的啟發。②1671年荷蘭數學家威特編製的死亡表。③1693年，英國天文學家哈雷編製了第一張最完全的死亡表。此表計算出了各年齡的死亡率和生存率。④1783年諾爽姆登的死亡表以及1815年彌爾斯的死亡表等。這些死亡表的編製為人身保險的科學計算奠定了基礎。

4. 均衡保費的提出

詹姆斯‧道德遜在1756年根據哈雷的死亡表計算出了各年齡的人投保死亡保險應繳的保費，這種保費稱為「自然保費」。由於自然保費難以解決老年人投保時費用負擔的問題。詹姆斯‧道德遜又提出了「均衡保險費」的理論。

在人身保險計算理論研究發展的同時，人身保險業務也有了很大發展。1705年，英國友誼保險會社獲得皇家特許，經營壽險業務。到1720年，英國已有20家人壽保險公司。1762年，英國創辦了公平人壽保險公司，這是世界上第一家科學的人壽保險公司。該公司第一次採用均衡保費的理論計算保險費，規定每次繳費的寬限期及保單失效後申請復效的手續，對不符合標準條件的保戶另行加費，使人身保險的經營管理日趨完善，該公司的創立標誌著近代人身保險制度的形成。

工業革命刺激了對人身保險的需求，使得人身保險在世界範圍內迅速發展。英國1854年開辦了民營簡易壽險，1864年又開辦了國營郵政簡易壽險，接著團體保險也有了很大發展，到19世紀末，英國的壽險一直居世界首位。以後，便先後被美國、加拿大、日本等國超過。美國的人身保險發展速度很快，1950年經營人身保險的公司有469家，1985年增加到2,261家。日本是第二次世界大戰後人身保險發展速度最快的國家。目前已成為世界上人身保險最發達的國家之一，其有效保額居世界首位。1999

年，日本的人身保險業務占保險業務總量的79.4%。這一年全球保費收入總額中，人身保險的保費收入所占比重為60.8%。

如今在西方的人身保險業務中，可以稱得上是無險不保，無奇不有。如芭蕾舞演員的腳尖保險、唱歌演員的嗓子保險、滑稽演員的酒糟鼻子保險，甚至英國大臣們的腳趾都可以保險。隨著西方社會問題的日趨嚴重，目前綁架保險也十分興隆。

三、世界保險業發展的現狀和趨勢

(一) 世界保險業的現狀

1. 保費收入

第二次世界大戰後，世界保險業得到了極大的發展，社會對保險的依賴程度越來越高。總體而言，經濟越發達的國家和地區，保險業也越發達。全世界的保費收入1950年為207億美元，1999年則達到了23,240億美元。在近50年裡，保費收入平均年增長10%左右[1]。根據瑞士再保險2014年第三期發布的《2013年度世界保險業》[2]統計，2013年全球保費收入46,410億美元，同比增速1.4%。其中，壽險保費收入為26,080億美元，同比增速為0.7%；非壽險保險收入為20,330億美元，同比增速為2.3%。表3-1是1995年到2013年全球保費收入以及扣除通貨膨脹率之後實際增長率[3]的變化情況。

表3-1　　1995—2013年全球保費收入與實際增長率情況

年份	保費收入（萬億美元）	實際增長率（%）
1995	2.143	3.70
1996	2.106	0.97
1997	2.129	4.50
1998	2.155	1.10
1999	2.324	4.50
2000	2.444	6.60

---

[1] 數據來源：瑞士再保險官方網站：http://www.swissre.com/sigma/.
[2] 數據來源：瑞士再保險公司《西格瑪（sigma）研究報告》（2014年第3期）[EB/OL]. http://www.sigma-explorer.com/；World Insurance in 2013：Steering Towards Recovery.
[3] 數據來源：瑞士再保險官方網站：http://www.swissre.com/sigma/. 所有保費增長率都是已經扣除通貨膨脹因素的實際增長率。

表3-1(續)

年份	保費收入（萬億美元）	實際增長率（%）
2001	2.408	1
2002	2.627	5.50
2003	2.941	2.00
2004	3.244	2.30
2005	3.426	2.50
2006	3.723,0	5.00
2007	4.060	3.32
2008	4.27	-2
2009	4.066	-1.10
2010	4.339	2.70
2011	4.597,0	-0.80
2012	4.613	2.40
2013	4.641	1.40

數據來源：世界保險業：走向復甦 [R]. 瑞士再保險研究報告（2014 年第 3 期）.

從經濟體為「發達」或「新興」經濟體①的角度來看，新興市場保持穩健發展態勢，但發達市場自 2000 年以來保費增長逐步放緩。2013 年發達市場總保費僅增長 0.3%，達到 38,530 億美元。而新興市場保費增長依然強勁，扣除通貨膨脹因素，增長率為 7.4%，達到 7,880 億美元。發達國家市場份額減少一個百分點至 83%，新興市場保費占比 17%。發達國家和新興市場在壽險和非壽險的占比分別為 84.36% 和 15.64%、81.36% 和 18.64%。發達國家在全球保險業中仍然佔有統治地位，但新興國家發展速度更快。美國、日本、英國、中國、法國為全球保險業排名前 5 名的國家，其保費收入在全球保費收入的比例高達 57.16%。除中國來源於新興市場，其他國家均屬於發達市場。具體情況如表 3-2 所示。

---

① 遵循國際貨幣基金組織（IMF）的慣例，將經濟體劃分為「發達」或「新興」經濟體。發達經濟體包括美國、加拿大、西歐（不包括土耳其）、以色列、大洋洲、日本和其他亞洲發達經濟體（中國香港、新加坡、韓國和臺灣）。所有其他國家或地區則被劃分為「新興」經濟體。

表 3-2　　　　　　　　　2013 年各國總保費收入

國家	保費收費排名	總保費收入（萬億美元）	份額（%）
美國	1	1.259	27.13
日本	2	0.531	11.44
英國	3	0.33	7.11
中國	4	0.278	5.99
法國	5	0.255	5.49

數據來源：瑞士再保險官方網站 http://www.swissre.com/sigma/.

從各個洲地理位置的角度來看，保費收入及其相關情況如下：

2013 年，全球壽險保費收入為 26,080 億美元，壽險保費增速為 0.7%。西歐和大洋洲保費增長強勁，但美國保費收入萎縮 7.7%。拉丁美洲和非洲增長穩健，中國和印度則重新提速。發達國家經濟危機後平均保費增長遠低於危機前的水平[1]。亞洲新興市場也如此，主要由於中國和印度在 2011 年監管改革之後業務急遽下滑所導致。

全球非壽險保費收入為 20,330 億美元，非壽險保費增速為 2.3%。由於西歐增長停滯，亞洲發達市場增長放緩，發達市場增速與上一年持平，保費僅增長 1.1%。大洋洲的增長依然穩定在 5.1%。北美基本上保持不變，為 1.9%。新興市場繼續引領全球增長。除中歐和東歐外，新興地區表現穩健。亞洲新興市場的擴張主要是受到東南亞和中國持續強勁增長的帶動。拉丁美洲增長同樣穩健（保費收入增長 7.2%）[2]。發達市場在 2009—2013 年危機後期平均保費增長遠低於危機前水平。新興市場的危機後保費平均增速也較低，但依然強勁（達 7.6%）。表 3-3 是各大洲保費收入、增長率、全球市場份額的占比情況。

表 3-3　　各大洲保費收入、增長率、全球市場份額的占比情況

地區	保費收入（百萬美元）	增長率（%）	份額（%）
美洲	1,568,399	-0.8	33.97
北美	1,384,599	-2	29.83
拉丁美洲和加勒比地區	183,800	9.4	3.96

---

[1] 經濟危機前：2003—2007 年；危機後：2009—2013 年。
[2] 引自瑞士再保險公司《西格瑪（sigma）研究報告》(2014 年第 3 期) [EB/OL]. http://www.sigma-explorer.com/: World Insurance in 2013: Steering Towards Recovery.

表3-3(續)

地區	保費收入(百萬美元)	增長率(%)	份額(%)
歐洲	1,631,699	2.2	35.16
西歐	1,556,044	2.2	33.53
中歐和東歐	75,655	0.8	1.63
亞洲	1,278,780	2.4	27.55
亞洲發達市場	821,947	0.3	17.71
亞洲新興市場	409,818	7.5	8.83
中東和中亞	47,015	2.6	1.01
非洲	72,425	10.2	1.56
大洋洲	89,638	7.1	1.93

數據來源：世界保險業：走向復甦 [R]．瑞士再保險研究報告，2014（3）：附錄表1.

2. 保險密度

保險密度：是指按全國（或地區）人口計算的人均保費額。保險密度反應了該國家（或地區）國民參加保險的程度。

保險密度＝保費收入/總人口

2013年，發達市場保險密度為3,621美元，較去年下降了1%。人均壽險支出從前一年的2,132美元降至2,074美元，非壽險支出則從1,527美元升為1,547美元。2013年，新興市場保險密度從2012年的121美元升至129美元。其中，67美元用於壽險，62美元用於非壽險，而前一年分別為64美元和57美元[①]。從總體的平均值來看，發達市場的保險密度幾乎是新興市場的30倍。2013年保險密度最高的國家依次是瑞士、荷蘭、丹麥、日本、盧森堡。中國的保險密度為201美元，尚未達到世界平均水平的1/3。具體情況如表3-4所示。

表3-4　　　　　　　　2013年世界保險密度排名

國家或地區	保險密度排名	保險密度（美元）
瑞士	1	7,565
荷蘭	2	5,719
丹麥	3	5,444

---

① 數據來源：瑞士再保險官方網站 http://www.swissre.com/sigma/.

表3-4(續)

國家或地區	保險密度排名	保險密度（美元）
日本	4	4,951
盧森堡	5	4,861
中國	60	201
世界平均		632

數據來源：瑞士再保險官方網站 http://www.swissre.com/sigma/.

3. 保險深度

保險深度是指保費收入占國內生產總值（GDP）之比，它反應了一個國家（或地區）的保險業在整個國民經濟中的地位。保險深度不僅取決於一國總體發展水準，而且還取決於保險業的發展速度。

保險深度＝保費收入/國內生產總值。

2013年，發達市場壽險保費增長率平均下降0.2%，非壽險保費僅增長1.1%，滯後於經濟增長。一些歐洲國家保費下降速度快於總體經濟活動。不過在30個已經公布了2013年經濟數據的國家中，有17個國家的保險市場增長快於總體經濟增長。新興市場壽險保費平均增速為6.4%，超過GDP平均增速（4.5%）。在44個有數據可查的市場中，27個具有上述特徵。壽險保費增長滯後於經濟增長的主要市場是中國和波蘭。2013年新興市場非壽險保費增加8.3%，強於壽險業。2006年以來，新興市場非壽險保費增速持續超過新興市場年均經濟增速，保險深度不斷增加。在45個市場中，有26個國家的保險深度增加。[1]

2013年，從總體的平均值來看，發達市場的保險深度繼續下降，為8.27%。其中，非壽險深度保持不變，但是壽險深度從2000年5.7%的峰值降至2013年的4.7%。2013年，新興市場保險深度總體數值為2.72%。發達市場的保險深度幾乎是新興市場的3倍左右[2]。2013年保險深度最高的地區依次是臺灣、南非、中國香港、荷蘭、韓國。中國的保險深度為3%，大約為世界平均水平的1/2。具體情況如表3-5所示。

---

[1] 數據來源：瑞士再保險公司《西格瑪（sigma）研究報告》（2014年第3期）[EB/OL]. http://www.sigma-explorer.com/; World Insurance in 2013; Steering Towards Recovery.

[2] 資料來源：瑞士再保險公司《西格瑪（sigma）研究報告》（2014年第3期）[EB/OL]. http://www.sigma-explorer.com/; World Insurance in 2013; Steering Towards Recovery.

表 3-5　　　　　　　2013 年世界各地區保險深度排名

國家或地區	保險深度排名	保險深度（%）
臺灣	1	17.6
南非	2	15.4
中國香港	3	13.2
荷蘭	4	12.6
韓國	5	11.9
中國	49	3
世界平均		6.1

數據來源：瑞士再保險官方網站 http://www.swissre.com/sigma/.

4. 險種現狀

保險業務的範圍是以經濟的發展水平以及被保險人規避風險的需要為拓展基礎的，新技術的發展推動了新工藝、新工業的產生，同時也帶來了新的風險。例如，電氣革命帶來了電器設備的廣泛運用，也帶來了機器損壞的風險；計算機網絡的普及帶來了計算機犯罪的風險等。另外，技術的進步又使過去被認為是不可保的風險成為可保風險，這為新險種的產生提供了契機。保險範圍不斷擴大，幾乎到了無險不保的程度。

進入 20 世紀 90 年代，世界保險市場競爭日趨激烈。在技術日新月異和自然災害頻繁的背景下，新的保險需求不斷產生。在需求的帶動下，新險種大量湧現，並且發展很快。例如，在壽險領域，日本推出了嚴重慢性疾病保險，美國推出了「變額保險」，英國甚至推出了「瘋牛病保險」，並獲成功；在財產保險領域，自然災害的發生和意外事故的增多使險種創新的勢頭更為強勁，如核保險、航天飛機保險。甚至針對全球變暖的情況，許多保險機構也推出了有關險種。近幾年來，恐怖活動頻繁，治安問題嚴重，還催生了勒索綁架保險。中國也根據航空公司與乘機旅客就航班延誤的賠償矛盾，推出了航班延誤保險。總之，一旦產生保險需求，險種創新就可能發生，需求是誘致新險種出現的決定性因素。

（二）世界保險業的發展趨勢

1. 世界保險市場全球化和金融服務一體化的趨勢

當今世界，經濟的發展尤其是國際貿易與國際資本市場的發展決定了市場開放的必要性，而通信、信息等高新技術的發展又為實現全球經濟一體化創造了技術條件。以計算機網絡技術和生物工程技術為代表的高新技術深刻地影響著經濟政治生活以及人們的生存方式。在高新技術的推動

下,全球經濟一體化的趨勢越來越明顯,作為世界經濟重要組成部分的保險業,也出現了國際化的趨勢。保險全球化是指保險業務的國際化和保險機構的國際化。隨著世界經濟全球化的進一步發展,保險業國際化的趨勢將不斷加強。

在發達國家,為了適應世界保險業發展的需要,大都放松了對本國保險市場的監管。放松監管的主要內容包括:

(1) 放松對保險機構設立的限制。打破保險市場的進入壁壘,有利於促進保險市場效率的提高。近年來,德國、韓國等國紛紛放松了對外國保險機構進入本國保險市場的管制。

(2) 放松對保險條款費率的管制。在傳統模式下,保險條款費率管制是保險監管的重要內容。但現在這一情況有了變化,例如,素以保險監管嚴格著稱的日本實行了全面的保險條款費率自由化。對條款費率管制的放松,增強了保險市場的市場化程度。

(3) 放松對保險險種的監管。隨著人們保險需求的增多,保險機構加大了保險險種的創新力度,這就促使保險監管當局不得不放松對險種的管制。

發展中國家為了適應經濟全球化的潮流,也在做出自己的努力。如中國、印度、東盟國家以及智利、阿根廷、委內瑞拉等國都在不同程度上開放了本國的保險市場,以吸引外國投資者。1995年,全球多邊金融服務協議達成,這意味著全球保險市場的90%都將開放。

世界經濟金融的自由化帶來了金融保險服務的一體化。1999年11月12日,美國總統克林頓簽署了《金融服務現代化法案》(Financial Service Act of 1999,又稱 Gramm – Leach – Biley),該法案的頒布意味著國際金融體系發展過程中又一次劃時代的變革,它將帶來金融機構業務的歷史性變革。金融保險服務一體化的趨勢正撲面而來。在金融服務全球化和一體化的浪潮中,銀保聯盟、保險與證券的聯盟方興未艾,並將更加成熟。

2. 保險規模大型化和保險機構的聯合與兼併的趨勢

未來,國際保險業併購浪潮興起也會繼續成為世界保險業發展的趨勢,主要基於以下兩個原因:

一是全球化的進展、管制的逐步放松和新興市場的開放。全球經濟一體化進程加快,各國經濟交往更加密切,生產要素相互融合、滲透的趨勢進一步加強,保險市場的進入障礙逐漸減弱。法律和監管制度障礙的取消,對國際保險業的兼併具有重要影響。新興市場自由化進程加快也促進

了保險業的併購，各國普遍放鬆了對外資進入的政策限制，吸引了大量外資進入，中國、馬來西亞、印度尼西亞、泰國和菲律賓保險市場的自由化進程表明，開放給保險業帶來了更廣闊的前景。

二是併購產生的規模優勢與範圍優勢。保險業的併購有利於實現規模經濟效應和範圍經濟效應。通過兼併形成較大的保險集團，從而使金融資源得到更合理的配置，降低交易成本，減少經營費用。同時，兼併使公司在更大的地域範圍內優化分支機構設置，開闢新的營銷渠道，共享技術和信息資源，擴大產品組合，可承擔更高更複雜的風險。

保險規模的擴大一方面體現在保險標的的價值越來越大，巨額保險增多；另一方面，則體現在從事保險的機構越來越多。保險標的價值的增大與經濟的發展是密不可分的，新技術的運用使各種機器設備越來越複雜、精細，價值也越來越高，同時風險的影響面由於經濟主體之間關係的日益緊密也越來越大，因此，巨額保險的數量不斷增加。

與此同時，保險機構的規模也日趨龐大。競爭白熱化的結果必然是優勝劣汰，從而加速了保險機構之間的聯合與兼併。19世紀初，全世界只有30多家保險公司，到了20世紀90年代初，全世界保險公司的數量已過萬家。而在面臨全球化競爭的情況下，許多公司又開始進行廣泛的合作。競爭與合作呈現出一種相互推動的態勢。近年來，合作進一步演化成保險人之間的併購，保險市場的併購案件顯著增多，保險機構呈現大型化的趨勢。1996年7月，英國的太陽聯合保險與皇家保險宣布合併，成立皇家太陽聯合保險公司，一舉成為英國第一大綜合性保險公司。1996年4月，法國巴黎聯合保險集團與安盛保險進行合併，成立保險集團，新的保險集團（以帳面價值為準）為世界排名第二，歐洲排名第一。在再保險領域，併購之風也越演越烈，僅在1996年上半年，併購大案就接二連三。如美國通用再保險收購了德國科隆再保險，慕尼黑再保險收購了美國再保險。另外，在保險仲介市場上，併購活動也呈增多趨勢。

3. 保險經營轉向以非價格競爭為主，並且更加注重事先的預防

市場競爭的白熱化使保險業面臨的價格壓力越來越大，長期的虧損使不少保險公司破產倒閉，嚴重地影響了保險人與被保險人雙方的利益。因此，保險人越來越注重非價格的競爭，努力在保險經營上積極創新，力求在保險技術和保險服務上吸引顧客。與此同時，保險人越來越不甘於被動地提供事後的補償，而是積極地參與事前和事中的防災防損，在成本收益分析的基礎上，聯合各類技術專家從事風險的識別、測定與預防工作，為

被保險人提供各種相關的防災防損服務。這既提高自己的服務水平與競爭力，又減少被保險人損害的可能和自己賠付的可能，還減少了損害發生後可能產生的外部影響，有利於社會經濟的穩定運行。

4. 新型風險不斷出現，巨災風險日益加大，保險業面臨巨大挑戰

過去的 100 年，是人類歷史上發展變化最快的 100 年。進入 21 世紀，人類前進的步伐更是不斷加快。經濟發展、技術進步、全球化進程，我們面對的是一個快速發展變化著的世界。世界在變，社會在變，保險業面對的風險也在不斷變化。電腦系統故障、環境污染、金融危機、老齡化帶來的養老醫療負擔、全球氣候變化甚至恐怖襲擊，傳統的風險在變化，新型的風險不斷湧現。保險業面臨著巨大的挑戰，也面臨著廣闊的發展空間和更多的機遇。

國際保險業的發展趨勢和風險的變化趨勢是密不可分的。巨災風險發生頻率和損失程度不斷上升是近年來的一個趨勢。2013 年全球共發生了 308 起災害事故，造成 926,000 多人在災害中喪生或失蹤。2013 年全球因災害導致的經濟損失達到 1,400 億美元，其中亞洲損失最大。保險損失為 450 億美元，主要是由水災和其他天氣相關事件造成的。2013 年的自然災害損失占 GDP 的 0.05%，占非壽險直接保費收入的 2.2%。帶來最大損失的災害是海燕臺風，這個達到 5 級強度的超級臺風是 2013 年在全球範圍內造成最大生命損失的災害事件，也是全球有記錄以來的最強臺風。約 7,500 人因此喪生或失蹤，28,000 多人受傷，臺風造成的財產、農業和基礎設施損失至少為 120 億美元。保險損失估計達到 15 億美元，其中包括公共設施保險損失[①]。2013 年發生的災害及損失，是近年來巨災發生頻率、強度及造成的損失不斷攀升的生動寫照。近幾十年來，由於受全球氣候變暖的影響，極端天氣事件導致的損失不斷上升，這種發展趨勢短期內將一直持續下去。

5. 創新是保險業生存和發展的主要手段

面對傳統風險不斷變化、新型風險不斷出現及巨災頻繁發生等挑戰，國際保險業在保險理念、技術、產品等方面進行了大量的創新，如專屬自保、整合項目、期滿中止（runoff）解決方案、承諾資本解決方案、保險證券化等，風險保障的內涵和外延不斷變化和擴大，一些傳統不可保風險

---

① 數據來源：瑞士再保險公司《西格瑪（sigma）研究報告》（2014 年第 1 期）[EB/OL]. http://www.sigma-explorer.com/; Natural Catastrophes and Man-made Disasters in 2013.

和新型的風險正在成為可保風險。

目前，在國際保險市場上，非傳統風險轉移方式（AlternativeRisk-Transfer，ART）的發展非常迅速。ART產品的主要特點為：針對客戶制定方案；多年期、多險種的保障；在時間上與投保人自身風險組合內分散風險，承擔傳統方式無法承擔的風險；處理風險的主體多元化。ART產品主要包括：①有限風險型產品（FR），其重點是風險融資，主要針對再保險業務，為保險公司的融資再保險服務；②綜合性多年度/多險種保險方式（MMP），是將多種風險結合在一起，在多年內進行分散的產品；③多觸發型產品（MTP），即對至少兩種以上觸發原因所致保險損失進行賠償；④應急資本（Contingent Capital），在保險損失發生後依照事先約定為被保險人籌措資金或出售期權；⑤保險證券化，這是繼20世紀80年代銀行證券化後，90年代創新出來的保險風險證券化產品，如巨災保險期貨、巨災債券、巨災互換、GCCI巨災指數期權、PCS巨災指數期權或資本票據等；⑥保險衍生產品，即利用金融市場工具來控制保險風險，其最早的嘗試是芝加哥交易所於1992年推出的自然災害風險期貨和期權。

保險證券化的產品和證券化工具作為傳統保險的替代或補充，能有效解決巨災風險的承保能力的缺口，正日益受到各國保險公司的重視；同時，作為一種重要資產類型，也日益受到投資者的青睞。保險證券化產品的出現得益於金融創新的不斷發展。近20多年來，西方發達國家金融市場發生的引人注目的創新是金融衍生工具數量和交易額的爆發性增長，以衍生工具為核心的金融創新正改變著全球的金融系統。巨災債券、保險期貨、指數期權等創新產品不斷湧現，成為保險業新的工具，有效地提升了保險的承保能力。

第三節　中國保險的起源與發展

一、中國古代的保險思想和原始形態的保險

中國早在古代就有了後備與互助的保險思想和原始形態的保險。

（一）中國古代的保險思想

中國古代的保險思想主要體現在下列著述中：

公元前2500年，中國的《禮記・禮運大同篇（節錄）》有云：「大道之行也，天下為公，選賢與能，講信修睦，故人不獨親其親，不獨子其

子，使老人所終，壯有所用，動有所長，鰥、寡、孤、獨、殘疾者，皆有所養。」足見中國古代就有了共同謀求經濟生活安定的政治思想，亦可謂世界上最古老的保險思想。

《呂氏春秋・恃君覽》說：「凡人之性，爪牙不足以自守衛，肌肉不足以捍寒暑，筋骨不足以利闢害，勇敢不足以卻猛禁悍。」這說明中國古代很早就注意到單憑個人的力量不足以自衛和謀生，必須互相幫助、共同勞動才能抵禦當時的自然災害和外來侵襲。

孟子在《滕文公》中也主張「出入相友，守望相互，疾病相扶持……」。這些都反應了中國古代儒家的社會互助保險的思想。在春秋戰國時候，其他的一些社會思想家也提出過類似的主張，如墨子就曾提出「有力者疾以助人」（見《墨子・魯問篇》），要求有餘財的人扶助貧困的人，這也是墨子當時提出的政治綱領之一。

另據《逸周書・文傳篇》引《夏箴》說：「小人無兼年之食，遇天饑，妻子非其有也，大夫無兼年之食，遇天饑，臣妻輿馬非共有也，國無兼年之食，遇天饑，百姓非其有也，戒之哉，弗思弗行，禍至無日矣。」同篇又引《開望》說：「……二禍之來，不稱之災，天有四殃，水旱饑荒，其至無時，非務積聚，何以備之。」從這些記載來看，早在中國夏朝就重視糧食的積蓄，以防水旱之災，這就是一種防患於未然的社會福利思想。

（二）中國原始的保險形態

在實踐上，中國歷代有著儲糧備荒以賑濟災民的傳統制度。較為典型的有：

1. 「委積」制度

「委積」制度出現在春秋戰國時代，據《周禮・地官司徒下》載：「鄉里之委積，以恤民之扼；……縣都之委積，以待凶荒。」《周書》說：「國無三年之食者，國非其國也，家無三年之食者，子非其子也，此子謂國備。」證明當時就存在著備患之法。

2. 「常平倉」制度

「常平倉」制度屬官辦的倉儲後備制度，它始發於戰國李悝的「平糴」和西漢桑弘羊的「平準」。歷代統治者都有類似設置。它的名稱則起自漢宣帝時的耿壽昌。常平倉最盛時節是北宋。其作用是調節災害帶來的風險，保障社會安定。

3. 「義倉」制度

「義倉」制度屬於官督民辦的倉儲後備制度。它始於北齊，盛行於隋

朝。但其發展健全，長期有成效的當推唐代。唐貞觀年間，水旱災害頻繁，各地義倉的糧食儲備對凶荒年歲的救災起了很大的作用。雖然義倉由官督民辦，但歷代封建財政對義倉的控制從未放鬆。

上述這些都是實物形式的救濟後備制度，由政府統籌，帶有強制性質。此外，宋朝和明朝還出現了民間的「社倉」制度，它屬於相互保險形式；在宋朝還有專門贍養老幼貧病不能自我生存的「廣惠倉」，這可以說是原始形態的人身救濟後備制度。

儘管中國的保險思想和救濟後備制度產生很早，但因中央集權的封建制度和重農抑商的傳統觀念，商品經濟發展緩慢，缺乏經常性的海上貿易，因此中國古代原始形態的保險，始終未能演變為商業性的保險。然而中國早期的保險思想和實踐卻在世界人類的文明史上，佔有很重要的地位，對我們研究早期保險的形成和發展，有著十分重要的意義。

二、舊中國的保險業

（一）外商保險公司壟斷時期

中國古代保險的雛形或萌芽並沒有演變成現代商業保險。近代中國保險業是隨著帝國主義勢力的入侵而傳入的。

19世紀初葉，當中國清朝仍處於閉關自守時，已完成工業革命的英國首先用鴉片強行打開了中國門戶，其保險商開始跟隨他們的戰艦搶占中國市場，近代保險制度也隨之傳入了中國。1805年，英國保險商出於殖民目的向亞洲擴張，在廣州開設了第一家保險機構，稱為「諫當保安行」或「廣州保險會社」。1835年，在中國香港設立保安保險公司（即裕仁保險公司），經兩次鴉片戰爭，以英帝國主義為首的保險商，憑藉一系列強加於中國的不平等條款及其在華特權，進一步在中國增設保險機構。1845年，他們在上海這個「冒險家樂園」開設了「永福」「大東方」兩家人壽保險公司。19世紀70年代又有「揚子」「保寧」「香港」「中華」「太陽」「巴勒」等保險公司，英商「太陽」「怡和」洋行也增設了保險部。

外商保險公司在中國的出現是帝國主義經濟侵略的產物，它們憑藉不平等條款及其在華特權，挾其保險經營的技術和雄厚資金，利用買辦在中國為所欲為地擴張業務領域，並用各種手段實行壟斷經營，長期霸占中國保險市場，攫取了大量的高額利潤。到20世紀前，已形成了以上海為中心，以英商為主的外商保險公司壟斷中國保險市場的局面。

(二) 民族保險業的誕生和興起

鴉片戰爭後，外商保險資本對中國保險市場的掠奪，激起了中國人民振興圖強、維護民族權利、自辦保險的民族意識。他們中的一些有識之士，民族資產階級思想的傳播者，如魏源、洪仁玕、鄭觀應、王韜、陳熾等人，開始把西方的保險知識介紹到國內，並主張創辦自己的保險事業，為創建中國的保險業做了輿論準備。19世紀中葉，外國保險在華勢力急遽擴張的同時，民族保險業也脫穎而出。1865年5月25日，中國人自己創辦的第一家保險公司「義和公司保險行」在上海誕生，它打破了外商保險公司獨占中國保險市場的局面，為以後民族保險業的興起開闢了先河。此後，相繼出現的民族保險公司有：保險招商局、仁和水險公司、濟和水火險公司（後兩者合併為仁濟和水火險公司）、安泰保險公司、常安保險公司、萬安保險公司等。其中，仁濟和水火險公司（一般簡稱為「仁濟和保險公司」）是中國第一家規模較大的船舶運輸保險公司；香港華商、上海華安人壽保險公司和延年壽保險公司等是最早由華商經營的人壽保險公司。從1865—1911年，華商保險公司已有45家，其中上海37家，其他城市8家。1907年，上海有9家華商保險公司組成了歷史上第一家中國人自己的保險同業公會組織——華商火險公會，用以抗衡洋商的「上海火險公會」，這反應出民族保險業開始邁出聯合團結的第一步。同時，清政府也注意到了保險這一事業，並草擬了《保險業章程草案》《海船法草案》和《商律草案》。這些保險法規雖未頒行實施，但對民族保險業的興起、發展起了一定的促進作用。上述情況表明中國的民族保險業在辛亥革命前就已興起和形成。但這一時期民族保險業的資本和規模都不大，較之外商保險公司仍處於薄弱地位。

(三) 20世紀初期的中國保險業

1. 民族保險事業的發展

第一次世界大戰期間，由於歐美帝國主義國家忙於戰爭，無暇東顧，致使中國民族資本有了發展的機遇，民族資本的火災保險公司和人壽保險公司在上海、廣州、中國香港等地相繼成立。儘管第一次世界大戰後因外國勢力的卷土重來而陷入了一定程度的困境，但在「五四」「五卅」運動以後，中國民族銀行業的發展及對民族保險業的投入，又使保險業有了迅速的發展，並且保險業務迅速由上海等地延伸到其他口岸和內地商埠。據1937年《中國保險年鑒》統計，全國有保險公司40家，分支機構126家，這些分支機構遍及全國各地。

在民族保險業的發展和中外保險公司劇烈競爭的形勢下，一些規模較大的民族保險公司將保險業務由國內擴展到國外，開拓保險市場，擴展國外保險業務。1937 年前後，華商保險公司陸續在西貢、巴達維亞、新加坡、馬尼拉等地設立了分支公司。中國保險公司並在大阪、倫敦、紐約等地設立代理處，由所在地中國銀行代理保險業務。

2. 外商保險公司進一步壟斷中國保險市場

第一次世界大戰後，美、日保險在華勢力迅速擴大，形成了以英、美、日為主的多國勢力控制中國保險市場的局面。據 1937 年《中國保險年鑒》統計，當時外商保險公司及其代理機構設在上海的共有 126 家，而華資保險公司僅有 24 家。這些外商保險公司壟斷了中國的保險市場，攫取大量的超額利潤。據 1937 年資料統計，中國每年流出的保費外匯達 235 萬英鎊，占全國總保險費收入的 75%。

「九一八」事變後，日本帝國主義對東北淪陷區實行經濟上的全面控制，對日本以外的保險公司進行重新登記，逐步採取驅逐政策，獨占保險市場。

3. 官僚資本保險機構對中國保險市場的控制

1937 年，「七‧七」事變後，中華民族的抗日戰爭全面展開，國民黨政府被迫遷都到重慶，經濟中心逐漸西移，中國保險也隨之西移重慶。這促使了內地保險業的發展，大後方的保險機構大量增加。到 1945 年 8 月，川、雲、貴、陝、甘 5 省共有保險總分支機構 134 處。然而，當時大後方的保險市場卻是由國民黨官僚資本和政府有關部門興辦的官辦保險公司所操縱和控制，它們憑藉資金雄厚和其政治後臺，幾乎包攬了當時大部分保險業務。在重慶，四大家族的官僚資本控制了占全國 90% 的保險業務，形成了官僚資本對保險業的霸權地位。

第二次世界大戰後，中國的保險中心又東移上海。在抗日戰爭勝利氣氛的鼓動下，百業渴望振興，保險業也求勵精圖治，曾一度呈現出表面繁榮景象。但這一時期的情況卻是官僚資本保險機構與捲土重來的外商保險公司相互利用，控制保險市場。外商公司控制官僚資本公司，而民族資本保險公司則受外商和官僚資本保險公司的雙重控制。由於國民黨政府的腐敗統治，惡性通貨膨脹，投機活力盛行，物價飛漲，民不聊生，國民經濟陷入了崩潰狀態，到 1949 年，華商保險公司已處於奄奄一息的境地。

近代商業保險制度在中國先後雖然經歷了一百多年的時間，但卻始終未能獲得較大發展，其主要原因在於：

（1）近代商業保險是帝國主義列強用槍炮強制輸入中國的，並長期壟斷中國保險市場。他們經營保險的目的在於謀求最大利潤，掠奪中國財富，他們在中國實行的是掠奪性的保險政策，其業務範圍局限於當時經濟較發達的通商口岸，保險對象絕大部分是工商業者，沒有也不可能面向廣大群眾。中國的民族保險業雖曾有過發展，但由於其自身的軟弱和局限性，始終步履維艱，發展緩慢，在保險市場上處於受壓制的從屬地位。中國各朝政府雖也曾對保險有所認識，制定了一些法律法規，以圖監督、管理保險市場，然而舊中國的半封建、半殖民地性質決定了政府作為的限制——約束不了外商保險機構，難以規範保險市場。因此，無論是民族保險，還是舊中國政府都難以擔當起培育、建設中國保險市場的重任。

（2）近代中國長期處於半封建、半殖民地的落後狀況，實行的是閉關自守、抑制商品經濟發展的政策，自給自足的自然經濟占主導地位。在這種經濟環境下，經濟非常落後，人民生活極端貧困，難以形成對保險的有效需求。同時在自給自足的小農經濟條件下，人們以家庭為經濟單位，以土地為生，土地的不可移動性束縛了人們之間的相互交往，滋生的是封閉式保守思想意識，對於各種風險事故引起的經濟困難，習慣於依靠血緣親屬關係來解決，沒有保險的習慣。

（3）近代中國長期戰亂，特別是抗戰發生後，國統區貨幣貶值，物價飛漲，通貨膨脹嚴重，國民黨的腐敗使國民經濟陷於崩潰狀態，致使原本落後的保險市場難以維持，至新中國成立前夕，整個保險事業幾乎陷於崩潰。

三、新中國的保險業

1949年10月，中華人民共和國成立，翻開了新中國保險事業的新篇章。60多年間，中國保險事業幾經波折，已逐步走向成熟和完善。

（一）新中國保險事業的形成和發展（1949—1957年）

1. 人民保險事業的創立和發展

1949年，隨著解放戰爭在全國範圍內取得決定性勝利，建立統一的國家保險公司被提到了議事日程。1949年9月25日至10月6日，經過緊張的籌備，第一次全國保險工作會議在北京西交民巷舉行，會議討論了一系列人民保險事業發展的方針政策問題，為新中國保險事業的發展指明了方向。1949年10月20日，中國人民保險公司在北京成立，宣告了新中國統一的國家保險機構的誕生，從此揭開了中國保險事業嶄新的一頁。

中國人民保險公司成立後，本著「保護國家財產，保障生產安全，促進物資交流，增進人民福利」的基本方針，配合國家經濟建設，先後開辦了各種保險業務。國民經濟恢復時期，中國人民保險公司為配合國民經濟恢復這一中心工作，開辦的國內業務主要是對國有企業、縣以上供銷合作社及國家機關的財產和鐵路、輪船、飛機的旅客實行強制保險。此外，還在農村開展自願性的牲畜保險以及城市中的各種自願性質的財產保險和人身保險。這對當時國民經濟的恢復和發展，起了積極的作用。但是，由於認識上的原因以及缺乏經驗，在業務經營過程中犯了盲目冒進、強迫命令的錯誤，一度在群眾中引起了反感。因此，在「一五」期間，首先確立了「整頓城市業務，停辦農村業務，整頓機構，在鞏固基礎上穩步前進」的方針，對保險市場進行了整頓：逐步收縮停辦農村業務，集中力量發展城市中的強制保險、運輸保險和火險三項業務。後來為了充實國家財政和社會後備力量，又重點發展了農村保險，停辦部分國營強制保險，穩步擴大城市保險業務；有計劃地辦理了適應群眾需要的個人財產和人身保險。人民保險事業在整頓、鞏固中穩步發展。

2. 人民政府對舊中國保險市場的整頓和改造

在創建和發展人民保險事業的同時，人民政府對舊中國的保險市場進行了整頓和改造。首先，接管了官僚資本保險公司。由於官僚保險機構大多集中於上海，所以接管工作以上海為重點。1949 年 5 月 27 日上海解放後，上海軍管會財政經濟接管委員會金融處立即發出保字第一號訓令，接管了 324 家官僚資本保險機構。其他解放了的城市的官僚資本保險機構也由當地軍管會相繼接管。其次，對民族資本保險公司進行整頓和改造。對於民族資本的保險公司先行重新登記，並允許其進行社會主義改造，幾經合併，又投入了部分國家資金，最終於 1956 年成立了公私合營的專營海外保險業務的太平保險公司。最後，對外商保險公司實行限制政策。新中國成立後，為徹底改變帝國主義壟斷中國保險市場的局面，維護民族獨立，中國政府廢除了外商保險公司的一切在華特權，對其業務經營嚴格管理，限制其業務經營範圍，切斷業務來源，對違反中國法令和不服從管理的外商保險公司進行嚴肅查處。到 1952 年年底，由於外商保險公司在中國保險市場上的業務量逐年下降而陸續申請停業，最終全部自動撤離中國保險市場。

(二) 新中國保險事業的停頓（1958—1978 年）

1958—1978 年這二十年間，中國經歷了 3 年「大躍進」、3 年自然災

害、10年「文化大革命」的劇烈跌宕，中國經濟的發展受到了嚴重的影響。中國的保險市場因此偏離了正確軌道，陷入了崩潰的狀態。由於受極「左」思潮的影響，1958年全國各地刮起了「共產風」、人民公社化及「一大二公」，到處是吃飯不要錢，生、老、病、死統由國家包下來，片面認為保險已完成了歷史使命，沒有存在的必要，於是1958年10月在西安召開的全國財貿會議上提出了立即停辦國內保險業務的建議，同年12月在武漢召開的全國財政會議上正式做出了立即停辦國內保險業務的決定；同時，財政部發出停辦國內保險業務以後財務處理的通知。至此，除上海等個別城市還保留少量的國內業務外，全國其餘各地全部停辦了國內保險業務。中國人民保險公司專營國外業務，改由中國人民銀行總行國外局領導，編製緊縮為30多人的一分處。1958年年底到次年，數萬名保險幹部轉業，幾千個機構被撤銷，國內保險業務進入了空前的低谷時期。

1964年，隨著國民經濟的好轉，中國人民銀行向國務院財貿辦公室請示建議恢復保險公司建制獲準。保險建制改為局級，對外行文用中國人民保險公司的名義。1965—1966年，隨著全國農業生產的發展，國內一些大城市的保險業務陸續恢復。但「文化大革命」打亂了中國經濟發展的進程，保險被視為「封資修」而予以砸爛，國內業務被迫再度全部停辦，國外業務也遭到嚴重摧殘，最後中國人民保險公司只剩下9人從事國外保險業務工作的守攤和清攤工作，全國各地的保險機構全部癱瘓。

（三）新中國保險事業的恢復（1979—1985年）

黨的十一屆三中全會做出了把黨和國家工作的重點轉移到社會主義現代化經濟建設上來的戰略決策，中國保險市場以此為契機逐漸恢復。1979年4月，國務院批准並轉發了中國人民銀行全國分行行長會議紀要，做出了逐步恢復國內保險業務的重大決策。同年11月，中國人民銀行召開了全國保險工作會議，肯定了保險對發展國民經濟的積極作用，並在吸取國內外保險經驗的基礎上，根據國家改革開放的精神，具體部署了恢復國內保險業務的方針政策和措施。全國保險工作會議結束後，恢復國內保險業務，組建各地分支機構的工作全面展開。截至1980年年底，除西藏外，全國28個省、自治區、直轄市都已恢復了保險公司的分支機構，各級機構總數達311個，專職保險幹部3,423人，全年共收保費2.9億多人民幣。在恢復各類財產保險業務的基礎上，1982年，中國人民保險公司又開始恢復辦理人身保險業務和農村保險業務。幾年來，國內各項業務飛速增長（見表3-6）。與此同時，涉外保險業務也快速發展。1983年，中

國人民保險公司已與120多個國家和地區1,000多家保險公司建立了國際業務關係，全年收入1.5億多美元的保險費，並承保了對外貿易的70%以上的業務。

表3-6　　　1980—1985年全國國內業務保費收入情況表

年度	保費收入（人民幣：億元）	比上年增長（％）
1980	2.96	
1981	5.32	80
1982	7.48	40
1983	10.15	36
1984	15.06	48
1985	25.7	71

資料來源：根據《中國保險史》整理得來。

國內保險業務恢復初期，中國人民保險公司是中國人民銀行的一個局級專業公司，管理體制沿襲20世紀50年代實行的總、分、支公司垂直領導形式。為了適應保險市場發展的需要，1982年經國務院批准同意，設立了中國人民保險公司董事會、監事會。其主要任務是：貫徹執行國家保險事業的方針政策，領導和監督保險公司的經營和管理工作。1983年9月，國務院同意中國人民保險公司從中國人民銀行中分設出來，升為國務院直屬局級經濟實體，按照國家的法律、法規的規定，獨立行使職權和進行業務活動。從1984年1月起，中國人民保險公司的分支機構改由保險總公司領導。1985年2月，中國人民保險公司各省、自治區、直轄市分公司經當地黨政部門批准，全部升為廳局級機構，實行總公司與當地人民政府的雙重領導。至此，中國保險事業已基本恢復。

從新中國保險事業的建立到20世紀80年代中國保險業的恢復這一期間，人民保險事業從無到有，取得了長足的進步，但中國長期實行的計劃經濟卻導致了對保險認識的偏差，致使中國保險業跌宕起伏、發展坎坷。而國家對保險業的壟斷經營，又在一定程度上妨礙了保險業的發展。

（四）新中國保險業的逐步完善（1986年至今）

中國保險業從1986年起進入了全面發展的時期，並逐步走向完善和成熟。

1. 傳統保險業向現代保險業發展的探索時期（1986—1997年）

從1986—1997年期間，是保險業不斷探索如何從傳統的發展模式向

符合現代經濟要求的發展模式進行轉變的時期。其主要特徵是：一批股份制保險公司相繼成立，打破了壟斷經營格局，主體趨向多元化；保險法頒布實施，確立了分業經營體制；探索保險市場對外開放試點，逐步擴大試點範圍；引進保險營銷新模式，推動了保險創新等。

（1）股份制保險公司相繼成立

1986年，中國人民銀行首先批准設立了新疆生產建設兵團農牧業保險公司，專門經營新疆生產建設兵團內部的以種植業和牧養業為主的保險業務，這預示著中國人保獨家經營的局面從此在中國保險市場上消失。隨後，1987年，中國交通銀行及其分支機構開始設立保險部，經營保險業務，1991年在此基礎上組建成立了中國太平洋保險公司，成為第二家全國性的綜合保險公司。1988年，平安保險公司在深圳成立，是中國第一家股份制保險公司，1992年更名中國平安保險公司，由區域性保險公司改建為全國性保險公司，成為第三家全國性的綜合保險公司。進入20世紀90年代後，保險市場供給主體發展迅速。1996年人民保險公司更名為中國人民保險（集團）公司，下設財產、人壽和再保險有限公司。1996年，永安財險、華安財險、華泰財險、泰康人壽、新華人壽等一批股份制保險公司相繼成立。在國有保險機構改革和民族保險公司不斷發展的同時，外資保險機構也逐漸進入中國保險市場。1992年9月中國人民銀行批准美國國際集團所屬美國友邦保險公司在上海設立分公司，這是中國保險市場對外開放以來，第一家經批准進入中國保險市場的外國保險公司。1996年11月26日，中國人民銀行批准加拿大宏利人壽保險公司與外經貿信託在上海合資設立中宏人壽保險有限公司，這是中國保險市場對外開放以來，批准設立的第一家合資保險公司。

（2）保險法頒布實施

隨著中國保險市場體系的建立及保險業務的發展，一個以政府監管為主、行業自律為輔的保險市場監管體系也在逐步地建立和完善。1985年3月3日頒布的《保險企業管理暫行條例》（簡稱《管理條例》）是新中國成立以來第一部保險業的法規。《管理條例》指定中國人民銀行是保險行業的管理機關，規定了保險企業的設立、中國人民保險公司的地位、償付能力和保險準備金、再保險等方面的內容。1989年2月16日，針對當時保險市場的形勢和存在的問題，國務院辦公廳下發了《關於加強保險事業管理的通知》，提出了整頓保險秩序的措施和辦法。1992年美國友邦在上海設立分公司後不久，中國銀行頒布了《上海外資保險機構暫行管理

辦法》，以指導引進外資保險公司的試點工作。1994 年，上海保險同業公會成立，全國各地的保險同業公會或保險行業協會相繼成立。行業自律為輔助的保險市場監管體系逐步建立。1995 年 6 月 30 日《中華人民共和國保險法》正式頒布，並於同年 10 月 1 日起正式實施。《保險法》是新中國成立以來的第一部保險大法，它對保險公司、保險合同、保險經營規則、保險業的監管和保險代理人、保險經紀人等做出了比較詳細的規定。《保險法》的頒布標誌著新中國保險市場監管的法律法規建設步入了一個嶄新的發展階段。

（3）引進保險營銷新模式

隨著中國保險市場日趨成熟，保險仲介人制度也逐步建立和完善。保險代理人、保險經紀人以及保險公估人共同組成保險仲介體系。1986 年以後，中國保險市場上陸續出現了各種保險仲介人。保險代理人是中國保險市場出現最早也是發展最快的一種仲介人，特別是 1992 年美國友邦壽險營銷機制的引入，使中國壽險市場上的營銷員制（壽險個人代理制）得以迅速發展。1996 年 12 月中旬，為提高代理人素質，規範代理人行為，保險監管部門在國內各城市首次組織了「全國保險代理人資格考試」，此後每年定期舉辦，可在計算機上完成這種考試。

2. 傳統保險業向現代保險業發展的轉折時期（1998—2001 年）

1998—2001 年，是傳統保險業向現代保險業發展的轉折時期。在這段時期中，各項體制繼續完善、改進和深化。1998 年，東南亞金融危機後，在中央加快金融體制改革、防範化解金融風險一系列重大決策的形勢下，保險業發展改革出現轉折性變化，加快了向現代保險業方向邁進的步伐。1999 年，中保集團解散，原集團所屬的三家公司獨立，更名為中國人民保險公司、中國人壽保險公司和中國再保險公司。2000 年 6 月 29 日中保國際控股有限公司在香港聯交所掛牌上市，這是第一家在境外上市的中資保險企業。2001 年 12 月 11 日，中國正式加入 WTO，保險業積極履行加入 WTO 時的承諾，把握對外開放主動權，引進先進技術，完善監管體系，提升行業競爭力。2001 年，保監會在廣東對機動車險業務進行為期一年的費率市場化改革試點工作。2001 年，中國唯一承辦出口信用保險業務的政策性保險公司——中國出口信用保險公司正式成立，標誌著中國政策性保險體制改革取得重大進展。

在市場監管和保險仲介發展方面，1998 年 11 月 18 日，經國務院批准，中國保險監督管理委員會（以下簡稱保監會）正式在北京成立。根

據國務院規定，中國保監會是國務院直屬事業單位，是中國商業保險的主管部門，根據國務院授權履行行政管理職能，依照法律法規集中統一監管保險市場。中國保監會的成立，為保險市場監管趨向成熟化、專業化提供了組織保證。保險仲介市場的相關管理制度也在不斷建立和完善，1997年中國人民銀行頒布了《保險代理人管理規定（試行）》《保險經紀人管理規定（試行）》，建立了一套包括專業代理人、兼業代理人和個人代理人的保險代理人管理制度和保險經紀人管理制度。保監會成立後，對保險仲介實行分類監管，先後頒布了《保險代理機構管理規定》《保險經紀機構管理規定》《保險公估機構管理規定》和《保險兼業代理管理暫行辦法》等部門規章。這些考試制度和管理制度的建立和不斷完善規範了保險仲介市場，提高了保險仲介從業人員整體素質和服務水平，促進了中國保險仲介市場的健康規範發展。1999年開始舉行的全國經紀人資格考試為保險經紀人制度的建立和發展準備了條件。2000年12月23日，又舉行第一次保險公估人資格考試。2000年6月國內首家保險經紀人——江泰保險經紀有限公司在北京揭牌，成為中國第一家全國性綜合保險經紀公司。

3. 中國特色現代保險業的大發展時期（2002年至今）

從市場格局不斷變化的角度，我們可以將中國特色現代保險業的大發展時期細分為以下幾個階段：

（1）寡頭壟斷階段。1986—2001年，中國保險市場逐步引入平安保險、太平洋保險、中華聯合保險、泰康人壽、新華人壽等市場主體，逐步打破人保一家獨大的市場格局，形成保險市場的寡頭壟斷階段。

（2）百家爭鳴階段。2002—2006年，中國保險業進入全面開放階段。市場主體不斷增加，向多元化發展。2002年10月，針對中國加入WTO時承諾對保險業的要求，全國人大常委會對《保險法》進行了第一次修正，修改後的《保險法》自2003年1月1日起正式實施。2003年，中國人保、中國人壽成功境外上市，人保財險11月在香港聯交所成功上市，成為中國內地國有金融機構海外上市「第一股」，中國人壽保險股份有限公司12月在紐約、香港成功上市，公開募股籌集30.1億美元，為2003年規模最大的首次公開募股。2003年，車險費率市場化改革在全國範圍內正式啟動，產品進入多元化時代，價格戰愈演愈烈。費用競爭、價格競爭導致行業連續虧損。2004年，陽光保險等一批新機構相繼設立。2004年10月，中國保監會會同有關部門正式啟動保險法第二次修改工作的準

備工作。2004年11月11日中國首家相互制保險公司——陽光農業相互保險公司獲準籌建，填補了中國相互制保險公司的空白。2004年11月18日國內第一家專業健康保險公司——中國人民健康保險股份有限公司宣告成立。2004年，中國保險業進入全面開放階段。2005年，保監會頒布《財產保險公司保險條款和費率管理辦法》，重新恢復對車險費率管制。針對費用競爭、價格競爭導致的行業連續虧損，2006年保險行業協會統一制定車險A、B、C統頒條款，保監會出抬限折令。2006年3月28日《機動車交通事故責任強制保險條例》頒布，所有上道路行駛的機動車輛都應在3個月內投保交強險。2006年，國務院下發《國務院關於保險業改革發展的若干意見》，成為保險業改革發展的里程碑事件。

（3）三大供給主體主導競爭階段。2007—2011年，保險市場更加完善，行業自律逐步加強，市場競爭秩序規範。中國人壽、中國平安、中國太保三大供給主體的品牌、服務優勢凸顯，主導市場競爭格局，市場集中度觸底反彈。2007年，中國人壽、中國平安、中國太保登陸A股市場，泛華保險在納斯達克上市交易。2008年9月1日《保險公司償付能力監管規定》正式施行，首次引入資本充足率指標，出現「分類後的統一監管」。2009年2月28日，十一屆全國人大常委會第七次會議表決通過了新修訂的《保險法》，並於同年10月1日正式實施。《保險法》的修訂不僅是中國保險法制建設的重大事件，也是完善社會主義市場經濟法律體系的重要舉措，對全面提升保險業法治水平、促進保險業持續平穩健康發展產生了積極而深遠的影響。2009年12月23日，中國太保在香港聯交所成功上市。2011年8月，中國保監會發布《中國保險業發展「十二五」規劃綱要》，明確中國保險業「十二五」期間（2011—2015年）的發展方向、重點任務和政策措施。2011年12月，新華保險成為國內首家以A＋H股方式同步上市的保險公司，為登陸國內資本市場的保險「第四股」。

（4）全面競爭階段。2012年至今，過度費用競爭和價格競爭出現並蔓延；競爭主要在老三家保險公司與其他中小保險公司之間全面展開，中小保險公司發展空間受到擠壓的現象有明顯緩解；市場競爭從單純的價格戰逐步向綜合競爭轉變。2012年4月保監會正式開通全國第一條保險消費者維權電話：12378。2012年8月30日國家發改委、衛生部、財政部、人社部、民政部、保監會聯合公布《關於開展城鄉居民大病保險工作的指導意見》。2012年10月24日國務院第222次常務會議通過並公布，自2013年3月1日起施行。2012年12月，中國人保集團在香港聯交所整體

上市。2013 年 3 月，保監會印發《保險公司城鄉居民大病保險業務管理暫行辦法》，明確大病保險市場准入與退出條件。2013 年 7 月 8 日，全國首個保險公眾日啓動，保監會將每年 7 月 8 日確定為「全國保險公眾宣傳日」，每年確定不同的年度宣傳主題。2013 年 9 月 29 日中國（上海）自由貿易試驗區正式掛牌，太保財險、大眾保險成為首批入駐自貿區的企業。2013 年 11 月 6 日國內首家互聯網保險公司——眾安在線財產保險有限公司正式開業。2014 年 8 月國務院以「頂層設計」形式明確保險業在經濟社會中的地位，發布《國務院關於加快發展現代保險服務業的若干意見》（簡稱新「國十條」），提出到 2020 年，保險深度（保費收入/國內生產總值）要達到 5%，保險密度（保費收入/總人口）要達到 3,500 元/人，基本建成保障全面、功能完善、安全穩健、誠信規範，具有較強服務能力、創新能力和國際競爭力，與中國經濟社會發展需求相適應的現代保險服務業，努力由保險大國向保險強國轉變。2014 年 9 月，上海人壽獲批籌建，未來擬結合自貿區「先行先試」的政策環境試點拓展外幣保單等業務，探索產品、服務等方面的創新優勢。2014 年 12 月，保險法第三次修改稿已經出抬。近年來，隨著國民經濟的快速發展和法律環境的改變，保險業的發展形勢和 2009 年第二次修改《保險法》時相比，已發生了很大的變化，法律規範的缺陷在很大程度上影響了保險工作的開展和保險糾紛的處理，再次對保險法進行修訂和完善已勢在必行。

  2014 年 1 月～11 月，中國原保險保費收入 18,714.76 億元，同比增長 17.80%。產險業務原保險保費收入 6,452.09 億元，同比增長 15.53%；壽險業務原保險保費收入 10,279.79 億元，同比增長 16.19%；健康險業務原保險保費收入 1,475.97 億元，同比增長 44.47%；意外險業務原保險保費收入 506.90 億元，同比增長 17.17%。產險業務中，交強險原保險保費收入 1,269.98 億元，同比增長 12.46%；農業保險原保險保費收入為 307.91 億元，同比增長 5.43%。另外，壽險公司未計入保險合同核算的保戶投資款和獨立帳戶本年新增交費 3,733.18 億元，同比增長 21.27%。賠款和給付支出 6,423.63 億元，同比增長 15.83%。產險業務賠款 3,298.99 億元，同比增長 10.10%；壽險業務給付 2,516.24 億元，同比增長 19.99%；健康險業務賠款和給付 495.23 億元，同比增長 39.01%；意外險業務賠款 113.17 億元，同比增長 17.62%。資金運用餘額 89,478.79 億元，較年初增長 16.4%。銀行存款 24,906.73 億元，占比 27.84%；債券 35,958.78 億元，占比 40.19%；股票和證券投資基金

9,555.49億元，占比10.68%；其他投資19,057.79億元，占比21.29%。總資產98,318.90億元，較年初增長18.62%。產險公司總資產13,447.10億元，較年初增長22.90%；壽險公司總資產80,038.32億元，較年初增長17.27%；再保險公司總資產3,639.48億元，較年初增長72.99%；資產管理公司總資產230.45億元，較年初增長20.80%。總淨資產11,403.33億元，較年初增長34.56%。[①]

四、新中國保險業的發展趨勢

(一) 保險市場進一步開放

根據中國加入WTO時的承諾，中國全面取消地域限制和業務範圍限制，除外資股比及設立條件外，沒有其他限制。自加入WTO以來，中國保險業全面對外開放的格局已基本形成。今後外資保險公司將以多種途徑進入中國保險領域，而以直接參股國內保險公司的形式間接進入中國保險領域，是一條便捷的有效途徑。隨著世界經濟的全球化和一體化，中國保險市場對外開放的廣度和深度將進一步加強。

保險業發展離不開全球經濟發展，在全球資本不斷融合的環境下，保險資金走出去已成為必然，開放的力度也會更大。新「國十條」明確支持符合條件的保險公司在境內外上市，提出要推動保險市場進一步對內對外開放，實現「引進來」和「走出去」更好結合，以開放促進改革發展。「引進來」就是要引導外資保險公司將先進經驗和技術植入中國市場。鼓勵中資保險公司嘗試多形式、多渠道「走出去」，就是要為中國海外企業提供風險保障；支持中資保險公司通過國際資本市場籌集資金，多種渠道進入海外市場；努力擴大保險服務出口；要加快發展境外投資保險，以能源礦產、基礎設施、高新技術和先進製造業、農業、林業等為重點支持領域，創新保險品種，擴大承保範圍；穩步放開短期出口信用保險市場，進一步增加市場經營主體；積極發展航運保險；拓展保險資金境外投資範圍。保險服務業不僅要做大國內市場，還需積極參與境外市場。近年來，保險資金在境外投資躍躍欲試，2013年，中國平安買下倫敦金融城的標誌性建築勞合社大樓。2014年，中國人壽在倫敦花費7.8億英鎊購買當地地標的行為，說明保險資金已經嘗試性地往外走。中再集團和泰康人壽

---

① 數據來源：中國保險監督管理委員會官方網站［EB/OL］. http://www.circ.gov.cn/web/site0/tab5257/info3945103.htm.

計劃2015年赴港上市，顯示出保險資金積極涉足海外資本市場的決心和信心。

(二) 中國保險業逐步走向混業經營①的道路

中國加入WTO以後，實力雄厚的大型跨國金融集團紛紛進入中國市場，以分業經營為特點的中國金融業將直面以混業經營為背景的外國金融集團。中國金融業要想在競爭中取勝，就必須為客戶提供多元化的金融服務。儘管中國對金融業實施嚴格的分業政策，但混業的魅力似乎不可阻擋。當前，發展多元化的金融服務集團成為大中型金融機構的普遍願望，不同市場主體紛紛搶灘這塊「禁土」。2002年4月以壽險為主要業務的中國平安保險（集團）股份公司宣布成立，這標誌著平安多年追求的金融控股集團已具雛形。同年12月國內第一家金融控股公司——「中信控股」正式掛牌成立，該公司旗下有銀行、證券、保險、信託、資產管理、期貨、租賃、基金、信用卡等金融企業，能為客戶提供全面的金融服務。新修改的《保險法》中財產保險公司可以介入短期健康保險和意外傷害保險業務的規定，實際上已為保險業之間的混業經營提供了法律依據。經濟金融的全球化，電子、網絡技術的廣泛運用，加入WTO的挑戰以及中國金融保險的創新及市場規模的擴張等，預示著中國金融保險業的混業經營將向縱深發展。

近年來，混業經營趨勢愈加明顯，保險機構、大型資產管理公司甚至一些實業集團都在進行金融全牌照戰略佈局，都在力求打造綜合金融服務平臺。所謂金融全牌照，目前業界並沒有明確統一的定義。主要的金融牌照包括銀行、保險、證券、信託、租賃、期貨、基金等牌照，保險又分為財險、壽險、健康險、養老險等牌照。例如，中國平安集團是目前保險行業中綜合金融平臺建設較早的企業。再以安邦保險集團為例，2004年，安邦保險集團最初由財險公司起步。2010年，安邦人壽開業。同年，安邦財險接收了原瑞福德健康險公司並更名為和諧健康保險公司。2011年，安邦資產開業，成為中國第十家保險資產管理公司。同年，安邦斥資50億元獲得成都農商行35%的股權，成為其控股股東。2013年，安邦人壽與成都農商行聯合籌建金融租賃公司獲得銀監會批准，成為第22家金融租賃公司，也是首家農商行設立的金融租賃公司。至此，安邦集團目前已形成全牌照經營的綜合性保險集團，擁有財險、壽險、健康險、資產管

---

① 在國際上，與分業經營相對應稱為混業經營；而國內現在一般統稱為綜合經營。

理、保險銷售、保險經紀、銀行等多種業務。其間，國壽集團董事長楊明生也明確表示：「將加快實現從保險業務的綜合經營，進一步向金融綜合經營推進，積極拓展銀行、證券、基金、信託等非保險的金融業務領域。」2012年，國壽以35%的持股比例成為中糧期貨的第二大股東，成為保險企業入股期貨公司首例。2013年11月，國壽安保基金管理有限公司正式掛牌成立。2013年12月，中國人壽電子商務有限公司掛牌，這是國務院《關於促進信息消費擴大內需的若干意見》印發後，保險業第一家正式掛牌成立的電子商務公司。

在混業經營的形勢下，不只是保險集團在謀求全牌照，其他金融機構以及一些大型實體企業集團也在謀求金融全牌照。與保險機構佈局其他金融牌照相反的是，其他金融機構也在佈局保險業，例如，以信達資產、東方資產、華融資產為代表的國有金融機構，在其大金融佈局中都有保險業的影子。2009年，交通銀行入股中保康聯最終獲得監管機構審批通過，開始了銀行控股保險公司合作模式的新階段。之後兩年內，建設銀行入股太平洋安泰、工商銀行入股金盛人壽、農業銀行入股嘉和人壽，各大銀行通過股權收購方式，擁有了自己的壽險公司。在股權合作的模式下，銀行和保險公司合作的穩定性和長期性得到了加強，通過更廣泛的資源共享，合作雙方的競爭力得以增強，使得未來的盈利基礎更為牢固，盈利預期和分潤機制更為明確，大大減少了雙方的博弈成本，更有利於實現雙贏和長遠發展。另外，國航、東航、南航、中航工業等均已佈局保險業，涉及保險公司分別為中航三星人壽、國泰人壽、陽光保險及中航安盟財險。

由此可見，金融綜合化經營、集團化發展，是當今金融業發展的大趨勢。金融集團的混業化戰略性佈局，有利於穩步拓展業務領域，增強為廣大客戶和投資者提供綜合金融服務的能力，推動形成不同業務板塊的協同效應和金融綜合經營格局，不斷增強集團整體競爭力。

（三）中國國有保險公司的體制改革順利完成

中國國有保險公司近年來效益逐年提高，贏利能力、綜合實力大為增強，這都得益於中國國有保險公司體制改革的順利完成。

在2002年初召開的全國金融工作會議提出，要「加快國有獨資保險公司股份制改革步伐，完善法人治理結構，切實轉換經營機制，引進國外先進技術和管理經驗，增強經營活力和競爭能力」。在隨後召開的全國保險工作會議上，中國保監會又對國有保險公司股份制改革做出了具體安排。2003年中國保險業的體制改革駛入快車道，其標誌是：中國人保、

中國人壽和中國再保險三家國有獨資公司在 2003 年全部完成重組改制工作。2003 年 11 月 6 日，中國人民財產保險股份有限公司在香港上市，成為第一家在境外上市的國有金融企業，被《國際金融評論》評為 2003 年度「中國股票最佳發行公司」，同時也被《亞洲貨幣》評為「2003 年度最佳新上市公司」。中國人壽保險股份有限公司也於 2003 年 12 月 17 日和 18 日分別在紐約和香港兩地同步上市，創造了當年全球資本市場首次公開發行融資額的最高紀錄。2003 年 12 月 22 日，中國再保險（集團）公司、中國財產再保險股份有限公司和中國人壽再保險股份有限公司揭牌，加上此前成立的中國大地財產保險股份有限公司，中國再保險（集團）公司成功搭建起新的公司框架。2007 年 1 月 9 日，中國人壽保險股份有限公司正式在上海證券交易所掛牌上市，成為中國乃至世界第一家分別在紐約、香港、上海三地上市的保險公司。至此，中國國有保險公司的體制改革順利完成，國有保險公司以嶄新的面貌屹立在中國的保險市場上。

（四）保險監管手段將不斷創新，保險市場將更加健康有序

加入 WTO、保險市場的對外開放、混業經營的趨勢、保險體制的改革、保險經營的多元化和市場化等，都要求構建有效的保險監管制度、創新監管手段，以促使中國保險市場更加健康有序地發展。今後中國保險監管機構將堅持依法、審慎、公平、透明和效率的原則，加大保險監管和服務的力度，從保護被保險人的合法權益出發，轉變監管思路，不斷創新監管手段及監管方式。將加強對保險經營行為的現場檢查力度；將繼續整頓保險市場秩序，加大行業誠信建設、會計信息打假、保險產品信息披露、從業人員市場准入和管理的力度；將對違法違規的保險從業人員和保險公司加大處罰力度；在監管方式上，將逐步從現場監管轉向償付能力監管和現場檢查並重，力求最終實現以償付能力監管為核心的監管方式；將通過多種渠道（如通過出版文告，建立網站等方式）提高監管操作的透明度等。

近幾年來，蔓延全球的國際金融危機，引發了國際社會對全球統一金融監管的反思，加快改革步伐，加強金融保險監管，已成為前一階段國際金融保險監管領域的主基調。保險監管機關被賦予了國際監管規則參與者的職責。2008 年金融危機發生後，國際金融保險監管領域的改革為中國提供了難得的學習機會和參與國際保險監管規則制定的機遇。保監會根據國際保險監督官協會（IAIS）就啓動國際保險監管戰略調整工作現狀，積極參與工作，研究提出中國監管當局的主張，有力地推動了國際監管規則

工作向有利於新興保險市場發展。2014 年，中國保監會加大「第二代償付能力」建設的力度，力爭在國際監管制度體系中有一席之地，與歐盟《償付能力 2》和美國《風險資本》監管制度並駕齊驅，相互承認。

未來幾年，中國將借鑑國際保險監管改革的有益經驗，在進一步完善微觀審慎監管的同時，建立宏觀審慎保險監管框架，研究運用宏觀審慎監管工具，構建系統性風險防範體系。借鑑歐盟《償付能力 2》和美國《風險資本》監管要求，建立健全符合中國國情的「第二代償付能力監管制度」體系，完善償付能力監管額度標準，逐步推行與國際保險監管標準接軌。針對日益明顯的金融業綜合經營發展趨勢，要強化對保險集團公司綜合經營風險隔離制度執行的監督，推進並表監管，加強與其他金融監管部門的協調合作。同時，中國還將繼續積極參與國際保險監管規則制定，提出具有中國特色的規則體系，不斷地提升中國在國際保險組織的地位和影響力，使中國保險監管機構真正成為國際保險監管領域的重要參與方。

（五）現代保險服務業在國民經濟中的更高地位

2014 年 8 月國務院以「頂層設計」形式明確保險業在經濟社會中的地位，發布《國務院關於加快發展現代保險服務業的若干意見》（簡稱新「國十條」）。2006 年的「國十條」（簡稱舊「國十條」），對保險業的發展也曾起到了巨大的推動作用，但在業內看來，它是從保險行業發展的角度制定的。與舊「國十條」不同的是，新「國十條」並不局限於保險業自身的發展，而是要求保險業在國民經濟社會發展中承擔更大的責任。中國現代保險業將逐步成為政府、企業、居民風險管理和財富管理的基本手段，成為提高保障水平和保障質量的重要渠道，成為政府改進公共服務、加強社會管理的有效工具。新「國十條」的出抬，標誌著發展現代保險服務業已經從行業意願上升到國家意願。可以預期未來中國保險業的發展趨勢將會在巨災保險、農業保險、責任保險、養老保險、健康保險等幾個方面得到體現。

巨災保險制度建立提上日程。巨災保險在中國也是受到各方面關注的一個問題。在國際上，巨災商業保險賠款一般占到災害損失的 30%～40%，中國還不到 1%。以 2014 年發生的雲南魯甸地震為例，直接經濟損失約 63 億元[①]，保險業災區捐款達到 3,800 萬元。但與此相比保險估損僅

---

① 數據來源：魯甸縣人民政府辦公室公眾信息網 [EB/OL]. http://www.ludian.gov.cn/.

734.5萬元，只占0.11%[①]。對於巨災保險，新「國十條」明確要求建立巨災保險基金、巨災再保險等制度，逐步形成財政支持下的多層次巨災風險分散機制；鼓勵各地根據風險特點，制定巨災保險法規，建立核保險巨災責任準備金制度，建立巨災風險管理數據庫。應當說，建立巨災保險制度是個非常複雜艱鉅的工程。新「國十條」在巨災保險上的佈局，標誌著國家將保險納入了災害事故防範和救助體系，將通過推動巨災保險立法、制定財政支持框架以及巨災條款、費率的厘定等舉措，進一步推動巨災保險制度落地實施。

「三農」保險廣度和深度不斷拓展。中國農業保險已經進入較為成熟和升級的階段。新「國十條」著眼於對農業保險廣度和深度的拓展，提出開展農產品目標價格保險試點，探索天氣指數保險等新興產品和服務，豐富農業保險風險管理工具，降低農業風險，為農業保險產品和服務的創新指明了方向。不僅如此，新「國十條」提出了積極發展農村小額信貸保險、農房保險、農機保險、農業基礎設施保險、森林保險，以及農民養老健康保險、農村小額人身保險等普惠保險業務，為「三農」保險未來發展注入了新的動力，提供了新的發展機遇。可以預期，農業保險在更好地為「三農」服務的同時，也將獲得更大的發展空間。

責任險化解社會各方矛盾糾紛的作用有望發揮。與歐美發達國家相比，中國責任保險發展仍處於起步階段，責任險保費收入在全部財產險保費收入中的占比明顯偏低。新「國十條」提出發揮責任保險化解矛盾糾紛的功能作用。把與公眾利益關係密切的環境污染、食品安全、醫療責任、醫療意外、實習安全、校園安全等領域作為責任保險發展重點，探索開展強制責任保險試點。可以預見，在當下中國面臨的空氣質量、環境污染、食品安全、醫療糾紛等尖銳的社會矛盾中，加快發展責任保險將成為潤滑和化解社會矛盾糾紛的有效途徑和可行方式。

保險業將在全民養老和健康方面發揮更大作用。在重點扶持產業上，養老產業將成為重頭戲。新「國十條」明確指出，鼓勵創新養老保險產品服務，包括2013年和2014年以來討論激烈已經進行試點的以房養老等，還包括推動個人儲蓄性養老保險發展、開展住房反向抵押養老保險試點、發展獨生子女家庭保障計劃，以及探索對失獨老人保障的新模式，等

---

① 數據來源：中國保監會雲南監管局官方網站公布數據［EB/OL］. http://www.circ.gov.cn/web/site38/tab2202/.

等。在落實政策配套時，新「國十條」一方面提出鼓勵政府通過多種方式購買保險服務，另一方面對於具有較強公益性，但市場化運作無法實現盈虧平衡的保險服務，可以由政府給予一定支持。政策的扶持體現在稅收與土地供應政策上的傾斜。在稅收政策上，將研究完善加快現代保險服務業發展的稅收政策，適時開展個人稅收遞延型商業養老保險試點，落實和完善企業為職工支付的補充養老保險和補充醫療保險有關企業所得稅政策。在社會關注熱議的養老產業上，將加強養老產業和健康服務業用地保障，要求各級人民政府要在土地利用總體規劃中統籌考慮養老產業、健康服務業發展需要，擴大養老服務設施、健康服務業用地供給，優先保障供應，鼓勵符合條件的保險機構等投資興辦養老產業和健康服務業機構。在全民健康方面，鼓勵商業健康險產品與基本醫療保險銜接，發展商業性長期護理保險，提供與商業健康保險產品相結合的疾病預防、健康維護、慢性病管理等健康管理服務都將成為新趨勢。同時，支持保險機構參與健康服務業產業鏈整合，設立醫療機構和參與公立醫院改制。

總而言之，中國未來保險業的發展趨勢和目標是：商業保險逐漸成為社會保障體系的重要支柱，成為個人和家庭商業保障計劃的主要承擔者，企業發起的養老健康保障計劃的重要提供者，社會保險市場化運作的積極參與者。

（六）保險資金投資範圍不斷擴大

保險資金因其長期、穩定的特性，受到各級政府青睞，正成為各級政府爭相吸引的一部分投資資金。保險資金運用範圍的擴大是中國未來的一個發展趨勢。未來，中國將鼓勵保險資金利用債權投資計劃、股權投資計劃等方式，支持重大基礎設施、棚戶區改造、城鎮化建設等民生工程和國家重大工程；鼓勵保險公司通過投資企業股權、債權、基金、資產支持計劃等多種形式，在合理管控風險的前提下，為科技型企業、小微企業、戰略性新興產業等發展提供資金支持；鼓勵設立不動產、基礎設施、養老等專業保險資產管理機構，允許專業保險資產管理機構設立夾層基金、併購基金、不動產基金等私募基金。「新國十條」明確提出，要進一步發揮保險公司的機構投資者作用，為股票市場和債券市場長期穩定發展提供有力支持；要培育另類投資市場，促進保險公司加大對非標資產的配置。

（七）互聯網保險的興起

近年來，國內保險公司都在積極推進互聯網業務的發展，相繼成立獨立的電子商務公司或者電子商務部門。2011—2013 年，國內從事互聯網

保險業務的公司從28家上升至60家，年均增長達46%；規模保費從32億元增長至291億元，3年間增幅總體達810%，年均增長率達202%；投保客戶數從816萬人增長至5,437萬人，增幅達566%。互聯網逐漸成為保險業務一個重要的銷售渠道。以2014年「雙11」為例，當天，淘寶和天貓共售出1.86億份退貨運費保險，創下了中國保險業單日同一險種成交保單份數的紀錄[①]。互聯網保險具有成本低、信息透明、覆蓋廣、效率高等天然屬性。可以預見，互聯網保險的發展將對整個保險行業帶來深遠的影響和變革。互聯網保險在中國的發展已有17年的歷史。1997年，中國第一張互聯網銷售的保險單誕生。經過10餘年的努力，中國保險行業已經形成了以官方網站模式、第三方電子商務平臺模式、網絡兼業代理模式、專業仲介代理和專業互聯網保險公司模式為主導的互聯網保險商業模式。為確保互聯網保險業務的健康發展，2011年9月印發的《保險代理、經紀公司互聯網保險業務監管辦法》明確了准入門檻、業務管理制度和操作規程。2013年8月，中國保監會專門發布《關於專業網絡保險公司開業驗收有關問題通知》，把設立獨立的安全信息部門，具有保險業務的全流程的電子商務系統等，作為開業的驗收條件。2014年8月，國務院出抬《關於加快發展現代保險服務業的若干意見》，明確提出支持保險公司積極運用網絡、雲計算、大數據、移動互聯網等新技術促進保險業銷售渠道和服務模式創新。這為中國互聯網保險未來的發展指明了方向。2014年12月10日，保監會發布《互聯網保險業務監管暫行辦法（徵求意見稿）》，這也標誌著國內首份針對互聯網金融領域的監管文件即將出抬。

目前，互聯網銷售的保險產品越來越豐富，不僅有傳統的意外險、車險等險種，同時也在不斷嘗試長期的健康險、萬能險以及滿足互聯網產業需要的退貨運費險、餐具險等新型的保險產品。中國的互聯網保險企業越來越深刻地認識到，真正的互聯網保險不僅僅是銷售渠道的網絡化，更重要的是以互聯網思維充分運用大數據、雲計算的巨大潛力，對現有保險產品、營運和服務模式進行重構。中國互聯網保險作為新生事物，未來有極其廣闊的發展空間，也有不可預見的風險和問題。在規範市場、防範風險、加強監督等方面還需要做大量的工作。與保險業成熟發達的國家和地區相比，中國互聯網保險還沒有形成成熟的理念和模式，很多領域還需要深入探索。未來中國的物聯網保險將會在基礎設施、監管和相關的法律法

---

① 姚進. 互聯網保險開啓業態新模式［EB/OL］. 經濟日報, 中國經濟網, 2014－12－26.

規、行業創新以及消費者的信任方面大力發展以促進互聯網保險的進一步發展。相信互聯網保險發展的良好趨勢不僅會給消費者帶來更多的選擇和更低的交易費用,也會讓保險業的發展理念、經營模式和發展路徑產生變化。

復習思考題

1. 名詞解釋:保險密度;保險深度。
2. 簡述保險產生的基礎。
3. 海上保險是怎樣發展起來的?
4. 為什麼船舶和貨物抵押借款是海上保險的雛形?
5. 英國的勞合社是一個什麼樣的保險組織?
6. 對火災保險和人身保險的形成和發展影響重大的事件和人物主要有哪些?
7. 分析世界保險業現狀與發展趨勢。
8. 中國近代保險業的發展經歷了哪幾個階段?分析其發展緩慢的原因。
9. 試述中國保險業的現狀與發展趨勢。

第四章 保險的類別

內容提示：按照不同的分類方式，保險可分為不同的類型。本章在介紹保險的一般分類的基礎上，主要介紹了財產保險的概念、特徵、保險標的的損失狀態及財產保險基本的賠償方式，分析了財產保險合同的兩個重要的內容——保險價值與保險金額，介紹了財產保險的主要業務種類，並著重分析了火災保險、機動車輛保險、責任保險；在簡要概述人身保險的概念、特徵及分類的基礎上，對人壽保險的基本形態及其發展、人壽保險的常用條款以及意外傷害保險和健康保險分別進行了介紹。

第一節 保險的一般分類

隨著社會的進步和保險業的迅速發展，保險領域不斷擴大，新的險種層出不窮。為了更好地對保險理論和實務進行研究和分析，按照一定的標準對保險業務進行分類十分必要。根據不同的要求，從不同的角度，對保險有不同的分類。這裡介紹幾種較常見的分類方法。

一、按保險的性質分類

按保險的性質分類，保險一般分為社會保險和商業保險，與此相關的還有政策性保險。

（一）社會保險

社會保險是指以法律為保證的一種基本社會權利，其職能是以勞動為

生的人在暫時或永久喪失勞動能力或勞動機會時，能利用這種權利來維持勞動者及其家屬的生活。① 換言之，社會保險是國家或政府通過立法形式，採取強制手段對勞動者因遭遇年老、疾病、生育、傷殘、失業和死亡等社會特定風險而暫時或永久失去勞動能力、失去生活來源或中斷勞動收入時的基本生活需要提供經濟保障的一種制度。其主要項目包括養老保險、醫療保險、失業保險和工傷保險等。在現實生活中，有許多風險是商業保險不能解決的，如大規模的失業、貧困化等問題。這些風險如果得不到保障，就會造成社會動盪，直接影響經濟發展，所以只能依靠社會保險的辦法來解決。社會保險一般是強制保險。

（二）商業保險

商業保險是指投保人根據合同約定，向保險人支付保險費，保險人對於合同約定的風險所導致的被保險人的財產損失承擔賠償責任，或當被保險人死亡、傷殘、疾病、達到合同約定的年齡、期限時承擔給付保險金責任的一種制度。商業保險一般是自願保險。

社會保險與商業保險的區別表現在：

（1）實施方式。社會保險一般是以法律或行政法規規定，採取強制方式實施；商業保險的實施主要採取自願方式。

（2）管理方式。社會保險是維持國民基本生活需要的制度，一般是由政府直接管理或政府的權威職能部門統一管理；商業保險則是保險公司根據投保方的需要和繳費能力所提供的保險，採用商業化管理方式，經營主體只要符合《保險法》要求的條件並得到國務院保險監督管理機構的批准，就可以經營商業保險業務。

（3）經營目的。國家舉辦社會保險是以社會安定為宗旨，社會保險不以盈利為經營目的；而商業保險的經營主體在為社會提供豐富保險產品的同時，以盈利作為經營的目的。

（4）保障程度。社會保險是政府為解決有關社會問題而對國民實行的一種基本經濟保障，具有保障國民最基本生活的特點，保障程度較低；商業保險採取市場經營原則，實行多投多保、少投少保的保險原則，可以提供充分的保障。

（5）保險費負擔。社會保險的保險費一般是由國家、單位和個人三

---

① 此定義是本書作者根據1953年在維也納召開的國際社會保險會議對社會保險的定義修改得出。

方共同負擔；商業保險的保險費則是由投保方自己負擔。

（6）保障關係。社會保險不遵循對等原則，而是有利於低收入階層，相對於繳納的保險費而言，低收入者獲得了更高的保障，即社會保險實際上通過一定方式把高收入者的保障，部分地轉移給了低收入者。從這一點看，社會保險起到一定的「轉移支付」作用。商業保險遵循的是對等原則，被保險人獲得的保障程度取決於其自身繳納保險費的多少。

（7）保障對象。社會保險主要以勞動者為保障對象；商業保險的保障對象既可以是財產及其有關利益，也可以是人的壽命和身體。

（三）政策性保險

政策性保險是政府為了某種政策目的，委託商業保險公司或成立專門的政策性保險經營機構，運用商業保險的技術來開辦的一種保險。如目前中國的出口信用保險就是由專門的出口信用保險公司來經營的。很多國家的農業保險也屬於政策性保險業務。政策性保險往往表現出國家對於某些產業的扶持態度。由於政策性保險是國家實現某種政策目的而舉辦的，體現了公共利益性和公共政策性，決定了政策性保險在經營目標上與一般的商業保險不同，即不以盈利為目標。實際上，很多國家政府都對政策性保險業務採取補貼等方式予以扶持。

二、按保險的實施方式分類

按保險的實施方式分類，可以將保險分為自願保險和強制保險。

（一）自願保險

自願保險也稱任意保險，是由單位和個人自由決定是否參加保險，保險雙方當事人採取自願方式簽訂保險合同。自願保險的保險關係，是當事人之間自由決定、彼此合意後所成立的合同關係。保險人可以根據情況決定是否承保，以什麼條件承保。投保人可以自行決定是否投保、向誰投保，也可以自由選擇保障範圍、保障程度和保險期限等。

（二）強制保險

強制保險一般是法定保險，其保險關係是保險人與投保人以法律、法規等為依據而建立起來的。如為了保障交通事故受害者的利益，很多國家把汽車第三者責任保險規定為強制保險。強制保險具有全面性和統一性的特點，表現在：凡是在法律法規等規定範圍內的保險對象，不論是法人或自然人，不管是否願意，都必須參加保險。實施強制保險通常是為了滿足政府某些社會政策、經濟政策和公共安全等方面的需要。

三、按保險標的分類

按保險標的分類，保險一般分為財產保險和人身保險。

（一）財產保險

財產保險是以財產及其有關利益為保險標的的保險。按照保險保障範圍的不同，財產保險業務可以進一步劃分為財產損失保險、責任保險和信用保證保險。

1. 財產損失保險

財產損失保險是狹義的財產保險，一般是以物質財產為保險標的的保險業務，其種類很多，主要險種包括火災保險、貨物運輸保險、運輸工具保險、工程保險等。

2. 責任保險

責任保險是以被保險人依法應負的民事損害賠償責任或經過特別約定的合同責任為保險標的的保險業務。一般分為公眾責任保險、產品責任保險、職業責任保險、雇主責任保險等。

3. 信用保證保險

信用保證保險是以擔保為實質、承保信用風險的保險。它是由保險人作為保證人為被保證人向權利人提供擔保的一類保險業務。當被保證人的作為或不作為致使權利人遭受經濟損失時，保險人承擔經濟賠償責任。

（二）人身保險

人身保險是以人的壽命和身體為保險標的的保險。根據保障的範圍，人身保險分為人壽保險、意外傷害保險和健康保險。

1. 人壽保險

人壽保險是以被保險人的壽命為保險標的，以生存和死亡為給付保險金條件的人身保險。人壽保險是人身保險的主要組成部分，被保險人在保險期內死亡或期滿生存，都可作為保險事故，即當被保險人在保險期內死亡或達到保險合同約定的年齡、期限時，保險人按照合同約定給付死亡保險金或期滿生存保險金。

2. 意外傷害保險

當被保險人因遭受意外傷害使其身體殘疾或死亡時，保險人依照合同規定給付保險金的人身保險業務。在意外傷害保險中，保險人承保的風險是意外傷害風險，保險人承擔賠付責任的條件是被保險人因意外事故導致的殘疾或死亡。

3. 健康保險

健康保險是以人的身體作為保險標的，在被保險人因疾病或意外事故產生醫療費用支出或收入損失時，保險人承擔賠付責任的一種人身保險業務。

國際上對保險業務有不同的劃分方法，多數國家按照精算標準和財務處理原則分為壽險與非壽險。中國《保險法》第九十五條將保險公司的業務範圍分為人身保險業務、財產保險業務和國務院保險監督管理機構批准的與保險有關的其他業務。保險人不得兼營人身保險業務和財產保險業務。但是，經營財產保險業務的保險公司經國務院保險監督管理機構批准，可以經營短期健康保險業務和意外傷害保險業務。因此，法律上已開始允許財產保險公司經營「第三領域」（即健康保險和意外傷害保險）的業務。

四、按承保方式分類

按承保方式分類，保險可以分為原保險、再保險、共同保險和重複保險。

（一）原保險

原保險是指投保人與保險人之間直接簽訂合同所確立的保險關係。當被保險人在保險期內由於保險事故造成損害時，保險人對被保險人承擔賠償或給付保險金的責任。

（二）再保險

再保險也稱分保，是指保險人將其承擔的保險業務，部分轉移給其他保險人承擔的保險關係。《保險法》第二十八條第一款規定：「保險人將其承擔的保險業務，以分保形式，部分轉移給其他保險人的，為再保險。」分出業務的一方是原保險人，接受業務的一方是再保險人。原保險人轉讓部分保險業務的動機是避免過度承擔風險責任，目的是穩定經營。再保險是保險人之間的一種業務活動，投保人與再保險人之間沒有直接的業務關係。因此，《保險法》第二十九條規定：「再保險接受人不得向原保險的投保人要求支付保險費。原保險的被保險人或者受益人，不得向再保險接受人提出賠償或者給付保險金的請求。再保險分出人不得以再保險接受人未履行再保險責任為由，拒絕履行或者延遲履行其原保險責任。」

原保險與再保險的區別：一是合同主體不同。原保險合同主體一方是保險人，另一方是投保人與被保險人；再保險合同主體的雙方均為保險

人。二是保險標的不同。原保險合同中的保險標的既可以是財產及其利益、責任和信用，也可以是人的壽命與身體；再保險合同中的保險標的只能是原保險人承保被保險人的保險合同的責任的一部分。三是合同性質不同。原保險合同中的財產保險合同屬於補償性質，人壽保險合同屬於給付性質；再保險合同具有補償性質，再保險人按合同規定對原保險人所支付的賠款或保險金進行分攤。

（三）共同保險

共同保險又稱為聯合共保，簡稱共保，是由兩個或兩個以上的保險人聯合直接對同一保險標的、同一保險利益、同一保險事故提供保險保障的方式。共同保險的保險金額總和小於或等於保險標的的價值，發生保險損失時按照保險人各自的承保比例來進行賠款的支付。

共同保險與再保險的區別：在共同保險中，每一個保險人直接面對投保人，風險在各保險人之間被橫向分散；在再保險中，投保人直接面對的是原保險人，原保險人又與再保險人發生業務關係，投保人與再保險人之間沒有直接的聯繫，兩者通過原保險人發生間接關係，風險在各保險人之間被縱向分散。

（四）重複保險

重複保險是指投保人對同一保險標的、同一保險利益、同一保險事故分別與兩個以上保險人訂立保險合同，且保險金額總和超過保險價值的保險（《保險法》第五十六條第四款）。由於重複保險可能誘發道德風險，各國一般通過法律形式對重複保險予以限制，在發生保險事故造成保險標的的損失時，通常要求按一定方式在保險人之間進行賠款的分攤計算。重複保險一般僅限於財產保險。

共同保險與重複保險的區別：在共同保險中，若干保險人事先達成協議，聯合起來共同承保，投保人與各保險人之間只有一個保險合同；在重複保險中，投保人與各保險人分別簽訂保險合同，因而存在多個保險合同。

第二節　人身保險

人身保險是以人的壽命和身體為保險標的的保險。人身保險包括人壽保險、意外傷害保險和健康保險。

一、人壽保險

(一) 人壽保險的概念

人壽保險是以被保險人的壽命為保險標的，以生存和死亡為給付保險金條件的人身保險。人壽保險是人身保險的主要組成部分，被保險人在保險期內死亡或期滿生存，都可以作為保險事故，即當被保險人在保險期內死亡或達到保險合同約定的年齡、期限時，保險人按照合同約定給付死亡保險金或期滿生存保險金。

(二) 人壽保險的基本形態

1. 死亡保險

死亡保險是以被保險人在保險有效期內死亡或終身死亡為保險金給付條件的人壽保險。保險人承擔的基本責任就是被保險人的死亡。死亡保險如果是有期限的為定期死亡保險，不限定期限的為終身死亡保險。

(1) 定期死亡保險

定期死亡保險又稱為定期壽險，它提供的是一特定期間的死亡保障。特定期間有兩種表示法：以特定的年數表示（如5年期死亡保險）和以特定的年齡表示（如保至50歲）。無論以哪種方法表示期間，只要被保險人在保險有效期內死亡，保險人就給付保險金於受益人；如果被保險人生存至保險期滿，保險合同即告終止，保險人既不退還已交保費，也不進行任何給付。如想繼續獲得此種保障，必須重新投保。

定期壽險大多期限較短。除長期性定期壽險外，通常它沒有現金價值，不具備儲蓄因素。其保險費一般只含保障因素和最低限度的附加費開支，不計利息。根據生命表，在一定時期內，死亡概率小於生存概率，被保險人通常都較保險期間活得更久，其保費也較低。然而根據生命規律，越接近晚年，死亡概率增長的速度越快，從而導致保費的快速增長。因此，定期壽險較低的保費所代表的是較少的給付。事實上，由於定期壽險是在期內死亡的給付保險金，顯然大多數投保此險種的被保險人在特定期內的死亡概率都較高。另外，定期壽險滿期時，被保險人有繼續投保或中止的權利，希望繼續投保而情願繳納高額保費者，顯然不健康者居多。基於上述原因，定期壽期存在著較為嚴重的逆選擇，其費率必然也是較高的。

定期壽險適宜於：①在特定的時期間內對被保險人的生命具有合同上權益關係的人投保，以免被保險人在特定期間內死亡使投保人的利益遭受

損失；②對家庭負擔較重，經濟負擔能力較差，又有保險需求的人投保。除此之外，偏重死亡保障的人也適宜於投保定期壽險。

(2) 終身死亡保險

終身死亡保險又稱為終身壽險，它是一種不定期限的死亡保險。保單簽發後，除非應繳的保費不繳，或因解約而早期停效，被保險人在任何時候死亡，保險人都得給付保險金。由於人固有一死，因此終身壽險的給付是必然要發生的，受益人始終會得到一筆保險金。終身壽險屬長期性保險，保單都具有現金價值，帶有一定儲蓄成分，因而適宜於需要終身保障和中位儲蓄的人投保。

2. 生存保險

生存保險是以被保險人於保險期滿或達到某一年齡時仍然生存為給付條件的一種人壽保險。生存保險的保費可以躉繳，也可以分期繳付。保險金的給付可以一次付清，也可以分期給付。因此生存保險有兩種形態：單純的生存保險和年金保險。

(1) 單純的生存保險

單純的生存保險與定期死亡保險恰好相反，在單純的生存保險中，保險金的給付是以被保險人在期滿時生存為條件，如果被保險人中途死亡，保險人既不給付保險金，也不退還已交的保費。這種純粹的生存保險如果不加以限制，就會使不幸者更加不幸，有利者更加有利，最後可能導致與賭博性質差不多的結果，因而在現實業務中一般不以單純的生存保險作為單獨的保險形式推行，而是附加死亡保險和其他人身保險。如中國目前開辦的獨生子女保險以及子女教育婚嫁保險等，都是以生存保險作為基本險而附加了死亡或意外傷害保險。

(2) 年金保險

年金保險是在被保險人生存期間，按合同的規定，每隔一定的週期支付一定的保險金於被保險人的一種生存保險。簡言之，以年金的方式支付保險金的生存保險就是年金保險。

習慣上，人們常把年金保險稱為年金，實際上兩者是不同的。年金是大概念，年金保險只是年金的一種，年金的收付有確定的期間，與收付人的生命無關；年金保險的給付期則取決於被保險人的生命因素，人的生死是事先不能預料的偶然事件，因而其給付期是不確定的。為了區別兩者，一般稱前者為確定年金，後者為不確定年金。

在年金保險中，領取年金額的人為年金受領人，保險人定期給付的金

額為年金領取額（或年金收入），投保人交付的保費又叫年金購進額（或年金現價）。

年金保險的特點主要有：①年金保險是生存保險的特殊形態，其特殊之處在於保險金的給付採取了年金方式，而非一次性給付。②年金保險保單上仍有現金價值。其現金價值與普通生存保險保單上的現金價值一樣，隨保單年度的增加而增加，至繳費期結束（而非保險期滿）時，現金價值為最高。③年金保險的保險期間包括繳費期和給付期（有的包括等待期）。繳費期是指年金保險的投保人分次交納（年金現價）保費的期間，給付期是指保險人整個給付年金額的期間。無論以何種方式交付，必須繳清全部保費後，才能進入年金的領取期。

年金保險最通常的用途就是提供老年生活保障和作為子女教育基金。

3. 兩全保險

兩全保險又稱為混合保險、儲蓄保險、養老保險，它是被保險人無論在保險期內死亡還是生存至期滿，保險人都給付保險金的一種人壽保險。兩全保險都規定有期間，仍以特定的年數和特定的年齡來表示。人非生即死，被保險人不是在保險期內死亡，就是生存至期滿，因此，與終身壽險相似，受益人始終會得到一筆保險金。

兩全保險具有如下特點：

（1）兩全保險是壽險業務中承保責任最全面的一個險種。它不僅可以保障被保險人由於生存而引起的收支失衡的需要，而且可以排除由於本人死亡給家庭經濟生活帶來的困難或與其有經濟利害關係的人的經濟影響的後顧之憂，它是生存保險和死亡保險結合的產物。因而，從精算角度來講，兩全保險的保費等於定期壽險與生存保險兩者保費之和。

（2）費率最高。在定期死亡保險和生存保險中，保險人承擔的責任要麼是死亡，要麼是生存。因此，保險金的給付也存在兩種可能：或給付或不給付。兩全保險則既保生存又保死亡，且一旦投保，給付就必然要發生。因此，除了長期的兩全保險與終身壽險的費率差不多外，短期兩全保險比其他壽險的費率高很多，不適宜於經濟負擔能力差的人投保。

（3）兩全保險的保費當中，既有保障的因素，又有儲蓄的因素，而且儲蓄因素占主要。保費中儲蓄因素的多少與保險期限的長短密切相關，保險期限長的，保費當中儲蓄所占的比重小，保險期限短的，儲蓄所占的比重大。

（4）兩全保險的保額分為危險保額（或保障保額）和儲蓄保額。危

險保額隨保單年度的增加而減少直至期滿消失；儲蓄保額則隨保單年度的增加而增加，到期滿全部為儲蓄，即「保障遞減，儲蓄遞增」。因此，只有需要低度保障、高度儲蓄的人才適宜於投保兩全保險。

基於兩全保險高度的儲蓄性，投保人常將其用作：①教育基金，這是兩全保險最普遍的用途之一。通常在此種情況下，附有保費支付者條款，即支付保費者（通常為雙親）如果在繳費期內死亡，可免繳以後的保費而保單繼續有效的條款。②老年退休基金，這是兩全保險的另一個普遍用途，就是提供老年退休時所需的資金。在此種情況下，其保險期間通常至退休年齡為止，到退休時可獲大筆保險金供老年生活所需。從此意義而言，兩全保險又稱為養老保險。

（三）壽險形態的發展

為了滿足人們對特定的各種不同的保險需求，增強壽險產品的競爭能力，可對壽險的基本形態進行修定和組合或增加其功能，形成內容更為複雜的現代壽險品種。這些產品與傳統產品相比較，其通常具有投資功能，被稱為投資連結產品，或稱為投資理財類保險產品。其主要種類有變額人壽保險、萬能人壽保險和變額萬能人壽保險。

1. 變額人壽保險

變額人壽保險簡稱變額壽險，它是一種保額隨其保費分離帳戶的投資收益的變化而變化的終身壽險，於20世紀70年代在美國壽險市場上出現。這種產品可有效抵消通貨膨脹給壽險帶來的不利影響。變額壽險在各國和各地區的稱謂有所不同。英國稱其為單位基金連結產品，加拿大稱其為權益連結產品，美國稱其為變額人壽保險，中國香港、新加坡稱其為投資連結保險。中國內地也稱其為投資連結保險，如中國平安保險公司銷售的「平安世紀理財投資連結保險」，但需注意的是，該保險產品為定期壽險。

變額壽險在許多方面與傳統終身壽險類似。保費仍然為均衡保費，如投保人沒繳納保費，保單就會失效；也可對保單進行某種方式的選擇，如可以選擇減額繳清保險或展期保險；失效的保單可按復效條款進行復效。

變額壽險有分紅型和不分紅型兩種。由於其利差益扣除投資管理費用後，用於增加保單的現金價值，所以分紅型的變額壽險其紅利來源為死差益和費差益兩部分。

變額人壽保險通常具有以下特點：①保費是固定的，但保單的保險金額在保證一個最低限額的條件下，是可以變動的。②變額壽險通常開立有

分離帳戶，在將保費減去費用及死亡給付分攤額後被存入投資帳戶。保險人根據資產運用狀況，對投資帳戶的資產組合不斷進行調整；保單所有人也可以在各種投資產品中自由選擇調整組合。③保單的現金價值隨著保險人投資組合和投資業績的狀況而變動，某一時刻保單的現金價值決定於該時刻、該險種的保費投資帳戶資產的市場價值。

在該種保單的死亡給付中，一部分是保單約定的固定的最低死亡給付額，另一部分是其分離帳戶的投資收益額。

2. 萬能人壽保險

萬能人壽保險簡稱萬能壽險。它是為了滿足那些要求保費支出較低且方式靈活的壽險消費者的需求而設計的，最早於1979年在美國壽險市場出現。萬能壽險的保費繳納方式很靈活，保險金額也可以調整。投保人在繳納首期保費後可選擇在任何時候繳納任何數量的保費，只要保單的現金價值足以支付保單的相關費用，有時可以不用繳納保費。投保人還可以在具有可保性的前提下，提高保額或降低保額。

萬能壽險的基本做法是：從投保人繳納的首期保費中，扣除首期的各種費用、死亡給付分攤、附加優惠條件的費用等後的剩餘部分為保單最初的現金價值。該部分價值按新投資率計息累積到期末，成為期末現金價值，同時也是下一週期的期初價值額。在第二週期，投保人根據自己的情況繳納或不繳納保費，若該週期的期初價值額足以支付第二期的費用及死亡給付分攤額，投保人就不用繳費；若現金價值額不足，投保人繳納的保費不夠，則保單會因此而失效。若投保人在第二期期初繳納了保費，則第二期的期初現金價值額為上期末現金價值加第二期保費減去費用和死亡給付額。第二期的期初現金價值額按新的投資利率累積到期末，成為第二期的期末現金價值額。該過程不斷重複，一旦其保單的現金價值額不足以支付保單的死亡給付分攤和費用，又未有新的保費繳納，則保單失效。

萬能壽險和其他壽險相比較，有下面一些特點：

(1) 死亡給付模式的可選擇性。萬能壽險為投保人提供了兩種可供選擇的給付模式（通常稱為A方式和B方式）。A方式為一種均衡給付方式，與傳統的具有現金價值的給付方式類似：在保險有效期內，發生保險事故，受益人得到約定的死亡給付金。該方式的死亡給付金是淨風險保額和保單的現金價值之和。但淨風險保額每期都可能變化，通過調整，使淨風險保額與現金價值之和保持均衡，成為均衡的死亡受益額。當保單的現金價值增加，風險保額相應減少，對應的所需繳納的保費額減少。在B

方式中，死亡給付額為均衡的淨風險保額與現金價值之和。現金價值的變化直接影響到死亡給付額的大小，如現金價值的增加將會使死亡給付額等額增加，但對淨風險保額的大小沒有影響。

（2）保費交納方式的靈活性。萬能壽險的保單持有人可在保險公司規定的幅度內，選擇任何一個數額，在任何時候交納保費。通常情況下，保險人規定的首期保費較高，以支付足夠的費用和死亡給付，同時也為了避免保單由於對保費繳納沒有嚴格的限制而導致的過早終止。有時，保險人按保單簽訂時投保人的意願建立目標繳費額，按照繳費目標進行開支計劃，利用銀行自動劃撥的方式引導投保人繳費。有些保險人在保單中列入了基於繳納最低保費時保單不失效條款，即在此條款下，即使保單已無現金價值，只要投保人繳納年保單規定的最低保費，保單繼續有效。

（3）現金價值的特殊性。萬能壽險的現金價值為保費扣除各種分攤額後的累積價值。保單通常都規定一個最低的現金價值累積利率，通常為4%或5%，在長期累積下，保單所有者仍有較大的收益。有的保險人提供滾動式利率，如外界的某一移動平均利率（如5年期國債利率）為最低利率；也有的保險人的萬能壽險保單的利率基於其投資利率或投資組合收益率。

3. 變額萬能人壽保險

變額萬能人壽保險簡稱變額萬能壽險。它是針對將壽險保單的現金價值視為投資的保單所有人設計的。變額萬能壽險遵循萬能壽險的保費繳納方式，而其投保人也可以根據規定和自己意願降低保單保額，或在具備可保性的條件下，提高保額；但其資產由分離帳戶保存，其現金價值的變化與變額壽險相同，且沒有現金價值的最低承諾。因此，該類壽險是繳費靈活的萬能壽險和投資靈活的變額壽險相結合的壽險。

變額萬能壽險的投資與變額壽險一樣，是多種投資基金的集合。保單所有人可以在一定時期內將其現金價值從一個帳戶轉移到另一個帳戶。但其死亡給付採取與萬能壽險相同的方式。在B方式下，死亡給付隨投資資產價值的大小不同而不同；在A方式下，為均衡死亡給付額，投資收益的大小只反應保單的現金價值。

在變額萬能壽險中，保單所有人承擔了保險人管理的投資帳戶上資產的投資風險。當投資帳戶的投資收益減少，保單的現金價值可能減少為零，若沒有足夠的保費繳納，保單可能會失效。但是，保單的分離帳戶與保險公司的一般帳戶的資產分開，可以增加分離帳戶的變額萬能壽險的保

單所有人的安全性。

變額萬能壽險與傳統的保險產品完全不同，具有很強的投資功能，因此，在國外對其最高保額有限制，以區別於其他的金融投資工具；否則，將得不到稅收上的優惠。此類保險為高級投資連結產品。

(四) 人壽保險的常用條款

1. 寬限期條款

寬限期條款的內容是：投保人如沒有按時繳納續期保險費，保險人給予一定時間的寬限（通常為 31 天，中國保險法規定為 60 天）。在寬限期內，保險合同仍然有效，若保險事故發生，保險人應按規定承擔給付保險金的責任，但應從中扣除所欠繳的保險費連同利息。超過寬限期，仍未繳付保險費，保險合同即告中止。

規定寬限期的目的在於避免合同非故意失效，保全保險人業務。人身保險的投保人在分期繳費方式下，繳納首期保險費是合同生效的前提，按時繳納續期保險費是維持合同效力的條件。在長期的繳費期間中，大多數投保人並非故意不按時繳納保險費，而是因偶爾遺忘或暫時經濟困難等客觀原因，未能按時繳費，如果保險人不給予一定時間的寬限，必然導致許多合同於中途停效，進而失效終止，這對被保險人而言，會因其客觀原因（並非主觀願望）而使保障毀於一旦。因此，寬限期的規定於合同雙方都有利而無害。

2. 復效條款

復效條款的基本內容是：投保人在停效（即保險合同中止）以後的一段時期內，有權申請恢復保單效力，復效是對原合同法律效力的恢復，不改變原合同的各項權利和義務。

復效須經投保人提出復效申請，並與保險人達成復效協議方可。為了防止逆選擇，保險人對於申請復效，一般都規定了條件。主要包括：

(1) 申請復效的時間。任何民事法律權利，都有時效限制，投保人申請恢復保單效力的權利也應有時效的限制。人身保險合同申請復效的時間一般規定為保險合同中止後的 2 年或 3 年內，中國保險法規定為 2 年，超過了這個期限，就不能復效，保單終止，保險人應按照合同約定支付保單上的現金價值或退還已繳保費。

(2) 申請復效應盡告知義務。與申請投保一樣，申請復效仍要履行告知義務，提供可保性證明（生存類保險除外），此時只須告知保險人，被保險人在保險合同中止期間和復效當時的健康狀況。只要能證明被保險

人的健康狀況在保險合同中止後未曾惡化，很少有保險人拒絕復效的情況。

（3）復效時，應補繳保險合同中止期間的保險費及利息，但保險人不承擔保險合同中止期間發生的保障責任。因為：①從法律上講，復效是從復效之日起恢複合同的法律效力，並不追溯以往。②從保險原理上講，保險承保的只能是未發生的不確定事件，保險合同中止期內發生的保險事故屬於已發生的確定事件，保險人不能負責。③從保險經營上講，如果保險人要承擔保險合同中止期的保險責任，那麼申請復效者會大多是保險合同中止期間保險事故發生了的被保險人，因為這些人為了取得較多的保險金給付，寧願補繳少量的保費和利息，這顯然對保險人的經營不利。

（4）復效時須還清保單上的一切借款，或重新辦理借款手續。

3. 貸款條款

貸款條款又稱為保單貸款條款或保單質押貸款條款。其基本內容為：人身保險合同在保費繳滿一定時期後（一般是 1 年或 2 年），投保人可憑保單向保險人申請貸款，其貸款的額度連同利息不得超過該保單上的現金價值。如果貸款本息達到保單上現金價值的數額時，合同終止。

保單質押貸款實際上是投保人處置保單的方式之一，其具體做法是：

（1）只有保單上積存有現金價值時，投保人才能申請貸款。保單貸款實際上是投保人以保單上的現金價值為抵押的貸款。保險人在訂立合同之初，投入了大量的原始費用，為了盡快收回投入的原始費用，發展新業務，保險人將訂立保險合同後最初的 1 年或 2 年內收取的保險費，在扣除了分攤死亡給付後的餘額部分，全部用來攤銷這些原始費用，因而保單訂約後的一兩年內保單上沒有積存現金價值，在此期限內，投保人不能向保險人申請貸款。

（2）貸款的數目連同截至下一個繳費日為止的貸款利息，不能超過保單在那時用作保證的現金價值。如果貸款本息超過了保單上的現金價值，保險人向保單持有人發出歸還貸款期限（一般為 31 天）的通知，屆時如還未歸還貸款，保險合同即行終止。合同終止後，無論是否發生保險事故，投保人都不能通過償還貸款本息恢復其效力；合同終止後，保險人須註銷保險合同，向投保人或被保險人發出終止合同的書面通知。

（3）保單貸款應按雙方約定的利率計算，如果到結息日沒有支付利息，該項利息並入貸款數目內一併計息。

（4）貸款期間保險合同為有效合同，在此期間內發生的保險事故，

保險人給付保險金；投保人退保，保險人應支付退保金。不過，保險事故的發生或退保的提出，並不免除投保人償還債務的義務，所以應從保險金或退保金中扣還貸款本息。

規定貸款條款的主要目的是維持保單的繼續率，解決投保人暫時資金緊張的困難。

4. 自動墊繳保費貸款條款

自動墊繳保費貸款條款的基本內容是：投保人如在寬限期內尚未繳付保險費，除非投保人有反對聲明，保險人可以在保單的現金價值中自動提供貸款，用以抵繳保險費，使合同繼續有效，直到累計的貸款本息達到保單上現金價值的數額為止。屆時，投保人如再不繳付保險費，保險合同效力即行終止。

此條款的目的與寬限期條款的目的一樣，都是為了防止保單非故意停效，維持保單的有效率，保全保險人的業務。

5. 不喪失價值任選條款

不喪失價值就是保單上的現金價值。不喪失價值任選條款的基本內容是：規定投保人有權在合同有效期內選擇有利於自己的方式處置保單上的現金價值。不喪失價值的處置方式通常有：

（1）解約退保，領取退保金。投保人採用這種方式，雖可得到解約退保金，但解約退保後，保險合同終止，被保險人失去保險保障，也可能會因為以後成為不可保體而永遠失去保險保障；再者投保人這時在領取退保金時要扣除解約費用，這對投保人而言也是不利的。

解約退保對於保險人而言，更是有弊而無利，因為：①解約退保可能意味著嚴重的逆選擇。眾所周知，解約退保者中極少屬體弱多病、健康欠佳或從事較危險行業的被保險人。只有那些身體健康較佳者才會解約退保，這就可能導致實際死亡率較預期增大的逆選擇現象。②減少保險人的投資收益。解約退保，保險人從其責任準備金中支付退保金，可能影響到保險人的投資規模，降低投資收益率。③影響到保險人費用成本的收回。人身保險合同的初年成本和費用往往超過第1年的保費收入，這些費用除了在合同的最初第一年度或第二年度，由修正制責任準備金收回一部分外，其餘的要分攤到以後各年度才能收回，投保人的中途退保解約，使其這部分成本費用難以收回。④解約退保過多會影響到保險人的聲譽和形象，失去潛在的投保人。因此，保險人在經營中，如何防止解約為一重大課題，唯有高的合同繼續率，才能維持經營的安全。

（2）減額繳清保險。投保人如不願繼續繳納保險費，可以減額繳清保險的方式處置保單上的現金價值。減額繳清保險就是投保人利用保單上的現金價值將原合同改變為一次繳清保險費的同類保險，改保後，保險期限和保險內容保持不變，只是保險金額比原合同有所減少。「減額」是指保險金額的減少。「繳清」是指保險費交付完畢，即投保人以當時保單上的現金價值作為躉繳保費投保與原合同種類相同的保險。改保後，投保人不再繳付保險費，但所享受的保障程度降低。這種方式適宜於被保險人身體健康狀況良好，需要長期保障而又無力繳付保險費的保險合同。

（3）展延定期保險是指投保人利用保單上的現金價值將保險合同改為一次繳清保險費的定期保險，改保後，保險金額不變，只是保險期限要根據保單上的現金價值進行推算。這種方式對被保險人身體健康狀況衰退或職業風險有所增加，又無力繳付保險費的保險合同適用。

上述三種方式的共同之處是：①以保單上積存有現金價值為前提；②必須在保險合同有效期內申請；③以當時保單上的現金價值作為躉繳保費（僅限於後兩種方式）；④變更或退保時，如有保單貸款或自動墊繳保費貸款均需先扣除貸款本利。

6. 共同災難條款

共同災難是指被保險人和第一受益人同死於共同的意外事故。例如，被保險人與第一受益人同死於一次災難事故。發生共同災難，可能出現下列三種情形：

（1）明確知道兩者死亡的先後順序；

（2）明確知道兩者為同時死亡；

（3）無法知道兩者死亡的先後順序。

就第一種情況，保險金如何處理，較為明確：如果被保險人先於第一受益人死亡，保險金應歸第一受益人；如果相反，保險合同應作為無受益人合同處理，保險金歸被保險人，由其繼承人領取。

然而對於第二、三種情況，則較麻煩，容易引起許多法律上的糾紛，為了避免爭端，美國大部分州通過了統一同時死亡法案，該法案認定在第二、三種情況下，第一受益人先死，被保險人後死，在無指定第二受益人的情況下保險金歸被保險人所有，如有則歸第二受益人。但是，只要稍能證明第一受益人後死於被保險人，此法案就無法運用。因此，為瞭解決上述複雜的法律關係，保險人設計了共同災難條款，作為共同災難發生時，解決保險金歸屬問題的法律依據。

共同災難條款規定：只要第一受益人與被保險人同死於一次事故中，不論誰先死，誰後死，還是同時死亡，都認定第一受益人先死，被保險人後死，因此保險金不歸第二受益人（保單指定有第二受益人情況下），而是歸被保險人，由被保險人的繼承人享有。共同災難條款的產生使問題得以簡化，避免了許多無謂的糾紛。因而，2009年中國也明確將共同災難條款加入到第二次修訂的《保險法》（第四十二條）中：「受益人與被保險人在同一事件中死亡，且不能確定死亡先後順序的，推定受益人死亡在先。」

7. 不否定條款

不否定條款又稱為兩年後不否定條款、不可爭條款或不可抗辯條款。其基本內容是：在被保險人生存期間，從保險合同生效之日起滿一定時間後（通常為兩年），保險人將不得以投保人在投保時違反誠信原則，未如實履行告知義務為理由，而主張解除合同。

不可爭條款的規定，是為了防止保險人濫用權利，保護投保人的正當權益。根據誠信原則，要求投保人在投保時應據實告知被保險人有關健康的一切情況，如果投保人沒有履行告知義務，法律賦予保險人有解除合同的權利。如果對此權利不加以限制，會損害投保方的正當權益，其表現是：①如果被保險人在訂立合同多年後才主張解除合同，這時被保險人可能由於健康狀況的變化而成為不可保體、喪失獲得保險保障的機會，也可能這時被保險人年齡較大，重新投保需要繳付較多的保險費；②如果保險事故發生時，保險人借口告知不實，故意為難，拒付保險金，使被保險人失去應有的保障。因此，為了保護投保人的正當權益，維持保險人的信譽，產生了此條款。中國《保險法》第十六條第三款規定，保險人的合同解除權，自保險人知道有解除事由之日起，超過三十日不行使而消滅。自合同成立之日起超過二年的，保險人不得解除合同；發生保險事故的，保險人應當承擔賠償或者給付保險金的責任。

8. 年齡誤告條款

年齡誤告條款是如何處理被保險人年齡申報錯誤的依據。條款的基本內容是：如果投保時，誤報了被保險人的年齡，保險合同仍然有效，但應予以更正和調整。如果被保險人的真實年齡已不符合保險合同規定的年齡限制，保險合同無效，退還已繳保險費。中國《保險法》第三十二條規定：「投保人申報的被保險人年齡不真實，並且其真實年齡不符合合同約定的年齡限制的，保險人可以解除合同，並按照合同約定退還保險單的現

金價值。」根據此規定，被保險人的年齡不符合承保年齡限制而訂立的保險合同屬於不可爭條款的範圍。

被保險人年齡誤報可能出現兩種情況：一是年齡報大了；二是年齡報小了。可能導致的結果也有兩種：一是實繳保費多於應繳保險，即溢繳保險費；二是實繳保費小於應繳保費。前者如死亡類保險合同的被保險人申報年齡大於真實年齡，後者則是相反的情況。對上述兩種情況應分別進行調整。

被保險年齡誤報導致溢繳保費時，其調整方法有兩種：

（1）在保險事故發生或期滿生存給付保險金時，如果發現了誤報年齡時一般應按真實年齡和實際已繳保費調整給付金額。調整公式為：

$$應付保險金 = 約定保險金額 \times \frac{實繳保險費}{應繳保險費}$$

公式中的實繳保險費是指投保人按錯報年齡實際已繳納的保險費，應繳保險費是按被保險人真實年齡計算應該繳納的保險費。

（2）在保險合同有效期間，如果發現了被保險人的年齡誤報，既可以按前式調整保險金額，也可以退還溢繳保險費。一般地，保險人都按第一種方式調整保險金額，只有在調整後的保險金額超過了保險合同規定的限度時，才運用退還溢繳保險費的方式進行調整。

保險費少繳時一般分兩種情況：①在合同有效期間，可要求投保人補交少交的保險費；②在保險事故發生時，則只能按實交保費調整給付金額，調整公式如上。

二、意外傷害保險

（一）意外傷害保險的概念和特徵

1. 意外傷害保險的概念

從法醫學的觀點來看，傷害僅僅是指由於客觀外因所導致的各種傷害，而不包括人體內部由於疾病所導致的傷害。保險公司在實際業務中承保的傷害基本上沿用了法醫學上所稱的傷害，但有時也對其外延加以擴大（如中毒等）。

意外是指傷害發生時被保險人事先沒有預見到或傷害的發生非被保險人的主觀願望，或傷害的發生對被保險人而言突然出現，即意外事件的發生必須具備非本意、外來、突然這三要素。此三要素互相統一，互相聯繫，缺一都不能構成意外事件。三要素中尤其以非本意的偶然為核心，外

來、突然僅僅是對非本意的限定。現將三要素的含義分別解釋如下：

（1）非本意是指意外事件的發生非被保險人的主觀願望，也不是被保險人所能預見的。例如，一架正常航行的飛機因機械失靈墜毀發生空難，這種結果違背乘客乘坐飛機的主觀願望，也不是乘客在搭乘飛機時能夠預見的，故屬於意外事件。

特別是有的意外事件，儘管本人能夠預見到事件將要發生，也可以採取防範措施加以避免，但基於法律的規範或屬守職業道德不能躲避。例如，一銀行職工面對持刀搶錢的歹徒為保護國家財產挺身與歹徒搏鬥受傷，仍屬於意外事件導致的傷害。

（2）「外來」一詞是強調與前述法醫學定義傷害的含義保持一致，即出現意外事件的原因是由被保險人身體外部的因素所引起的。例如，車禍、摔傷、食物中毒等，只要是人體以外的因素所導致的事件均視為意外。

（3）突然是指事件的發生對被保險人來講來不及預防，即指事件發生的原因和結果之間僅具有直接瞬間的關係。例如，爆炸、飛機失事、空中墜落物體等引起的人身傷亡均屬於意外。但在生產勞動中發生的鉛中毒和矽肺，儘管也屬於非本意、外來的因素所造成的，但由於上述兩種情況均屬於長期接觸有毒物質而形成的職業病，結果和原因之間不具有瞬時聯繫，故不屬於意外事件。

值得注意的是，有些事件造成的結果不一定立即顯示，即由於傷害後發生繼發症所致，而對人體的損傷卻是外來劇烈因素所造成的，亦可稱為意外事件。例如，發生墜落以致出現內出血，雖然當時沒有發現，後來因內傷致死也可作為意外事件。

綜上所述，所謂意外傷害是指由於外來的、劇烈的、突然的事故所造成的人身傷害。它包括意外和傷害兩個必要條件。例如，爆炸、倒塌、燙灼、碰撞、扭折、雷擊、觸電、中暑、凍傷、淹溺、窒息、急性中毒、墜跌、被人獸襲擊、車船飛機失事以及勞動操作使用機器時發生的工傷事故等。

意外傷害保險可定義為：當被保險人因遭受意外傷害使其身體殘疾或死亡時，保險人依照合同規定給付保險金的人身保險。在意外傷害保險中，保險人承保的風險是意外傷害風險，保險人承擔責任的條件是被保險人因意外事故導致殘疾和死亡。

2. 意外傷害保險的特徵

意外傷害保險的特徵可以從它與人壽保險的比較中得出，意外傷害保險和人壽保險兩者都是採取定額保險的形式，即在投保時，由投保人和保險人約定一定數額，作為保險金額，當保險事故發生時，由保險人依照保險金額承擔給付責任；在保險合同主體方面，兩者的投保人與被保險人可以是同一人，亦可以不是同一人，兩者都可以指定受益人。它們的區別主要表現為：

（1）就可保風險而言，人壽保險承保的是人的生死、死亡給付、養老金的領取、滿期領取等，屬人體新陳代謝的自然規律，與人的年齡大小密切相關；而意外傷害保險承保的則是由於外來的、劇烈的、突然的事故對人體造成的傷害而致殘廢或死亡，對每個人來說，無論年齡大小如何，其危險程度是大體相同的，因此其風險的發生與年齡關係不大，而與被保險人從事的職業與生活環境密切相關。

（2）就費率制定而言，人壽保險在厘定費率時按人的生死概率，選擇不同的生命表進行計算；而意外傷害保險費率的厘定則是根據過去各種意外傷害事件發生概率的經驗統計計算，比較注重職業危險。不同的職業，發生意外傷害事故的概率不同，因此，其費率的大小也不同。

（3）就責任準備金提取來看，人壽保險一般均屬長期性業務，保險人收取的保費是按均衡辦法計算的。照這種計算模式，其保費一部分是作為當年死亡給付的危險保費，另一部分則是專門積存起來作為將來的死亡給付或期滿給付的儲蓄保險費。儲蓄保費連同其按複利方式所產生的利息構成人壽保險的責任準備金，以保證將來履行保險責任。而意外傷害保險其保險期限最長一般為 1 年，屬短期性業務，責任準備金的提取是從當年自留保險費中提取未到期責任準備金。

此外，意外傷害保險還具有季節性、靈活性較強以及短期性的特點。就季節性來看，春秋季節，相對而言是旅遊人身意外傷害保險的旺季；炎熱的夏季，游泳池人身意外傷害保險必然集中。就出險的概率而言，臺風季節，輪船事故導致的人身意外傷害相對較多；寒冬臘月，北國冰封，導致跌倒摔傷的人身意外傷害相對較多。就其靈活性來看，實際業務中，許多意外傷害保險保單的訂立，大多數是經當事人雙方簽訂協議書，雙方協商一致約定一個最高限額，作為保險金額，保險責任範圍也顯得相對靈活。就其期限來看，意外傷害保險除最長的保險期限為 1 年以外，多數意外傷害保險的期限均屬於較短時間，如乘坐火車、輪船、飛機等各種運輸

工具的旅客，其參加的旅客意外傷害保險，保險期限為一次旅程；游泳池人身意外傷害保險，其保期只限定為一個場次對應的時間。

（二）意外傷害保險的保險責任及給付方式

1. 意外傷害保險的保險責任

意外傷害保險的保險責任是指在保險期限內，當被保險人因遭受意外傷害而造成死亡或殘廢，由保險人履行全部或部分保險金的給付。意外傷害保險的保險責任範圍分為兩大類：一是由意外傷害造成的死亡，其對應給付的保險金為死亡保險金；二是由意外傷害造成的殘廢（全部殘廢或部分殘廢），其對應給付的保險金為殘廢保險金。

2. 保險人承擔責任的條件

在意外傷害保險中保險人承擔責任的條件包括：

（1）在保險有效期內被保險人發生意外傷害事故；

（2）在責任期限內被保險人殘疾或死亡；

（3）被保險人的殘疾或死亡與意外事故之間存在因果關係。

3. 關於責任期限的規定

責任期限是意外傷害保險特有的概念。它是指自被保險人遭受意外傷害之日起的一定時間期限（如 90 天、180 天、1 年），有時亦稱觀察期。意外傷害保險中有關責任期限的規定，是指被保險人在自遭受意外傷害起多長時間內造成死亡或殘廢才構成保險責任。如被保險人先受到傷害，然後導致死亡。這種以傷害為直接原因的被保險人死亡，必須發生於傷害之日起的 180 天之內。在這種情況下，即使被保險人死亡時間已超出保險期限，保險方仍應承擔死亡保險的給付。

特別來講，在意外傷害保險中，由於意外傷害事件導致被保險人失蹤，為了維護投保方的利益，可以在意外傷害保險條款中附失蹤條款或在保單中註明有關失蹤的特別約定，保險效力應繼續到宣告死亡之日，而不受保險期限的約束。

對於意外傷害造成的殘廢，所謂責任期限實際上是確定殘廢程度的時間界限，當被保險人遭受意外傷害後，往往需要經過一段時間的治療，才能確定是否造成殘廢以及造成何種程度的殘廢。如被保險人在保險期限內遭受意外傷害，責任期限尚未結束，治療過程已終結被確定為殘廢時，保險方應當根據已確定的殘廢程度給付殘廢保險金。但若被保險人在保險期限內遭受意外傷害，責任期限結束時而治療過程尚未終結，那麼無論被保險人的組織殘缺或器官機能的喪失程度將來如何，應當推定責任期限結束

時這一時刻，如果被保險人的殘廢程度是永久性的，應據以給付殘廢保險金。之後，無論是被保險人的程度減輕或加重，保險人均不再承擔殘廢保險金的追償或給付。

4. 意外傷害保險的給付

如前所述，意外傷害保險合同屬定額保險合同，所以，當發生保險事件後，保險人是按定額保險合同的方式承擔保險責任。意外傷害保險的保險責任不外乎是死亡保險金和殘廢保險金的給付，其中以殘廢保險金的給付較為複雜。現分別介紹如下：

（1）死亡保險金的給付。一般意外傷害保險條款中，均應明確規定死亡保險金的數額或死亡保險金占保額的比例。例如，規定被保險人因意外傷害死亡時給付保險金額5,000元、10,000元或規定被保險人因意外傷害死亡時給付保險金額全數的100%、80%、50%等。

（2）殘疾保險金的給付。殘疾保險金的給付較死亡保險金的給付更為複雜，因此在處理上一定要慎重。在意外傷害保險的合同中，均以「永久完全失明」「永久完全殘疾」或「局部永久殘疾」作為確定殘疾保險金的依據。所謂「永久完全失明」，是指永久不能恢復的失明；「永久完全殘疾」是指人體完全喪失生理機能或身體功能狀態；「局部永久殘疾」是指機體一部分（如目、耳、鼻或其他機體）處於喪失工作能力或生活能力的狀態。

殘疾保險金的給付金額是由保險金額和殘廢程度兩個因素確定的，殘疾程度是指人體永久完全喪失生理機能或身體功能狀態的程度，通常用百分比表示。殘疾保險金的給付金額的計算公式為：

殘疾保險金 = 保險金額 × 殘疾程度百分比

可見，一份意外傷害保險合同，在保險金額一定的情況下，發生意外傷害事件後，依照殘疾程度的高低，我們可以很方便地計算出殘疾保險金。

三、健康保險

（一）健康保險的概念和特徵

1. 健康保險的概念

健康保險是為人類健康提供保障的保險。這是以人的身體作為保險標的，在被保險人因疾病或意外事故所導致的醫療費用支出或收入損失時，保險人承擔賠償責任的一種人身保險。從上述定義可知：

（1）健康保險是人身保險的一大分類，它所提供的保障事故包括意外傷害和疾病兩種。意外傷害和疾病兩者發生的原因和性質是不同的。意外傷害是指突發的、非預期的、身體外部原因造成的；疾病的發生是由身體內在原因間接引起的，雖然疾病多起因於外來原因，但必須於身體內部經一定時間的醞釀，才形成疾病。健康保險將這兩者作為其保險事故。

（2）健康保險的責任是意外事故或疾病所導致的醫療費用或收入損失。在保險給付處理上，意外事故所導致的給付與疾病所導致的給付有所不同，前者較後者寬大。這是由於傷害事故發生較為確定的，如四肢殘缺、失明、死亡等，甚為明顯；疾病則不然，可能存在一部分或全部的心理因素，疾病的發生、持續或其嚴重性，道德風險因素存在的可能性較大。在疾病發生中，小疾大醫，一人保險全家受益的情況也時有發生，因此疾病的給付必須審慎。

2. 健康保險的特徵

健康保險和意外傷害保險同屬於短期性保險。在其基本情況上具有共同的特徵，在國外兩者歸類為非壽險，在保險期限、保險事故、保費計算及要素、責任準備金的性質等方面，兩者共同區別於人壽保險。這裡僅就健康保險和意外傷害保險進行比較，以進一步認識健康保險。

（1）保險責任不同。健康保險和意外傷害保險都將意外傷害作為保險事故，但兩者的責任範圍不同。意外傷害保險的責任限於被保險人因意外事故所導致的死亡或殘廢，而健康保險則承擔因意外事故所導致的醫療費用或收入損失的賠償責任。例如，某被保險人發生車禍受傷住院治療後殘疾，如果此人投保的是意外傷害保險，保險人只承擔殘廢給付而不負責賠償醫療費用；如果此人投保的是健康保險，保險人則承擔受傷住院的醫療費用和住院期間以及殘疾後不能工作的收入損失的賠償（具體責任視健康保險的險種不同而有別）。

（2）合同性質不同。意外傷害保險大多是定額給付，屬給付性合同，保險事故發生後，保險人按合同約定的金額進行給付。健康保險合同大多屬於補償性合同，其保險金的給付基礎有定額給付（類似於壽險和意外傷害保險）、實際補償（按實際所發生的費用給付，但有最高額的限制）和預付服務（由保險人直接支付醫療費用）。

因此，在健康保險中，存在著重複保險和代位追償的問題。如果保險事故是由第三方責任引起的，保險人既可以在給付了保險金後，要求被保險人將向第三方追償的權力轉交給保險人，也可以在第三方進行了賠償

後，不予給付或補足差額（限於補償性的健康保險合同）。如果存在著重複保險，也應按重複保險下的賠償方式進行給付。

（二）健康保險的種類

健康保險主要有醫療保險和收入損失保險兩大類。

1. 醫療保險

醫療保險又稱為醫療費用保險，是健康保險的一大險種。醫療費用保險是指被保險人因意外事故或疾病所需的醫療費用由保險人進行補償的健康保險。醫療保險既可以單獨承保，也可以附加於人壽保險和意外傷害保險。例如，中國中小學生平安險中附加了醫療費用保險。

在醫療保險中，保險事故為意外事故和疾病，保險人的責任為負責被保險人支出的醫療費用補償。醫療費用是被保險人在醫療機構接受各種醫治而發生的費用，如醫療費、手術費、住院費、護理費、醫院設備費等。按醫療服務的特性劃分可將醫療費劃分為：門診費、藥費、住院費、護理費、醫院雜費、手術費用、各種檢查費用等。不同的健康保險單保障的項目不同。

在醫療費用保險中為了防止逆選擇、控制成本，通常有下列規定：

（1）觀察期，又稱為試保期間。為了防止預有疾病（即帶病投保）的存在，在醫療費用保險中一般都有觀察期的規定。觀察期是指從保險合同生效日開始後的一定時期內（一般為半年），被保險人因疾病所導致的醫療費用，保險人不承擔責任，觀察期過後，保險人才承擔責任；但觀察期內意外事故所導致的醫療費用仍在保險人的責任範圍內，保險人應承擔給付保險金的責任。觀察期的規定同樣適用於後面所講的收入損失保險。

（2）免賠額。為了避免小額的經常性的醫療費用賠款的支出，節省費用，醫療保險一般都有免賠額的規定，即只有被保險人的實際醫療費用超過一定的額度時，保險人才開始給付。醫療費用保險一般採取絕對免賠額的賠款方式。

（3）保險限額。醫療保險的賠償總限額是合同上約定的保險金額。除此之外，醫療保險對單項醫療費用也規定了限額。其內容主要是：①規定住院費用的給付限額，包括每天的給付限額和住院天數的限制。②規定外科手術費用的給付限額。對於外科手術費用，在醫療保單中常列表規定各項手術的給付限額，此表被稱為外科費用表。③規定每次門診費用的給付限額。醫療費用保險對每次門診的醫療費用規定給付限額，並要規定給付門診的次數。大額的醫療費用保險還對一定時期內的總的醫療費用給付

實行限額控制，如每年的醫療費1,000元，超過1,000元的部分自負。④規定各種疾病的給付限額，即對每種疾病的醫療費用（包括門診、住院、手術等費）規定一個給付限額。

（4）共保條款。大多數大額醫療費用保險都有共保條款。共保條款的內容是：被保險人要按一定的比例自負一定的醫療費用，如共保比例為80%，意指被保險人自負20%的醫療費用，其餘80%由保險人賠償。如果同一張保單既有免賠額又有共保比例，一般是超過免賠額部分的醫療費用按共保比例給付。共保條款的運用目的在於促使被保險人在發生意外事故或生病時，只支出必要合理的醫療費用，這是保險人控制成本的手段。

（5）除外責任。醫療費用保險都有除外責任的規定，不同的保險具體的除外責任有所差異。但總的說來，醫療費用保險的除外責任包括：①被保險人在投保前患有的疾病不屬於保險責任；②戰爭或戰爭行為；③除了作為定期航班上乘客以外的空難；④自我傷害，不論被保險人精神正常與否，自我傷害均屬於除外責任；⑤各種整容外科手術、牙科治療、視聽檢查及眼鏡、助聽器、懷孕及產科費用；⑥其他社會保險支付的醫療費用。

2. 收入損失保險

收入損失保險又稱為工作能力喪失收入保險或收入保障保險。收入損失保險是指在保險合同有效期內，如果被保險人因意外事故或疾病喪失工作能力以致不能獲得正常收入或收入減少時，由保險人分期給付保險金的一種健康保險。

在收入損失保險中，保險人承擔的責任事故仍舊是意外事故和疾病，保險人的責任是被保險人因保險事故所導致的收入喪失或減少。

收入損失保險中的常見規定有：

（1）保險對象。收入損失保險對被保險人的規定一般是：①要有正當職業，而且工作能力喪失時，必須是收入中斷；②年齡一般不得低於18歲，最高不得大於55歲或60歲。

（2）試保期間。試保期間是指被保險人在投保開始後的一定時期內，因疾病所導致的收入損失，保險人不承擔給付責任。

（3）免責期間。免責期間又稱為等待期間，通常是指被保險人於工作能力喪失開始日後的一定時間內（通常在7～365天內），保險人不負給付責任，待免責期結束後，保險人才視被保險人喪失工作能力的情況，給付保險金。免責期間規定的目的是：①觀察被保險人喪失工作能力的持

續狀態，以判定是否為全部或部分工作能力喪失。②消除許多短暫的完全喪失工作能力的收入保險金給付。

（4）給付期限。在收入損失保險中，給付期限是指保險人對於不能正常工作或需要治療的被保險人負責給付停工收入損失保險金的最長時間，一般規定為90天、180天、360天等。當被保險人因疾病或意外事故不能工作或需治療時，保險人按日或按周定額給付收入損失保險金，給付的日數或周數以給付期限為限。給付期限結束時，即使被保險人仍不能工作或仍需治療保險人也不再負責。給付期限自給付收入損失保險金開始時起算。

（5）除外責任。收入損失保險的除外責任與醫療保險的除外責任差不多，參見前述內容。

（6）附加特約。在收入損失保險中，可採用附加特約的形式增加合同責任或調整合同的某些內容。附加特約的內容包括：①免繳保險費。②雙倍保險金給付。③按生活費用變化調整保險金。上述三種特約附加的內容與人壽保險合同中的這些附加特約相同。④意外死亡和致殘的一次性保險金給付的責任。這種特約附加中，一般規定意外死亡的一次性保險金給付金額不超過完全喪失工作能力的月收入的保險金的200倍，如完全喪失工作能力的月收入保險金為200元，則意外死亡的附加一次給付的保險金為40,000元以下。意外致殘的一次性保險金給付金額為完全喪失工作能力月收入保險金的幾倍（半殘）或24倍（全殘）。⑤沒有造成喪失工作能力的意外傷害按傷殘程度給付一定數額的保險金，並報銷其醫療費用。

收入損失保險的給付有定額給付或按收入比例給付兩種方式。其給付的額度視喪失工作能力的程度而定。

（1）定額給付是指不論被保險人喪失工作能力前的收入如何，只要喪失工作能力，就視喪失工作能力的程度，按合同約定的額度分期給付保險金。例如，合同規定全部工作能力喪失，每月給付200元收入損失保險金，某被保險人事故發生前月收入為1,500元，保險人仍按200元每月進行給付。

（2）比例給付是指收入損失保險金視被保險人工作能力喪失的程度，按其原收入的一定比例進行給付。

全部工作能力喪失，給付的保險金一般為工資的一定比例（一般為工資的75%或80%）。例如，某被保險人喪失工作能力前的正常收入為每

月 800 元，傷害發生後，其工作能力全部喪失，不能獲得任何收入。這時保險人每月給付給他的保險金為 640 元（800×80%）。

部分工作能力喪失，保險人給付全部殘廢時的一部分保險金。其計算公式為：

$$月度補償額 = \frac{月度收入損失額}{以前月收入金額} \times 月度完全喪失工作能力的收入保險金$$

續上例，如果此人是部分喪失工作能力，每月還能掙得 400 元收入，此時，他每月能領得的保險金為 320 元（$\frac{800-400}{800} \times 640 = 320$）。

大多數的收入損失保險為定額給付。

第三節　財產保險

一、財產保險概述

（一）財產保險的概念和特徵

財產是指所有人擁有的金錢、物資、房屋、土地等物質財富，具有經濟價值，並受法律保護的權利的總稱。財產保險是對財產及其有關利益因災害事故造成的損失進行補償的保險。它是保險人集合眾多面臨同質風險的經濟單位，當其中部分經濟單位的財產及其利益因合同約定的災害事故發生造成損失時，保險人對其賠償保險金的保險行為。

與人身保險比較，財產保險具有以下特徵：

1. 財產保險是補償性保險

（1）保險標的具有可估價性。財產保險的保險標的的價值是可以確定的。對於有形財產而言，其本身就有客觀的市場價；對於無形財產而言，投保人對其具有的經濟利益也必須是確定的、可以用貨幣來估算的，否則不能作為保險標的。因此，財產保險合同中有一項特殊的內容——保險價值。

（2）保險金額的確定方法。由於財產保險的保險標的本身具有保險價值，因此，保險金額是在對保險標的估價的基礎上來確定。保險金額既可以按保險標的的市場價確定，也可以按帳面價或重置價確定。

（3）保險金的賠償方式。基於財產保險標的的性質，財產保險是補償

性保險，保險標的的損失可以用貨幣來衡量，保險事故發生後，保險人對被保險人的賠償要遵循損失補償原則，即在保險金額限度內，按保險單約定的賠償方式，損失多少，賠償多少，被保險人不能獲得超過實際損失的額外利益。

2. 財產風險的性質

（1）與人身風險比較，財產風險較為集中。首先，財產保險承保了一些高額保險，如飛機保險、人造衛星保險等，其保險金額較高，保險事故一旦發生，保險人要支付巨額的保險賠款；其次，財產保險還承保了一些巨災風險，如洪水、風暴等，這些風險一旦發生，會使大量的保險標的同時受損，導致保險人的賠償金額劇增。由於財產風險的集中性，為了保證保險經營的穩定，保險人往往要借助再保險安排分散承保風險。

（2）保險人要準確掌握財產風險的規律性有一定難度。財產風險與人身風險不同，首先，財產風險種類繁多、千差萬別；其次，受人們的認識能力和科技發展水平的限制，人們對一些災害事故還無法有效地預測和防範；最後，人們對財產風險的重視程度不夠，以及統計資料不健全。基於以上原因，保險人要準確地掌握財產風險的規律性有一定難度，根據所掌握的風險資料所制定的保險費率與所承保的財產實際發生的損失之間往往存在著一定的偏差。

3. 財產保險一般是短期保險

財產保險與人身保險（特別是人壽保險）不同，其保險期限一般為一年或在一年以內。由於期限短，保險實務中一般要求投保人投保時一次性交清保險費，保險費不計利息；其形成的保險基金一般不能作為保險人中長期投資的資金來源；財產保險只有保障性，一般不具有儲蓄性，保險單沒有現金價值。

（二）財產保險標的的損失狀態

在保險實務中，財產保險標的的損失可以從不同的角度分類：按遭受損失的程度，可分為全部損失和部分損失；按損失的形態，可分為物質損失和費用損失；按損失發生的客體是否是保險標的本身，可分為直接損失和間接損失。

1. 全部損失和部分損失

（1）全部損失。全部損失簡稱全損，是指保險標的因保險事故的發生而遭受的全部損失狀態。全部損失可分為實際全損和推定全損。

實際全損是指保險標的遭受保險承保範圍內的風險事故而造成的全部

滅失，或受損程度已使其失去原有形態和特徵的一種實質性的物質性損失。

推定全損是指保險標的在遭受保險事故後，雖然尚未達到全部滅失、損毀狀態，但是全部滅失是不可避免的，或估計恢復、修復該標的物所耗費用已達到或超過其實際價值。

（2）部分損失。部分損失是指保險標的的損失未達到全部損失程度的一種損失狀態。

2. 物質損失和費用損失

物質損失是指保險標的由於保險事故發生所造成的標的物本身的損失；費用損失是保險標的發生保險事故時，被保險人採取施救、保護、整理措施所產生的必要合理費用，以及保險單上約定的保險人承擔的其他費用。

3. 直接損失和間接損失

保險事故發生造成保險標的本身的損失是直接損失；由於保險標的發生保險事故所導致的保險標的以外的損失是間接損失，如汽車受損後所導致的在修理期間營運收入的喪失，企業財產受損後在停業期間利潤的喪失和費用的增加等。保險人對直接損失要承擔賠償責任，對間接損失是否承擔賠償責任，以保險單上的約定為準。

（三）財產保險合同的保險價值和保險金額

1. 保險價值與保險金額的概念

（1）保險價值。保險價值是保險標的在某一特定時期內或時點用貨幣估算的經濟價值。財產保險的保險標的具有可估價性，保險價值是財產保險合同的特有概念，它是確定保險金額與賠償計算的依據。

保險價值以什麼為標準來確定？財產保險標的有客觀的判斷標準，這個標準就是市場價（實際價值）。在保險實務中，經保險合同當事人雙方約定，保險價值也可以按照保險標的的帳面原值、重置重建價值等方式確定。由於市場價在保險合同有效期內會發生漲跌，這樣會使投保時依據保險價值確定的保險金額與保險事故發生時的市場價不一致。對有些特殊的保險標的，其價值不易確定或確無市場價可循時，為了明確保險合同當事人的權利與義務，避免保險事故發生後雙方因賠款計算而發生爭執，可以按雙方約定的價值為標準，在保險事故發生時，以事先約定的價值作為賠償的依據，不再另行估價。另外，在海上保險中，有法定的計算確定保險價值的標準。由於保險價值的存在，使財產保險合同在保險金額的確定、

承保方式和賠償計算方式都比人身保險合同複雜。

（2）保險金額。保險金額是指保險人在保險合同中承擔賠償或者給付保險金責任的最高限額。財產保險的保險金額是根據保險標的的保險價值來確定的，一般作為保險人承擔對受損標的賠償的最高限額，以及施救費用的最高賠償額度，也是保險人計算保險費的依據之一。除合同另有約定外，保險金額不是保險人認定的財產價值，也不是保險事故發生時賠償的等額，而僅是保險人承擔賠償責任的最高限額。

2. 足額保險、不足額保險和超額保險

（1）足額保險。足額保險是指財產保險合同的保險金額與保險標的出險時的保險價值相等。在足額保險中，除合同另有約定外，一般當保險標的發生保險事故造成損失時，保險人對被保險人按實際損失進行賠償，損失多少，賠償多少。

（2）不足額保險。不足額保險是指財產保險合同的保險金額小於保險標的出險時的保險價值。不足額保險的產生一般有兩種情況：一是投保時投保人僅以保險價值的一部分投保，使保險金額小於保險價值；二是投保時保險金額等於保險價值，但在保險合同有效期內，保險標的的市場價上漲，造成出險時保險單上約定的保險金額小於保險價值。在不足額保險中，由於投保人只是以保險標的價值部分投保，因此，保險事故發生時，除合同另有約定外，保險人按照保險金額與保險價值的比例承擔賠償責任，被保險人要自己承擔一部分損失。

（3）超額保險。超額保險是指財產保險合同的保險金額大於保險標的出險時的保險價值。超額保險的產生一般有兩種情況：一是投保時投保人以高於保險價值的金額投保，使保險金額大於保險價值；二是投保時保險金額等於保險價值，但在保險合同有效期內，保險標的的市場價下跌，造成出險時保險單上的保險金額大於保險價值。根據損失補償原則，保險金額超過保險價值的，其超過部分無效。

3. 定值保險和不定值保險

保險價值是確定保險金額的基礎和依據，保險金額應當反應保險標的的實際價值。根據保險價值確定的時間及方式的不同，財產保險的承保方式分為定值保險和不定值保險。

（1）定值保險。定值保險是投保時確定保險價值的承保方式。投保人和保險人簽訂保險合同時除根據保險價值確定保險金額外，還要約定保險價值並在合同中載明。保險標的發生保險事故時，不論損失當時該保險

標的的市場價是多少，保險人均按保險單上約定的保險金額計算賠償。如果是全部損失，按保險金額賠償；如果是部分損失，按保險金額的損失程度計算賠償。在財產保險合同中，以定值保險方式承保的主要是不易確定價值或無客觀市場價的特殊標的，如藝術品、書畫等，一般由雙方約定保險價值，以免事後發生糾紛。另一類是運輸中的貨物等流動性比較大的標的，由於各地貨物價格差別較大，保險事故發生後再來估算實際價值既困難又麻煩，而且易引起賠償糾紛。此種保險方式實際上是以投保時雙方約定的保險價值代替了損失發生時的保險價值。

（2）不定值保險。不定值保險是與定值保險相對應的一種承保方式，投保人和保險人簽訂保險合同時不在合同中載明保險價值，只是訂明保險金額作為賠償的最高限額。當保險標的發生保險事故造成損失時，再來估計其保險價值作為賠款計算的依據。當保險金額等於或高於保險價值時，按實際損失金額賠償；當保險金額小於保險價值時，其不足的部分視為被保險人自保，保險人按受損標的的保險金額與保險價值的比例計算賠款。

不定值保險方式在財產保險合同中運用得較多，絕大部分險種都是以不定值保險方式承保的。

二、財產損失保險

財產損失保險是以物質財產為保險標的的保險業務，其種類很多，這裡只闡述主要的大類險種，並對企業財產保險和機動車輛保險做簡單介紹。

（一）財產損失保險的種類

1. 火災保險

火災保險是指以存放在固定場所並處於相對靜止狀態的財產及其有關利益為保險標的的保險，保險人承保被保險人的財產因火災、爆炸、雷擊及其他合同約定的災害事故的發生所造成的損失。中國目前開展的火災保險主要有企業財產保險、家庭財產保險等。

2. 貨物運輸保險

貨物運輸保險是指保險人承保貨物在運輸過程中因災害事故及外來風險的發生而遭受的損失的保險。中國的貨物運輸保險分為海上貨物運輸保險、內陸貨物運輸保險、郵包保險等。

3. 運輸工具保險

運輸工具保險是指保險人承保因災害事故發生所造成的運輸工具本身

的損失及第三者責任的保險，也可以承保各種附加險。中國的運輸工具保險主要有機動車輛保險、船舶保險、飛機保險等。

4. 工程保險

工程保險是指保險人承保建築工程和安裝工程等在建設和施工過程中，因災害事故發生所造成的損失、費用和責任的保險。工程保險是一種包括財產損失保險和責任保險在內的綜合性保險，它分為建築工程保險、安裝工程保險等。建築工程保險主要承保各項土木工程建築，在整個建築期間由於發生保險事故，造成被保險工程項目的物質損失、列明費用損失以及被保險人對第三者人身傷害或財產損失引起的經濟賠償責任。安裝工程保險承保以新建、擴建或改造的工礦企業的機器設備或鋼結構建築物，在整個安裝、調試期間由於保險責任內的風險事故造成保險財產的物質損失、列明費用損失及安裝期間造成的第三者財產損失或人身傷亡引起的經濟賠償責任。

(二) 企業財產保險

企業財產保險是在傳統的火災保險基礎上演變而來的，主要承保火災以及其他自然災害和意外事故造成保險財產的直接損失。企業財產保險承保企事業單位的財產，分為基本險和綜合險，兩個險種除保險責任範圍不同外，保險合同的其他內容都相同。另外，可以在此基礎上加保相應的附加險。

1. 企業財產保險的保險標的

(1) 可保財產。這類財產既可以用會計科目來反應，如固定資產、流動資產、帳外財產等；也可以用企業財產項目類別來反應，如房屋、建築物、機器設備、原材料、商品物資等。以上財產在投保時，被保險人應對保險標的具有保險利益。

(2) 特約承保財產。下列財產須經被保險人與保險人特別約定，並在保險單上載明，才在保險標的範圍以內：①金銀、珠寶、鑽石、玉器、首飾、古幣、古玩、古書、古畫、郵票、藝術品、稀有金屬等珍貴財物；②堤堰、水閘、鐵路、道路、涵洞、橋樑、碼頭；③礦井、礦坑內的設備和物資。

(3) 不保財產。下列財產不在保險標的範圍以內：①土地、礦藏、礦井、礦坑、森林、水產資源以及未經收割或收割後尚未入庫的農作物；②貨幣、票證、有價證券、文件、帳冊、圖表、技術資料、電腦資料、槍支彈藥以及無法鑒定價值的財產；③違章建築、危險建築、非法占用的財

產；④在運輸過程中的物資；⑤領取執照並正常運行的機動車；⑥牲畜、禽類和其他飼養動物。

2. 企業財產保險基本險和綜合險的保險責任

（1）基本險的保險責任。①火災；②雷擊；③爆炸；④飛行物體及其他空中運行物體墜落。

保險標的的下列損失，保險人也負責賠償：①被保險人擁有財產所有權的自用的供電、供水、供氣設備因保險事故遭受損壞，引起停電、停水、停氣以致造成保險標的直接損失；②在發生保險事故時，為搶救保險標的或防止災害蔓延，採取合理的、必要的措施而造成保險標的的損失。

保險事故發生後，被保險人為防止或者減少保險標的損失所支付的必要的、合理的費用，由保險人承擔。

（2）綜合險的保險責任。①火災、爆炸；②雷擊、暴雨、洪水、臺風、暴風、龍捲風、雪災、雹災、冰凌、泥石流、崖崩、突發性滑坡、地面突然塌陷；③飛行物體及其他空中運行物體墜落。

保險標的的下列損失，保險人也負責賠償：①被保險人擁有財產所有權的自用的供電、供水、供氣設備因保險事故遭受損壞，引起停電、停水、停氣以致造成保險標的的直接損失；②在發生保險事故時，為搶救保險標的或防止災害蔓延，採取合理的、必要的措施而造成保險標的的損失。

保險事故發生後，被保險人為防止或者減少保險標的的損失所支付的必要的、合理的費用，由保險人承擔。

3. 企業財產保險基本險和綜合險的責任免除

（1）基本險的責任免除。由於下列原因造成保險標的的損失，保險人不負責賠償：①戰爭、敵對行為、軍事行動、武裝衝突、罷工、暴動；②被保險人及其代表的故意行為或縱容所致；③核反應、核子輻射和放射性污染；④地震、暴雨、洪水、臺風、暴風、龍捲風、雪災、雹災、冰凌、泥石流、崖崩、滑坡、水暖管爆裂、搶劫、盜竊。

保險人對下列損失也不負責賠償：①保險標的遭受保險事故引起的各種間接損失；②保險標的的本身缺陷、保管不善導致的損毀，保險標的的變質、霉爛、受潮、蟲咬、自然磨損、自然損耗、自燃、烘焙所造成的損失；③由於行政行為或執法行為所導致的損失；④其他不屬於保險責任範圍內的損失和費用。

（2）綜合險的責任免除。由於下列原因造成保險標的的損失，保險

人不負責賠償：①戰爭、敵對行為、軍事行動、武裝衝突、罷工、暴動；②被保險人及其代表的故意行為或縱容所致；③核反應、核子輻射和放射性污染。

保險人對下列損失也不負責賠償：①保險標的遭受保險事故引起的各種間接損失；②地震所造成的一切損失；③保險標的本身缺陷、保管不善導致的損毀，保險標的的變質、霉爛、受潮、蟲咬、自然磨損、自然損耗、自燃、烘焙所造成的損失；④堆放在露天或罩棚下的保險標的以及罩棚，由於暴風、暴雨造成的損失；⑤由於行政行為或執法行為所導致的損失；⑥其他不屬於保險責任範圍內的損失和費用。

4. 保險金額與保險價值

（1）固定資產的保險金額與保險價值。固定資產的保險金額由被保險人按照帳面原值或原值加成數確定，也可按照當時重置價值或其他方式確定。帳面原值是指在建造或購置固定資產時所支出的貨幣總額，可以被保險人的固定資產明細帳卡等為依據。帳面原值加成數即在固定資產帳面原值基礎上再附加一定成數，使其趨於重置價格。在帳面原值與實際價值差額較大時，可按帳面原值加成數確定保險金額。重置價值即重新購置或重建某項財產所需支付的全部費用。按重置價值確定保額，可以使被保險人的損失得到足額的補償，避免因賠償不足帶來的糾紛。

固定資產的保險價值是出險時的重置價值。

（2）流動資產的保險金額與保險價值。流動資產（存貨）的保險金額由被保險人按最近12個月任意月份的帳面餘額確定或由被保險人自行確定。

流動資產的保險價值是出險時的帳面餘額。

（3）帳外財產和代保管財產的保險金額與保險價值。帳外財產和代保管財產的保險金額由被保險人自行估價或按重置價值確定。

帳外財產和代保管財產的保險價值是出險時的重置價值或帳面餘額。

5. 企業財產保險的賠償處理

在企業財產保險中，保險標的發生保險責任範圍內的損失，保險人按照保險金額與保險價值的比例承擔賠償責任，即按以下方式計算賠償金額：

（1）固定資產的賠款計算。固定資產的賠償需要分項計算，在具體賠償時有兩種情況：①全部損失。受損財產的保險金額等於或高於出險時重置價值的，其賠償金額以不超過出險時的重置價值為限；受損財產的保

險金額低於出險時重置價值的，其賠償金額不得超過該項財產的保險金額。②部分損失。受損保險標的的保險金額等於或高於出險時重置價值的，按實際損失計算賠償金額；受損財產的保險金額低於出險時重置價值的，應根據實際損失或恢復原狀所需修復費用，按保險金額占出險時重置價值的比例計算賠償金額。計算公式為：

$$賠款 = \frac{保險金額}{出險時重置價值} \times 實際損失或受損財產恢復原狀所需修復費用$$

（2）流動資產的賠款計算。流動資產的損失有兩種情況：①全部損失。受損財產的保險金額等於或高於出險時帳面餘額的，其賠償金額以不超過出險時的帳面餘額為限；受損財產的保險金額低於出險時帳面餘額的，其賠款不得超過該項財產的保險金額。②部分損失。受損保險標的的保險金額等於或高於帳面餘額，按實際損失計算賠償金額；受損財產的保險金額低於帳面餘額，應根據實際損失或恢復原狀所需修復費用，按保險金額占出險時帳面餘額的比例計算賠償額。計算公式為：

$$賠款 = \frac{保險金額}{出險時帳面餘額} \times 實際損失或受損財產恢復原狀所需修復費用$$

（3）與賠償相關的其他事項。①施救費用的賠償。發生保險事故時，被保險人所支付的必要的、合理的施救費用賠償金額，在保險標的損失以外另行計算，但最高不超過保險金額的數額；若受損保險標的按比例賠償時，則該項費用也按與財產損失賠款相同的比例賠償。②損餘價值的處理。保險標的遭受損失後的殘餘部分價值（簡稱殘值），協議作折價歸被保險人，並在賠款中扣除。如果受損財產賠款要進行分攤時，其損餘價值部分也要進行分攤。③代位追償。因第三者對保險標的損害而造成保險事故的，保險人自向被保險人賠償保險金之日起，在賠償金額範圍內代位行使被保險人對第三者請求賠償的權利。④保險金額的衝減。保險標的遭受部分損失經保險人賠償後，其保險金額應相應減少；被保險人需恢復保險金額時，應補交保險費，由保險人出具批單批註。保險當事人均可依法終止合同。⑤重複保險的分攤。若保險人所保財產存在重複保險時，保險人僅負按照比例分攤損失的責任。

6. 厘定費率的主要因素

保險費率根據保險標的風險程度、損失概率、責任範圍、保險期限和經營管理費用等確定。在厘定企業財產保險的費率時，主要應考慮以下因素：①建築結構及建築等級；②占用性質；③承保風險的種類；④地理

位置。

此外,還應在具體確定保險費率時考慮被保險人的防火設備、保險標的所處環境、交通狀況等因素的影響。在實際工作中,一般以表定費率為基礎,根據具體風險情況等因素,在一定的浮動範圍內確定費率。

企業財產保險一般以一年為期,標準費率表是年費率表。如果保險期限不足一年,應按短期費率表計收保費(見表4-1)。如中途退保,亦適用於短期費率,保險期不足一月的,按一個月收費。

表4-1　　　　財產保險基本險、綜合險短期率表

保險期限（月）	1	2	3	4	5	6	7	8	9	10	11	12
按年費率（％）	10	20	30	40	50	60	70	80	85	90	95	100

(三) 機動車輛保險

中國機動車輛保險的承保對象主要是汽車,也包括電車、電瓶車、摩托車、拖拉機、各種專用機械車、特種車等。機動車輛保險分為多個基本險和一系列附加險。在各國非壽險業務中,機動車輛保險不僅是運輸工具保險的主要險別,也是整個非壽險業務的主要來源。中國機動車輛保險也是財產保險業務的第一大險種。

1. 機動車輛保險的特點

與其他財產保險業務比較,機動車輛保險有以下特點:

(1) 保險標的的出險概率較高。汽車是陸地上的主要交通工具。由於其經常處於運動狀態,它總是載著人或貨物不斷地從一個地方開往另一個地方,很容易發生碰撞及其他意外事故,造成財產損失和人身傷亡;由於車輛數量的迅速增加,而一些國家交通設施及管理水平跟不上車輛的發展速度,再加上駕駛員的疏忽、過失等人為原因,使交通事故發生頻繁,汽車的出險概率較高。

(2) 業務量大,普及率高。由於汽車出險概率較高,汽車的所有者需要尋求以保險方式轉嫁風險;各國政府在不斷改善交通設施,嚴格制定交通規章的同時,為了保障受害人的利益,一般對汽車第三者責任保險實施了強制保險;保險人為適應投保人轉嫁風險的不同需要,為被保險人提供更全面的保障,在開展車輛損失險和第三者責任險的基礎上,推出了一系列附加險,使汽車保險成為財產保險中業務量大、普及率較高的一個險種。

(3) 擴大保險利益。在機動車輛保險中,針對汽車的所有者與使用

者往往不是同一人的特點，機動車輛保險條款一般規定：不僅被保險人本人使用車輛時發生保險事故保險人要承擔賠償責任，而且凡是被保險人允許的合格駕駛員使用車輛時，也視為其對保險標的具有保險利益，如果發生保險單上約定的事故，保險人同樣要承擔賠償責任。這說明機動車輛保險的規定以「從車」為主，凡經被保險人允許的合格駕駛員駕駛被保險人的汽車發生保險事故造成損失的，保險人都須對被保險人負賠償責任。此規定是為了對被保險人和第三者提供更充分的保障，並非是對保險利益原則的違背。但如果在保險合同有效期內，保險車輛轉賣、轉讓、贈送他人，被保險人應當書面通知保險人並辦理批改手續；否則，在保險事故發生時，保險人對被保險人的損失不承擔賠償責任。

（4）被保險人的自負責任與無賠款優待。為了促使被保險人注意維護、保養汽車，使其保持安全行駛的技術狀態，並督促駕駛員注意安全行車，以減少事故的發生，保險合同上一般規定：根據駕駛員在交通事故中所負責任，車輛損失險和第三者責任險在符合賠償規定的金額內實行絕對免賠率；保險車輛在一年保險期限內無賠款，第二年續保時可以享受費率優惠。以上兩項規定，雖然分別是對被保險人的懲罰和優待，但所要達到的目的是一致的。

2. 機動車輛保險的主要種類

（1）車輛損失險。車輛損失險的保險責任範圍包括以下兩個方面：

一方面，被保險人或其允許的合格駕駛員在使用保險車輛過程中，由於保險單上約定的災害事故發生造成保險車輛的損失，保險人負賠償責任。這些災害事故有：碰撞、傾覆；火災、爆炸；外界物體倒塌、空中運行物體墜落、保險車輛行駛中平行墜落；雷擊、暴風、龍捲風、暴雨、洪水、海嘯、地陷、冰陷、崖崩、雪崩、雹災、泥石流、滑坡；載運保險車輛的渡船遭受自然災害（只限於有駕駛員隨車照料者）。

以上的保險責任包括碰撞責任和非碰撞責任。碰撞是指保險車輛與外界靜止的或運動中的物體的意外撞擊；非碰撞責任包括了一系列自然災害和意外事故。

另一方面，發生保險事故時，被保險人為防止或減少保險車輛的損失所支付的必要的、合理的施救費用，由保險人承擔，但最高不超過保險金額。

（2）第三者責任險。被保險人或其允許的合格駕駛人員在使用保險車輛過程中發生意外事故，致使第三者遭受人身傷亡或財產的直接損毀，

依法應當由被保險人支付的賠償金額，保險人負責賠償。這裡的第三者是指除投保人、被保險人和保險人以外的，因保險車輛發生意外事故遭受人身傷亡或財產損失的受害者。

（3）附加險。機動車輛保險的附加險主要有盜搶險、玻璃單獨破碎險、車輛停駛損失險、車上人員責任險、車上貨物責任險、無過失責任險、自燃損失險、車身劃痕損失險等。

3. 機動車輛保險條款費率管理制度的變化

（1）第一階段。2003年1月1日起，國內機動車輛保險的條款費率管理制度進行了改革，改革的核心是，停止由中國保監會統一制定機動車輛保險條款費率的制度，改由各保險公司自行制定費率水平，經保監會批准實行。新的機動車輛保險條款費率管理制度，允許保險公司按照不同消費者的需求制定條款，機動車輛保險產品將更加多樣化。機動車輛保險費率改革的方向是對風險要素進行細分，實施風險等級費率，使投保人所交納的保險費與其風險狀況相匹配。在機動車輛保險的經營中，人、車、路和環境是構成機動車實際風險的四大要素。因此要改變單一的「從車費率」，實行「從車費率」與「從人費率」和「從地費率」的結合。保險公司在制訂調整機動車輛保險費率時，應考慮車輛過去的理賠記錄，此外還要考慮以下因素：

①隨人因素。「人」是指道路交通參與者的駕駛員、乘車人、騎車人、行人等。而與機動車輛保險等級風險有直接關聯的是指機動車駕駛員的風險。駕駛員的風險等級，應考慮駕駛員的年齡、性別、職業、婚姻狀況、駕齡、單人還是多人駕駛、違章肇事記錄等因素。

②隨車因素。應考慮車輛的使用性質（如私人車輛與非私人車輛、營業車輛與非營業車輛等）、類型、廠牌型號、核定噸位（載客數）、使用時間、是否固定停放、事故記錄等。

③隨地因素。應考慮車輛行駛區域內的道路狀況，是否僅在特定路線行駛等。

（2）第二階段。2006年，保監會進行了新一輪的車險條款費率改革，並在同一年推出了機動車交通事故責任強制保險。這一輪的條款費率改革主要是由中國保險行業協會統一制定基本險條款和費率，將基本險條款分為A、B、C三款，並厘定相應的費率，各家保險公司只能從這三款條款費率中進行選擇並執行，但附加險的條款費率還是由各家保險公司自己制定。2007年，中國保險行業協會對常見的附加險條款費率也進行了統頒，

保監會出抬了「限折令」，規定各家保險公司給予車險投保人的所有優惠總和不得超過車險（不包括交強險）基準費率的30%，也就是保險公司出具的車險保單最低折扣不能低於七折，從而進一步加強了費率的統一性，有利於控制保險公司競相壓低無序競爭的局面，穩定市場秩序。

（3）第三階段。2012年3月，中國保險行業協會正式發布《機動車輛商業保險示範條款》（以下簡稱《示範條款》），為保險公司提供了商業車險條款行業範本。《示範條款》立足於解決社會公眾關心的重要問題、切實維護社會公眾利益，對原有商業車險條款進行了全面梳理，認真篩查不利於保護被保險人權益、表述不清和容易產生歧義之處，並進行了合理修訂。

2015年2月，保監會印發《關於深化商業車險條款費率管理制度改革的意見》（以下簡稱《意見》），積極穩妥推進商業車險條款費率管理制度改革。《意見》立足於中國現階段商業車險條款費率管理的實際，吸收2010年以來商業車險改革試點的經驗，參考國際上保險業發達國家車險費率市場化改革的路徑，明確商業車險條款費率管理制度改革的指導思想、基本原則和主要目標，提出建立健全商業車險條款費率形成機制的意見，強調加強和改善商業車險條款費率監管的具體舉措。

《意見》緊緊圍繞建立健全市場化的條款費率形成機制的改革核心目標，一方面強調「放開前端」，逐步擴大財產保險公司定價自主權；另一方面堅持「管住後端」，強化事中事後監管和償付能力監管剛性約束。《意見》提出三方面的政策措施：一是建立以行業示範條款為主、公司創新型條款為輔的條款管理制度。中國保險行業協會擬訂並不斷完善示範條款，財產保險公司選擇使用；鼓勵財產保險公司開發創新型條款，建立健全公平、公開、透明的創新型條款評估機制和創新型條款保護機制。二是建立市場化的費率形成機制。中國保險行業協會按照大數法則要求，建立財產保險行業商業車險損失數據的收集、測算、調整機制，動態發布商業車險基準純風險保費表，為財產保險公司科學厘定商業車險費率提供參考；由財產保險公司根據自身實際情況科學測算基準附加保費，合理確定自主費率調整系數及其調整標準。根據市場發展情況，逐步擴大財產保險公司商業車險費率厘定自主權，最終形成高度市場化的費率形成機制。三是加強和改善商業車險條款費率監管。建立健全商業車險條款費率回溯分析和風險預警機制，及時驗證商業車險費率厘定和使用過程中精算假設的合理性、責任準備金提取的合規性和財務業務數據的真實性，切實防範因商業車險費率擬訂不科學、不公平、不合理所帶來的風險隱患。不斷強化

償付能力監管剛性約束，完善償付能力監管制度體系，提高償付能力監管制度執行力。

三、責任保險

責任保險是以被保險人依法應承擔的民事損害賠償責任或經過特別約定的合同責任為保險標的的保險。責任保險的保險人，承保經濟單位和個人在進行各項生產經營活動、業務活動或在日常生活中，因疏忽、過失等行為造成他人的財產損失或人身傷亡，依法應承擔的經濟賠償責任。

（一）責任保險的種類

責任保險有兩種承保方式：一種是作為各種財產保險合同的組成部分或作為附加險承保，如機動車輛保險第三者責任險、建築或安裝工程保險的第三者責任險、船舶保險的碰撞責任、第三者責任、油污責任等；另一種是單獨承保，保險人簽發單獨的責任保險合同。

單獨承保的責任保險一般分為以下四類：

1. 公眾責任保險

公眾責任保險是指承保被保險人在固定場所或地點進行生產經營活動或進行其他活動時，因意外事故發生致使第三者遭受人身傷害或財產損失，依法應由被保險人承擔的經濟賠償責任。

2. 產品責任保險

產品責任保險是指承保產品的製造商、銷售商、修理商因其製造、銷售、修理的產品有缺陷而造成用戶、消費者或公眾的人身傷亡或財產損失，依法應承擔的經濟賠償責任。

3. 雇主責任保險

雇主責任保險是指保險人承保雇主對所雇員工在受雇期間，因發生意外事故或因職業病而造成人身傷害或死亡時，依法或按合同約定應由雇主承擔的經濟賠償責任。

4. 職業責任保險

職業責任保險是指承保各種專業技術人員因工作疏忽或過失造成第三者的損害依法應承擔的經濟賠償責任。這些專業技術人員包括律師、設計師、醫生、會計師、美容師等。

責任保險具有保險人代替致害人向受害人承擔經濟賠償責任的特徵，是為無辜受害者提供經濟保障的一種手段。為了保障社會公眾利益，對某些涉及面廣的損害賠償責任，如汽車第三者責任保險、雇主責任保險等，

許多國家實行了強制保險。

(二) 責任保險的特點

由於責任保險合同承保對象的特殊性，與其他財產保險合同相比，它在產生與發展的基礎、保障對象、保險人責任範圍、賠償處理方式等方面有明顯的特點。

1. 產生與發展的基礎

在現代社會中，責任風險的客觀存在及其對經濟單位和個人所帶來的威脅，使人們對所面臨的責任風險產生憂慮並尋求轉嫁此類風險的途徑，這是責任保險產生的自然基礎。人們之所以面臨責任風險（各種民事法律風險），是由於社會生產力的發展和人類社會的進步帶來的法律制度的不斷完善，特別是民事法律制度的建立與完善。正是因為人們在社會經濟活動中的行為都在法律制度的一定規範之內，才有可能因違反法律而造成他人的財產損失和人身傷害時，依法應承擔賠償責任的問題存在，人們才有轉嫁責任風險的必要，責任保險才會被人們所接受。所以，民事法律制度的建立與完善是責任保險產生與發展的基礎。事實上，當今世界責任保險最發達的國家和地區，必然是民事法律制度較完善的國家和地區。

2. 責任保險的保障對象

一般財產保險合同中，被保險人因保險事故發生造成經濟損失時，保險人對被保險人的經濟損失進行補償，保險金直接支付給被保險人。而在責任保險合同中，保險人承保的是被保險人對第三者依法應承擔的民事損害賠償責任，當保險事故發生時，保險人代替致害人向受害人進行賠償，保險人支付的保險金最終要落實到受害人手中。這樣，既使被保險人避免了經濟損失，也使受害人獲得了補償與慰藉。因此，責任保險合同在保障被保險人利益的同時，受害人的合法利益也受到了保障。

3. 保險人賠償範圍的確定

財產損失保險合同的保險標的是物質財產，該類保險標的具有可估價性，在對保險標的估價的基礎上確定保險金額，作為保險人賠償的最高限額和計算保險費的依據。而在責任保險合同中，保險人所承保的是一種特殊的無形標的，由於這種標的無客觀市場價，所以合同中無法確定保險金額。但為了限制保險人承擔賠償責任的範圍，避免賠償時合同雙方發生爭議，中國現行的責任保險合同一般要載明賠償限額，以此作為保險人承擔賠償責任的最高額度和計算保險費的依據。賠償限額的大小往往根據被保險人可能面臨的損失規模的大小和交付保險費的能力等來確定。例如，中

國的機動車輛保險第三者責任險的賠償限額分為不同檔次,由投保人自己選擇。同一險種的賠償限額越高,投保人交納的保險費越多。

4. 賠償處理方式的特殊性

與其他財產保險合同相比,責任保險合同的賠償處理涉及的關係方更為複雜、受制因素較多。

首先,責任保險賠案的處理涉及第三者(受害人)。責任保險合同賠案的發生,以被保險人對第三者造成損害並依法應承擔經濟賠償責任為前提,使責任保險的賠償必然涉及第三者受害方。且按照損失補償原則,受害人應向被保險人(致害人)索賠,被保險人才能向保險人索賠。如果受害人未向被保險人索賠,被保險人也就不具備向保險人索賠的條件。但由於責任保險合同存在於保險人與被保險人雙方,受害人不是責任保險合同的當事人,因此,受害人一般無權直接向保險人索賠(被保險人怠於請求的情況除外),但保險人可以將保險金支付給受害人。中國《保險法》第六十五條規定:「保險人對責任保險的被保險人給第三者造成的損害,可以依照法律的規定或者合同的約定,直接向該第三者賠償保險金。責任保險的被保險人給第三者造成損害,被保險人對第三者應負的賠償責任確定的,根據被保險人的請求,保險人應當直接向該第三者賠償保險金。被保險人怠於請求的,第三者有權就其應獲賠償部分直接向保險人請求賠償保險金。責任保險的被保險人給第三者造成損害,被保險人未向該第三者賠償的,保險人不得向被保險人賠償保險金。」

其次,責任保險的賠償受制因素複雜。一般的財產保險合同賠案的處理僅涉及保險人與被保險人,當保險事故發生後,保險人根據保險標的的損失狀況,按保險單規定的計算方式計算賠款。如果保險事故由第三者責任方造成,保險人向被保險人賠償後,依法或按合同約定取得向第三者責任方進行追償的權利。由於責任保險承保的標的是被保險人依法對第三者應承擔的民事損害賠償責任,賠案的處理往往要以法院的判決或執法部門的裁決為依據,保險人在此基礎上,再根據保險合同的規定計算賠款。因此,責任保險的賠償受制因素複雜,除按保險合同的規定外,一個國家的立法、司法制度對它都有影響。保險人經營該險種所面臨的風險相對較大。

(三)責任保險合同的共同規定

以上各種責任保險合同,一般有以下幾個方面的共同規定:

1. 保險責任範圍

責任保險合同承擔的保險責任一般有兩項:

（1）被保險人依法應對第三者的人身傷亡或財產損失（雇主責任保險僅對雇員的人身傷亡）承擔的經濟賠償責任，以及被保險人按照合同規定應承擔的違約責任。

（2）因賠償糾紛引起的訴訟、律師費用及其他事先經保險人同意支付的費用。

2. 除外責任

責任保險合同通常規定有若干除外責任條款，對被保險人由於下列原因引起的賠償責任作為保險人不予賠償的責任：戰爭、罷工；核風險（核責任保險除外）；被保險人的故意行為；被保險人的家屬、雇員的財產損失或人身傷害（雇主責任保險除外）；被保險人的違約責任（保險合同有特別約定除外）；被保險人所有或由其控制、照管的財產。

3. 賠償限額與免賠額

由於責任保險合同的保險標的無客觀價值，因此保險單上均無保險金額而僅規定賠償限額。被保險人根據法院裁決、有關執法當局裁定或在保險公司同意下與受害方商定應對受害人支付的賠款。該賠款如果在賠償限額內由保險人承擔；如果超出賠償限額，保險人僅在賠償限額內承擔賠償責任，超出賠償限額部分由被保險人自己承擔。保險單規定的賠償限額通常有兩項，即每次事故或同一原因引起的一系列事故的賠償限額，以及保險期內累計的賠償限額。這兩種限額，保險單上可以只規定一種，也可以同時規定。

為了使被保險人恪盡職責，防止事故發生和減少小額零星賠償，除賠償限額外，保險單上一般還有免賠額的規定。免賠額一般以金額表示，也可以規定為賠償金額的一定比例。責任保險的免賠額通常為絕對免賠額。

四、信用保證保險

信用保證保險是以擔保為實質的承保信用風險等風險的保險，即由保險人作為保證人為被保證人向權利人提供擔保的一類保險業務。當被保證人的作為或不作為致使權利人遭受經濟損失時，保險人負經濟賠償責任。理解信用保證保險應注意以下幾點：

（一）信用保證保險是一種擔保行為

信用保證保險的性質類似於銀行的擔保業務，也是一種擔保業務，是保險人替被保證人向權利人提供擔保。

（二）信用保證保險的保險標的是被保證人的信用風險

所謂信用風險，是指義務人不能按規定履行義務，可能給權利人造成

的損失。這種保險標的與有形的財產標的不同，是一種無形的經濟利益。較之其他財產保險，保險人在信用保證保險中承擔的風險較廣，除承保各種信用風險本身外，還承保一些經濟因素、社會因素乃至政治因素造成的信用風險。

(三) 信用保證保險的範圍

在保險業務中，承保信用風險的業務有兩類：一類是保證保險，另一類是信用保險。亦即信用保證保險分為保證保險和信用保險。應該說，保證保險與信用保險兩者的性質是相同的，在承保內容與承保方式上也大同小異，它們的區別僅在於保證對象的不同。凡被保證人根據權利人的要求，要求保險人擔保自己（被保證人）信用的保險，屬保證保險；凡權利人要求保險人擔保對方（被保證人）信用的保險，屬信用保險。信用保證保險主要有合同保證保險、忠誠保證保險、商業信用保證保險、投資保險、出口信用保險等。

五、農業保險

農業保險有廣義與狹義之分。廣義的農業保險是指農村保險，包括農村的兩業保險、農村的財產保險和農村的人身保險。狹義的農業保險僅指兩業保險，即種植業保險和養殖業保險。通常意義上的農業保險是指狹義的農業保險，包括種植業保險和養殖業保險兩類。在農業保險中，保險人承保種植業、養殖業標的因災害事故的發生所造成的經濟損失。種植業保險以農作物和林木為保險標的，承保保險標的因保險責任範圍內的災害事故所導致的經濟損失。按保險標的分類，種植業保險可以分為農作物保險和林木保險。養殖業保險是承保被保險人在進行各種養殖業生產活動中因保險事故所導致損害的一種農業保險。養殖業保險可以分為畜牧保險和水產養殖保險兩大類，亦可細分為大牲畜保險、中小家畜家禽保險、牧畜保險、淡水養殖保險和海水養殖保險等險種。

由於農業保險一般是指兩業保險，通常被納入到財產保險業務中。農業保險的高風險、高賠付等特徵，決定了其屬於政策性保險業務，一般由專門的農業保險公司經營或商業保險公司經營，並需要政府專門的扶持政策。

總之，財產保險是以財產及其有關利益為保險標的的保險。廣義的財產保險可以包括財產損失保險、責任保險、信用保證保險和農業保險；狹義的財產保險一般是指財產損失保險，可以包括火災保險、貨物運輸保險、運輸工具保險和工程保險等險種。

復習思考題

1. 概念比較：
(1) 社會保險與商業保險（或人身保險）；
(2) 財產保險與人身保險；
(3) 原保險與再保險；
(4) 再保險與共同保險；
(5) 共同保險與重複保險；
(6) 信用保險與保證保險。
2. 財產保險具有哪些特點？
3. 財產保險的保險價值和保險金額有什麼關係？
4. 定值保險和不定值保險有什麼不同？
5. 廣義的財產保險一般包括哪三大類業務？人身保險一般又包括哪三大險種？財產保險和人身保險的第一大險種分別是什麼險種？
6. 什麼是農業保險？農業保險是不是政策性保險？
7. 簡述火災保險的保險標的和保險風險。
8. 簡述機動車輛保險的特點。
9. 什麼是責任保險？責任保險具有哪些特點？簡述責任保險種類和責任保險合同的共同規定。
10. 什麼是信用保證保險？
11. 什麼是人壽保險？
12. 什麼是兩全保險？其經濟性質如何？
13. 什麼是年金和年金保險？其特點有哪些？
14. 什麼是萬能壽險？有何特點？
15. 試討論下列一句話：「定期壽險為最廉價的壽險形態」。
16. 什麼是寬限期、停效及復效？並簡述申請復效必備的條件。
17. 年齡誤報條款的內容是什麼？
18. 什麼是意外傷害保險？簡述構成意外傷害事件的三要素及其關係。
19. 什麼是健康保險？它與意外傷害保險主要有什麼區別？
20. 什麼是醫療保險？它與收入損失保險有何區別？

第五章 保險合同

內容提示：保險合同是投保人與保險人約定保險權利、義務關係的協議。保險合同具有自身的特徵。保險合同的主體、客體和內容是保險合同的三要素。保險合同的當事人、關係人和輔助人共同構成保險合同的主體；保險合同的客體是保險利益；保險合同的內容主要體現為保險條款的各項內容。保險合同必然經歷從訂立到終止的過程，其中一些合同可能因種種原因而變更，人身保險合同可能出現中止和復效。保險合同雙方對於賠付等問題存在爭議，需要通過保險合同爭議處理的方式，根據條款解釋原則進行處理。本章是全書的重點章，學習時應深入理解、全面而系統地掌握。

第一節 保險合同概述

一、保險合同的概念

保險合同又稱為保險契約，是合同的一種形式。《保險法》第十條第一款規定：「保險合同是投保人與保險人約定保險權利、義務關係的協議。」

投保人和保險人是直接簽訂保險合同的人，是保險合同的雙方當事人。按照保險合同的約定，投保人應向保險人交付約定的保險費，保險人則應在約定的保險事故發生時，履行賠償或給付保險金的義務。

按照保險合同的性質，保險合同可以分為兩種類型：一類是補償性合同，即當發生約定的保險事故使被保險人遭受經濟損失時，保險人根據保險合同的約定，對保險標的的實際損失給予被保險人經濟補償。財產保險合同一般屬於補償性合同。另一類是給付性合同，即只要發生了保險合同約定的事故，保險人就應該按照保險合同的約定履行給付保險金的義務。人身保險合同一般屬於給付性合同。

二、保險合同的特徵

（一）保險合同是最大誠信合同

「重合同、守信用」是任何經濟合同的當事人都必須遵循的原則。任何合同從訂立到履行都應該諾守誠信，而保險合同對保險雙方當事人的誠信要求更甚於一般合同。保險合同從訂立到履行都要求保險雙方當事人最大限度地誠實守信。因為根據保險合同的約定，保險人是對未來可能發生的保險事故承擔賠償或者給付保險金責任，而未來是不確定的，保險雙方當事人對保險標的的信息是不對稱的。一方面，保險人承保及賠付，很大程度上是以投保人或被保險人的告知和保證事項為依據。如果投保人或被保險人不如實告知保險標的的風險情況，不履行保證事項，會影響到保險人的合法權益。另一方面，保險合同一般是保險人單方面擬訂的，投保人可能對保險合同的專業術語及相關內容不清楚、不熟悉，保險人及其代理人在進行展業宣傳及承保時，如果不向投保人說明保險合同的條款內容（如免責條款），勢必損害到投保人、被保險人的合法權益。因此，無論是從保險人的角度，還是從投保人或被保險人的角度，保險雙方都只有最大誠信，才能保證對方的合法權益，並最終保障保險業的健康發展，因而，保險合同具有最大誠信的特徵。

（二）保險合同是雙務合同

根據合同當事人對權利和義務的承擔方式，可以將合同分為單務合同和雙務合同。單務合同是當事人一方只有權利，而另一方只承擔義務的合同；雙務合同是合同當事人雙方相互承擔義務、享有權利的合同。在等價交換的經濟關係中，絕大多數合同都是雙務合同。一般認為，保險合同是雙務合同，保險雙方相互承擔義務、享有權利。在保險合同中，投保人有按照合同約定支付保險費的義務，被保險人在保險事故發生時享有請求保險人賠償或者給付保險金的權利；保險人應承擔保險合同約定的保險事故發生時賠付保險金的責任，享有收取保險費的權利。

(三) 保險合同是有償合同

有償合同是與無償合同相對而言的。根據合同當事人取得權利是否償付代價劃分，可以將合同分為無償合同和有償合同。有償合同是指因為享有一定的權利而必須償付一定對價的合同。所謂對價，其含義是合同中任何一方權利的取得，都應該給付對方當事人認可的相對應的代價。在這個基礎上建立的關係是對價關係。保險合同具有對價關係。在保險合同中，保險雙方的對價是相互的，投保人的對價是支付保險費，保險人的對價是對保險合同約定風險的承擔。值得注意的是，保險人並不一定或必然要賠償損失或給付保險金，而是只有在發生了保險合同約定的保險事故時，保險人才會承擔賠付保險金的責任。換言之，保險合同是有償合同，體現為投保人以支付保險費為代價換取保險人在保險事故發生時承擔賠償或者給付保險金責任的承諾。

(四) 保險合同是附合合同

根據合同的一方當事人對合同的內容是否只能表示附合來劃分，可以將合同分為商議合同和附合合同。商議合同是締約雙方就合同的重要內容，充分協商而訂立的合同。大多數經濟合同都屬於商議合同。附合合同是指合同的雙方當事人不是充分協商合同的重要內容，而是由合同的一方當事人提出合同的主要內容，另一方當事人只能做出取捨的決定而訂立的合同。由於保險業的自身特點，使保險合同趨於定型性、技術化、標準化。保險合同的基本條款一般是由保險人事先擬定並統一印製出來，投保人對其內容若同意則投保，若不同意一般也沒有修改其中的某項條款的權利。即使有必要修改或變更保險單的某項內容，通常也只能採用保險人事先準備的附加條款，而不能完全按投保人的設想做出改變。也就是說，對於保險人單方面制訂的保險合同內容，投保人一般只能做出「取或舍」的決定，因此，保險合同是附合合同。

(五) 保險合同是射幸合同

對合同作交換合同和射幸合同的分類，根據合同的一方給予對方的報償是否與對方所給予的報償具有對等的價值來劃分，可以將合同分為交換合同和射幸合同。交換合同是指合同的任何一方給予對方的報償都具有對等的價值，如買賣合同即是一種典型的交換合同。射幸合同是指合同的效果在訂約時不能確定的合同。所謂射幸，就是僥幸、碰運氣的意思。保險合同之所以是射幸合同，源於保險事故發生的不確定性，或者說是因為保險合同履行的結果是建立在保險事故可能發生，也可能不發生的基礎上

的。就單個保險合同而言，在訂立保險合同之時，投保人交納保費換取的只是保險人的承諾，而保險人是否履行賠償或給付保險金的義務，取決於約定的保險事故是否發生。所以，就單個保險合同而言，保險合同具有射幸性。但是，保險合同的射幸性並不意味著保險人可能履行合同或不履行合同，因為在保險期限內如果發生了保險事故，保險人要承擔賠付保險金的責任，這就意味著保險人履行了保險合同約定的賠付義務，而且，保險人支付給被保險人或受益人的保險金一般會大大超過其收取的保險費；如果在保險期限內沒有發生保險事故，儘管投保人支付了保險費而被保險人或受益人未得到賠付的保險金，但保險人在保險期間承擔的風險及其保障責任，也是保險人在履行合同。保險合同的射幸性一般是針對單個保險合同來說的，就某類保險合同整體而言，保險人收取的保險費與實際賠付的保險金，原則上應是大體平衡的。

（六）保險合同是要式合同。

根據合同的成立是不是需要採取特定方式來劃分，可以將合同分為要式合同和非要式合同。要式合同是指需要採取特定方式才能成立的合同，即需要履行特定的程序或採取特定的形式合同才能成立，如必須採取書面形式，需要簽證、公證或經有關機關批准登記才能生效的合同。非要式合同是指不需特定方式即可成立的合同。由於保險合同的成立標誌著保險雙方權利和義務關係的確立，關係到責任的認定，因而如果保險雙方就合同條款達成一致意見，投保人應填寫投保單，保險人應及時向投保人簽發保險單或其他保險憑證，並在保險單或其他保險憑證中載明當事人雙方約定的合同內容。因此，保險合同應該是要式合同。

第二節　保險合同的主體、客體和內容

保險合同的主體、客體和內容共同構成了保險合同的三大要素。

一、保險合同的主體

保險合同的主體與一般的合同主體不同，它可以包括保險合同的當事人、關係人和輔助人。從與保險合同發生直接關係來看，保險合同的主體就是保險合同的當事人，包括保險人與投保人；從與保險合同發生間接關係來看，保險合同的主體還包括保險合同的關係人，即被保險人與受益

人。此外，由於保險業務涉及面較廣，具有一定的技術性和專門知識，因此，保險合同的主體還可以包括保險合同的輔助人，即保險代理人、保險經紀人和保險公估人。

（一）保險合同的當事人

保險合同的當事人是指直接訂立保險合同的人，是具有權利能力和行為能力的人。在保險合同中，通常約定了保險合同當事人的權利和義務。保險合同的當事人是保險人和投保人。

1. 投保人

《保險法》第十條第二款規定：「投保人是指與保險人訂立保險合同，並按照合同約定負有支付保險費義務的人。」可見，相對於保險人而言，投保人是訂立保險合同的另一方當事人；保險合同成立後，投保人應該按照保險合同的約定承擔交付保險費的義務。投保人可以是自然人，也可以是法人。

按照《保險法》及民法的相關規定，作為投保人還應該具備兩個條件：

（1）投保人應該具有相應的民事行為能力。公民的民事行為能力因年齡及精神狀況的不同而不同。《民法通則》規定：無民事行為能力人實施的民事行為或限制民事行為能力人依法不能獨立實施的民事行為，在法律上無效；十八週歲以上的公民具有完全民事行為能力，可以獨立進行民事活動，是完全民事行為能力人；十六週歲以上不滿十八週歲的公民，以自己的勞動收入為主要生活來源的，視為完全民事行為能力人；不滿十週歲的未成年人和不能辨認自己行為的精神病人是無民事行為能力人；十週歲以上的未成年人和不能完全辨認自己行為的精神病人是限制民事行為能力人。按照《民法通則》的規定，作為投保人的公民，應具有完全民事行為能力，其與保險人訂立的保險合同在法律上才是有效的。

法人是具有民事權利能力和民事行為能力，依法獨立享有民事權利和承擔民事義務的組織。因此，法人可以成為投保人。

（2）投保人應該對保險標的具有保險利益。根據各國保險法的規定，投保人對保險標的應具有法律上承認的利益，即保險利益；否則，保險合同無效。作此嚴格限制，主要是為了保障保險標的的安全、防範道德風險、限制賠償額度，以保證保險業的健康發展。中國《保險法》也採用了國際慣例，例如，基於人身保險的保險標的是被保險人的壽命和身體，《保險法》在第十二條和第三十一條中明確規定：人身保險的投保人在保

險合同訂立時對被保險人應當具有保險利益。訂立合同時，投保人對被保險人不具有保險利益的，合同無效。

需要注意的是：在一般的合同中，當事人通常為自己的利益訂立合同；而在保險合同中，投保人既可以為自己的利益投保，又可以為他人的利益投保（只要具有保險利益）。

2. 保險人

保險人又稱為承保人，按照《保險法》第十條第三款的規定，保險人是指與投保人訂立保險合同，並按照合同約定承擔賠償或給付保險金責任的保險公司。即保險人是訂立保險合同的一方當事人，它依法設立，專門經營保險業務，按保險合同的約定向投保人收取保險費，對於保險合同約定的可能發生的事故因其所造成的財產損失承擔賠償保險金責任，或者當被保險人死亡、傷殘、疾病或者達到合同約定的年齡、期限時承擔給付保險金責任。世界上絕大多數國家，對保險人的資格都限定為法人，只有個別國家（如英國）允許個人經營保險業務。按照中國《保險法》的規定，保險人主要是保險公司（若其他保險組織經營保險業務，須符合法律、行政法規規定，參見《保險法》第六條），目的在於使保險人有嚴密的組織、雄厚的財力，以保證保險業的穩健經營並承擔起對廣大的被保險人的經濟保障的重大責任。中國《保險法》對保險公司的設立、變更和終止，保險公司的業務經營範圍以及其他經營規則等都有明確的規定。

(二) 保險合同的關係人

保險合同的關係人是指與保險合同的訂立間接發生關係的人。在保險合同約定事故發生時，保險合同的關係人享有保險金的請求權。保險合同的關係人包括被保險人和受益人。

1. 被保險人

《保險法》第十二條第五款規定：「被保險人是指其財產或者人身受保險合同保障，享有保險金請求權的人。」也就是說，被保險人的財產、壽命或身體受到保險合同的保障，如果在保險期限內發生了保險事故，被保險人有權向保險人請求賠償或者給付保險金。在財產保險中，被保險人是保險標的的所有人或具有經濟利益的人。在人身保險中，被保險人就是保險的對象。

被保險人與投保人的關係，一般有兩種情況。第一種情況是投保人為自己的利益訂立保險合同，投保人就是被保險人。例如，在財產保險中，投保人以自己具有所有權的財產為保險標的向保險人投保；在人身保險

中，投保人以自己的壽命或者身體作為保險標的與保險人訂立保險合同。這些都是投保人與被保險人為同一人。第二種情況是投保人為他人的利益訂立保險合同，投保人與被保險人相分離。在這種情況下，只要投保人對保險標的具有保險利益，其訂立的保險合同在法律上就有效。

2. 受益人

《保險法》第十八條規定：「受益人是指人身保險合同中由被保險人或者投保人指定的享有保險金請求權的人。」即按照《保險法》的規定，受益人的概念僅限於人身保險合同，受益人享有保險金的請求權。

在人身保險合同中，投保人和被保險人都可以成為受益人。

人身保險的受益人由被保險人或者投保人指定。但是，為了保障被保險人的生命安全，投保人指定受益人須經被保險人同意。

被保險人一般可以任意指定受益人。但被保險人為無民事行為能力人或者限制民事行為能力人的，可以由其監護人指定受益人。

被保險人或者投保人可以指定一人或者數人為受益人。受益人為數人的，被保險人或者投保人可以確定受益順序和受益份額；未確定受益份額的，受益人按照相等份額享有受益權。

被保險人或者投保人可以變更受益人並書面通知保險人。投保人變更受益人時須經被保險人同意。保險人收到變更受益人的書面通知後，應當在保險單上批註。

一般而言，只要人身保險合同中指定了受益人，被保險人死亡後，就只有受益人享有保險金請求權。在特殊情況下，被保險人的繼承人有權享有保險金。中國《保險法》第四十二條規定：「被保險人死亡後，有下列情形之一的，保險金作為被保險人的遺產，由保險人依照《中華人民共和國繼承法》的規定向被保險人的繼承人履行給付保險金的義務：（一）沒有指定受益人，或者受益人指定不明無法確定的；（二）受益人先於被保險人死亡，沒有其他受益人的；（三）受益人依法喪失受益權或者放棄受益權，沒有其他受益人的。」

為了減少道德風險，保障被保險人的生命安全，世界各國的保險法一般都規定：受益人故意造成被保險人死亡或者傷殘的，或者故意殺害被保險人未遂的，喪失受益權。

由於涉及受益人的糾紛較多，中國《保險法》第三十九條至第四十三條對受益人作了較為詳細的法律規定。

（三）保險合同的輔助人

保險合同的輔助人是指輔佐、幫助保險雙方當事人訂立及履行保險合

第五章 保險合同

149

同的人。它通常包括保險代理人、保險經紀人和保險公估人。在中國，一般又將保險合同的輔助人稱為保險仲介人。

1. 保險代理人

中國《保險法》第一百一十七條規定：「保險代理人是根據保險人的委託，向保險人收取佣金，並在保險人授權的範圍內代為辦理保險業務的機構或者個人。」

保險人委託保險代理人代為辦理保險業務的，應當與保險代理人簽訂委託代理協議，依法約定雙方的權利和義務及其他代理事項。

保險代理人的行為，通常視為被代理的保險人的行為。在保險人的授權範圍內，保險代理人的行為對其所代理的保險人有法律約束力。為保障被保險人的合法權益，《保險法》第一百二十七條規定：「保險代理人根據保險人的授權代為辦理保險業務的行為，由保險人承擔責任。保險代理人沒有代理權、超越代理權或者代理權終止後以保險人名義訂立合同，使投保人有理由相信其有代理權的，該代理行為有效。保險人可以依法追究越權的保險代理人的責任。」

中國的保險代理人有三種形式：專業代理人、兼業代理人和個人代理人。保險代理人的基本業務範圍是代理推銷保險產品、代理收取保險費。

2. 保險經紀人

《保險法》第一百一十八條規定：「保險經紀人是基於投保人的利益，為投保人與保險人訂立保險合同提供仲介服務，並依法收取佣金的機構。」

保險經紀人主要是投保人利益的代表。保險經紀人的法律地位與保險代理人截然不同。因保險經紀人在辦理保險業務中的過錯，給投保人、被保險人或其他委託人造成損失的，由保險經紀人承擔賠償責任。

保險經紀人一般可以經營下列業務：為投保人擬訂投保方案、選擇保險人、辦理投保手續；協助被保險人或受益人進行索賠；再保險經紀業務；為委託人提供防災、防損或風險評估、風險管理諮詢服務；保險監督管理機構批准的其他業務。

3. 保險公估人

按照《保險法》第一百二十九條的規定，保險活動當事人可以委託保險公估機構等依法設立的獨立評估機構或者具有相關專業知識的人員，對保險事故進行評估和鑒定。在中國，保險公估人主要以保險公估機構的

方式從事業務。《保險公估機構管理規定》[①] 中規定：保險公估機構是指依法設立的，接受保險當事人委託，專門從事保險標的的評估、勘驗、鑒定、估損、理算等業務的單位。保險公估人基於公正、獨立的立場，憑藉豐富的專業知識和技術，辦理保險公估業務。保險公估人既可以接受保險人的委託，又可以接受被保險人的委託。保險公估人向委託人（保險人或被保險人）收取公估費用。保險公估人應當依法公正地執行業務。保險公估人因故意或者過失給保險人或者被保險人造成損害的，依法承擔賠償責任。

二、保險合同的客體

保險合同的客體是指保險雙方當事人權利和義務所共同指向的對象。

保險合同的客體不是保險標的，而是保險利益。保險利益是指投保人或被保險人對保險標的具有的法律上承認的利益。保險利益與保險標的不同。保險標的是保險合同中所載明的投保對象，是保險事故發生的客體，即是指作為保險對象的財產及其有關利益或者人的壽命或身體。保險合同並非保障保險標的在保險有效期內不受損害，而是當被保險人的保險標的發生約定的保險事故時給予經濟上的賠償或給付。保險標的是訂立保險合同的必要內容，是保險利益的載體，而保險合同保障的是投保人或被保險人對保險標的所具有的合法利益，沒有保險利益，保險合同將會失去客體要件而無效。

如前所述，《保險法》第十二條和第三十一條明確規定：人身保險的投保人在保險合同訂立時對被保險人應當具有保險利益。訂立合同時，投保人對被保險人不具有保險利益的，合同無效。此外，《保險法》第四十八條還規定：「財產保險合同保險事故發生時，被保險人對保險標的不具有保險利益的，不得向保險人請求賠償保險金。」

三、保險合同的內容

保險合同的內容有廣義和狹義之分。廣義的保險合同的內容是指以保險合同雙方權利和義務關係為核心的全部事項，包括保險合同的主體、客體、權利和義務及其他聲明事項；狹義的保險合同的內容是指以保險合同

---

① 《保險公估機構管理規定》由中國保險監督管理委員會於 2001 年 11 月 16 日發布，2002 年 1 月 1 日起施行。

雙方當事人依法約定的權利和義務，即表現為保險合同的條款。在此，對狹義的保險合同的內容進行闡述。

(一) 保險條款

保險合同的條款簡稱保險條款，是保險合同雙方當事人依法約定各自的權利和義務的條款。保險條款是對保險雙方權利和義務的具體約定，在保險合同中居於核心地位。保險條款對保險合同的雙方當事人具有法律約束力。

1. 基本條款和特約條款

保險條款一般分為基本條款和特約條款。

保險合同的基本條款是指規定保險合同雙方權利和義務的基本事項的條款。在任何保險合同中，基本條款是不可缺少的條款，一般是由保險人在法定的必須載明事項的基礎上事先擬定好並印在保險單上。保險的險種不同，其基本條款也不同。

保險合同的特約條款是由保險雙方當事人根據特殊需要，共同約定的條款。特約條款可以包括附加條款、保證條款和協會條款。

附加條款是指保險合同當事人在保險合同基本條款的基礎上，約定的補充條款，以增加或限制基本條款所規定的權利與義務。由於保險標的的風險狀況不同，投保人對保險的需求也有所不同，附加條款就是應投保人的要求而增加的內容。附加條款的靈活運用，彌補了基本條款的不足，如利用附加條款來變更或者補充原保險單的內容，變更原保險單的約定事項等。附加條款是保險合同的特約條款中使用最普遍的條款。

保證條款是指投保人或被保險人對特定事項進行保證，以確認某項事實的真實性或承諾某種行為的條款。保證條款是投保人或被保險人必須遵守的條款。

協會條款是指保險行業為滿足某種需要，經協商一致而制定的條款。如倫敦保險人協會制定的有關船舶和貨物運輸的條款。

2. 法定條款與任意條款

根據合同約束力的不同，保險條款還可以分為法定條款與任意條款。

法定條款是指根據法律必須在保險合同中明確規定的條款。也就是說，法定條款是法定的必須載明的事項。如按照中國《保險法》第十八條的規定，保險合同條款應當包括：保險標的；保險責任和責任免除；保險期間和保險責任開始時間；保險價值；保險金額；保險費以及支付辦法；保險金賠償或者給付辦法；違約責任和爭議處理等事項。基於此，中

國的所有保險合同條款對以上各項內容均不得偏廢。保險合同的基本條款必須包括法定條款的各項內容。

任意條款又稱為任選條款，是指由保險合同當事人根據需要約定的條款。

(二) 保險合同的主要內容

保險合同的內容主要有以下各項：

1. 保險人的名稱和住所

中國《保險法》明確規定保險人為保險公司，因此，保險人的名稱一般就是保險公司的名稱，保險人的住所就是保險公司的營業場所。在保險合同中對保險人的名稱和住所應當準確、清楚地加以記載，以便於保險人行使收取保費的權利、履行賠償或者給付保險金的義務。

2. 投保人、被保險人的姓名、名稱和住所，以及人身保險的受益人的姓名、名稱和住所

投保人是保險合同的一方當事人，在保險合同中明確記載其姓名和住所，有利於投保人履行交納保險費的義務；被保險人作為保險合同的關係人，載明其姓名、名稱和住所，有利於被保險人在保險事故發生時行使保險金的請求權，並履行保險合同規定的義務；如果在人身保險合同中約定了受益人，也應將受益人的姓名、名稱和住所記載清楚，以利於受益人享受請求保險金的權利。

3. 保險標的

保險標的是指作為保險對象的財產及其有關利益，或者人的壽命或身體。保險標的是保險利益的載體。不同的保險合同，有不同的保險標的。財產保險合同的保險標的是財產及其有關利益，即財產保險合同的保險標的既包括有形的財產，又包括無形的責任及利益。人身保險合同的保險標的是人的壽命或身體。在保險合同中載明保險標的，有利於確定保險合同的種類、判斷投保人對保險標的是否具有保險利益、明確保險人承擔責任的對象及範圍、確定保險金額、確定訴訟管轄等。

4. 保險責任和責任免除

保險責任是指保險合同中載明的風險事故發生後保險人應承擔的賠償或者給付責任，即是保險雙方當事人在保險合同中對保險人所應承擔的風險責任範圍的具體約定。保險責任因保險的險種不同而不同。

責任免除又稱為除外責任，是指保險人按照法律規定或者合同約定，不承擔保險責任的範圍，即是對保險責任的限制，是對保險人不負賠償或

給付保險金責任範圍的具體規定。在保險合同中應明確列明責任免除，以對保險人承擔責任的範圍加以明確限制，更好地確定雙方當事人的權利和義務關係。責任免除條款一般涉及的損害有：戰爭或軍事行動所造成的損害、保險標的物的自然損耗、被保險人及其關係人的故意行為所導致的損害以及其他不屬於保險責任範圍的損害等。

5. 保險期限

保險期限又稱保險期間，是指保險人對保險事故承擔賠付責任的起止期限。保險期間規定了保險合同的有效期限，是對保險人為被保險人提供保險保障的起止日期的具體規定。保險期限既可以按年、月、日計算，如以一年為期，也可以按一定事件的起止時間來計算，如建築工程保險的保險期限就是以一個工程的工期來確定的。保險期限是保險人履行賠付義務的依據。保險標的只有在保險期限內發生的保險事故，保險人才承擔賠付保險金的責任。

6. 保險價值

保險價值是財產保險中的特有概念，是指保險標的在某一特定時期內以貨幣估計的價值額。保險價值是保險金額確定的依據。保險價值的確定有三種方法：一是由投保人和保險人約定並在合同中載明保險價值，若保險事故發生，保險人在計算賠款時不需再對保險標的另行估價；二是按市場價格確定，保險事故發生後，保險人的賠償金額不得超過保險標的的市場價格；三是按法律規定確定，如中國《海商法》第二百一十九條規定，船舶的保險價值包括船殼、機器、設備的價值，以及船上燃料、物料、索具、給養、淡水的價值和保險費的總和。

7. 保險金額

保險金額簡稱保額。中國《保險法》第十八條規定：「保險金額是指保險人承擔賠償或者給付保險金責任的最高限額。」也就是說，保險金額是保險當事人雙方約定的，在保險事故發生時，保險人應賠償或給付的最高限額。保險金額是保險人計算保險費的重要依據。在財產保險中，保險金額的確定以保險標的的價值為依據；在人身保險中，由於人的價值無法用貨幣衡量，因而一般是由保險合同雙方自行約定保險金額。

財產保險合同中的保險金額不得超過保險價值，超過保險價值的，超過的部分無效；保險金額低於保險價值的，除合同另有約定外，保險人按照保險金額與保險價值的比例承擔賠償責任。

8. 保險費及其支付辦法

保險費是指投保人為使被保險人獲得保險保障，按保險合同約定支付給保險人的費用。保險費是保險基金的來源，繳納保險費是投保人應履行的基本義務。保險費的多少，由保險金額、保險費率和保險期限等因素決定。

保險費率一般用百分率或千分率表示。保險費率由純費率和附加費率組成，其中，純費率是保險費率的基本組成部分。在財產保險中，主要依據保險標的的損失率確定純費率；在人身保險中，則是依據人的死亡率或生存率、利率等因素確定純費率。而附加費率主要是依據保險企業在一定期限內的各種營業費用及預定利潤確定的。

保險費既可以一次性支付，也可以分期支付；既可以現金支付，也可以轉帳支付。但不論採取什麼方式支付保險費，都應在保險合同中載明。

9. 保險金賠償或者給付辦法

保險金賠償或給付辦法是指保險人承擔保險責任的方法。保險金賠償或給付方法，原則上應採取貨幣形式，但也有一些財產保險合同約定對特定的損失，可以採取修復、置換等方法。保險金賠償或給付辦法的明確約定及記載，有利於保險人更好地履行保險賠付責任，減少保險雙方的賠付糾紛。

10. 違約責任和爭議處理

違約責任是指保險活動當事人因其過錯，不能履行或不能完全履行保險合同規定的義務時，根據法律規定或合同約定所必須承擔的法律後果。在保險合同中任何一方違約都會給對方造成損失，因此，應在合同中明確規定哪些行為是違約行為以及違約應承擔的法律責任，以保障保險雙方的合法權益。

爭議處理是指保險雙方解決保險合同糾紛的方式。保險合同的爭議處理方式，一般包括協商、仲裁和訴訟三種方式。

11. 訂立合同的時間

保險合同應註明訂立的時間，以便確認保險責任開始時間、投保人對保險標的是否具有保險利益以及其他涉及保險當事人之間的權利和義務關係。註明訂立保險合同的時間，還有助於確認保險合同訂立前是否已經發生保險事故，以便查明事實真相、避免騙賠事件的發生。

第三節　保險合同的訂立、變更、中止、復效和終止

一、保險合同的訂立

保險合同的訂立是投保人與保險人意思表示一致而進行的法律行為。

(一) 保險合同的訂立程序

與其他合同一樣，保險合同的訂立，大致可分為兩個程序：要約和承諾。

1. 要約

要約是要約人以締結合同為目的而進行的意思表示。它是合同當事人一方向另一方表示願與其訂立合同的提議。一個有效的要約應具備三個條件：①要約應明確表示訂立合同的願望；②要約應具備合同的主要內容；③要約在其有效期內對要約人具有約束力。在保險合同中，一般投保人為要約人，投保人填寫投保單，並交給保險人的行為被視為要約。投保單一經保險人接受，便成為保險合同的一部分。

2. 承諾

承諾是受約人對要約人提出的要約全部接受的意思表示，即受約人向要約人表示願意完全按照要約內容與其訂立合同的答復。一個有效的承諾也應具備三個條件：①承諾不能附帶任何條件；②承諾應由受約人本人或其合法代理人作出；③承諾應在要約的有效期內作出。在保險合同的訂立過程中，一般是投保人提出要約，保險人根據投保單的內容簽發保險單、保險憑證或暫保單，合同即告成立，但有時情況並不這麼簡單。因為在簽訂合同過程中，雙方當事人往往有一個協商過程，如要約人對受約人提出要約，受約人對要約人的要約提出修改或附加條件，這時受約人的行為就被認為是提出了新的要約，原要約人與受約人的法律地位互換，即原要約人成為新的受約人，原受約人成為新的要約人。一個合同的簽訂可能經過要約——新要約……直至承諾的過程，保險合同也不例外。如果保險人對投保人的要約附加了新的內容或條件，則保險人成為新要約人，投保人成為新受約人。合同能否成立，則要看最後一位要約人的要約能否得到最後一位受約人的承諾。

(二) 保險合同的成立與生效

一般而言，保險合同的訂立意味著保險合同的成立，但是，保險合同的成立與保險合同的生效不是一個概念。

保險合同的成立是保險雙方當事人就保險合同條款達成協議。《保險法》第十三條規定：「投保人提出保險要求，經保險人同意承保，保險合同成立。」

保險合同的生效是指保險合同對保險雙方當事人產生法律約束力。保險合同的生效意味著保險合同具有了法律效力，保險合同的雙方當事人、關係人都應按照保險合同的約定承擔義務、享有權利；否則，將承擔相應的法律後果。

一般而言，合同一成立就立即生效。但是，保險合同較為特殊，往往是在合同成立後的某一時間生效。如保險條款特別約定：保險費的交納是合同生效的條件。在保險合同成立後生效前發生的保險事故，保險人不承擔賠償或者給付保險金的責任。

(三) 保險合同的訂立形式

訂立保險合同應該採取書面形式。保險合同的書面形式主要有投保單、保險單、保險憑證和暫保單等。

1. 投保單

投保單是指投保人向保險人申請訂立保險合同的一種書面形式的要約。在投保單中應列明訂立保險合同所必需的項目。投保單一般有統一的格式，由保險人事先準備好，投保人應按保險人所列項目據實逐一填寫。投保單一經保險人承諾，即成為保險合同的重要組成部分。投保人對在投保單中所填寫的內容，應承擔相應的法律後果。例如，投保人在填寫投保單時未履行如實告知義務，足以影響到保險人決定是否同意承保或者提高保險費率的，保險人有權解除保險合同，並不承擔賠償或者給付保險金的責任。

2. 保險單

保險單簡稱保單，是指保險人與投保人之間訂立保險合同的正式的書面證明。保險單通常是由保險人簽發的，是對投保人要約的一種承諾。保險單是保險雙方履約的依據。在保險單上應將保險合同的全部內容詳盡列明，包括保險雙方當事人、關係人的權利和義務。因而，保險單上除應列明保險項目 (如被保險人的名稱、保險標的、保險費、保險金額、保險期限等) 外，還應附上保險合同條款，以便保險雙方明確各自應享有的

權利、應承擔的義務。

3. 保險憑證

保險憑證又稱為小保單,是一種簡化了的保險單,是保險人向投保人簽發的證明保險合同已經成立的一種書面憑證。保險憑證與保險單具有同等的法律效力。保險憑證沒有列明的內容,以保險單的條款為準;保險憑證與保險單的內容相衝突時,以保險憑證為準。保險憑證只在少數幾種業務中使用,如貨物運輸保險等。採用保險憑證的主要目的在於簡化手續。

4. 暫保單

暫保單又稱為臨時保單,是保險單或保險憑證出立前發出的臨時性的保險單證。使用暫保單主要是基於三種情況:①保險代理人已招攬到保險業務但尚未向保險人辦妥保險手續時;②保險公司的分支機構接受投保,但尚需請示上級公司時;③保險雙方當事人已就合同的主要條款達成協議,但有些條件尚需進一步商榷時。在以上情況下,保險人可先出具暫保單,作為投保人已保險的證明。暫保單的法律效力與正式保單相同,但其有效期較短,一般為30天。在暫保單的有效期間,保險人一旦確定承保並簽發保險單,暫保單即自動失效而為保險單所取代;保險人如果確定不予承保,則有權隨時提前終止暫保單的效力。

二、保險合同的變更

保險合同的變更是指在保險合同有效期內,保險合同當事人、關係人對合同所作的修改或補充。保險合同成立並生效後,具有法律約束力,保險雙方一般不得擅自變更。但是,如果主觀意願或客觀情況發生變化,也可以依法變更保險合同。保險合同的變更,主要是保險合同主體的變更或內容的變更。

(一) 保險合同的主體變更

保險合同的主體變更是指保險合同的當事人或關係人的變更,主要是指投保人、被保險人或受益人的變更,保險人一般不會變更。保險合同的主體變更,不改變保險合同的客體和內容。

1. 財產保險合同主體的變更

財產保險合同主體的變更是指投保人或被保險人的變更。財產保險合同主體的變更意味著財產保險標的的轉讓。財產保險標的的轉讓可以因買賣、繼承、贈予等法律事實的出現而發生,從而導致保險標的從一個所有權人轉移至另一個所有權人。在這種情況下,要使保險合同繼續有效,就

需要變更保險合同中的被保險人。

（1）一般財產保險合同主體的變更。在一般情況下，財產保險標的的轉讓應當通知保險人，經保險人同意繼續承保後，依法變更被保險人。保險人可以根據財產保險合同主體變更引起的風險狀況的變化，加收或退減部分保險費。

（2）貨物運輸保險合同主體的變更。在財產保險中，貨物運輸保險合同由於其標的流動性大，運輸過程中經常通過貨物運輸單據的轉讓而發生物權轉移。因此，法律允許貨物運輸保險合同不經保險人同意即可變更被保險人，但可由被保險人記名背書。

2. 人身保險合同主體的變更

人身保險合同主體的變更，一般取決於投保人或被保險人的主觀意願，而不以保險標的的轉讓為前提。人身保險合同主體的變更可以是投保人、被保險人或受益人的變更。

（1）投保人的變更。如果投保人與被保險人是同一人時，要變更投保人應通知保險人；如果投保人與被保險人不是同一人時，要變更投保人應徵得被保險人的同意並通知保險人。被保險人為無民事行為能力人或限制民事行為能力人時，投保人的變更應符合法律法規的相關規定。[①] 投保人的變更應經過保險人的核准及辦理相關手續，方能有效。

（2）被保險人的變更。人身保險的被保險人是保險的標的，因而一般不能輕易變更。如果要變更，通常是在團體人身保險中，由於作為團體投保人的員工處於流動狀態，投保人可以根據合同的約定，將員工的流動情況通知保險人變更被保險人。被保險人的變更應該採取書面形式。

（3）受益人的變更。人身保險合同主體的變更主要是指受益人的變更。被保險人或者投保人可以變更受益人並書面通知保險人。保險人收到變更受益人的書面通知後，應當在保險單上批註。投保人變更受益人時則須經被保險人同意。

（二）內容變更

在保險合同的有效期內，投保人或被保險人與保險人經協商同意，可以變更保險合同的有關內容。

保險合同的內容變更是指合同約定事項的變更，也就是保險關係雙方各自所承擔的義務和享有的權利的變更。如保險合同中的保險責任、保險

[①] 參見《保險法》第三十三條、第三十四條規定。

金額、保險期限等發生變化，財產保險的保險標的的價值、數量、存放地點、危險程度等發生變化，人身保險的被保險人的職業、投保人的交費方式等發生變化，都可以屬於保險合同的內容變更的範圍。

保險合同的內容發生變更，投保人或被保險人應主動向保險人申請辦理批改手續，保險人同意後，應在原保單或者其他保險憑證上批註或附貼批單，或者由投保人和保險人訂立變更的書面協議。

保險合同的變更往往意味著保險人承擔風險的增加或減少，為此可能需要加收或退減部分保險費。

為了明確保險雙方當事人在保險合同變更後的權利和義務，按照國際慣例，合同變更後的有效性按下列順序認定：手寫批註優於打印批註；加貼的附加條款優於基本條款；加貼的批註優於正文的批註。

三、保險合同的中止與復效

保險合同的中止與復效僅適用於人身保險合同。

（一）保險合同的中止

保險合同的中止是指保險合同暫時失去效力。在人身保險中，保險期限一般較長，投保人可能因為種種主客觀原因不能按期繳納續期保險費，為了保障保險雙方的合法權益，並給投保人一定的回旋餘地，各國的保險法一般都對繳費的寬限期及合同中止做了明確規定。中國《保險法》第三十六條規定：「合同約定分期支付保險費，投保人支付首期保險費後，除合同另有約定外，投保人自保險人催告之日起超過30日未支付當期保險費，或者超過約定的期限60日未支付當期保險費的，合同效力中止，或者由保險人按照合同約定的條件減少保險金額。」即人身保險的保險合同生效後，如果投保人未按期繳納保險費，並超過了60天的寬限期，保險合同的效力中止。在保險合同中止前的寬限期內如果發生了保險事故，保險人應承擔賠付責任；但是如果是在保險合同中止後發生的保險事故，保險人不承擔賠付責任。保險合同的中止並不意味著保險合同的解除，經過一定的程序仍然可以恢復法律效力。

（二）保險合同的復效

保險合同的復效是指保險合同效力的恢復。保險合同效力中止後，經保險人與投保人協商並達成協議，在投保人補交保險費後，可以恢復保險合同的效力。但是按照《保險法》的規定，自合同效力中止之日起兩年內雙方未達成協議的保險人有權解除合同。

四、保險合同的終止

保險合同的終止是指合同雙方當事人確定的權利和義務關係的消滅。保險合同的終止主要包括下面幾種情況：

(一) 保險合同的解除

保險合同的解除是指在保險合同的有效期限屆滿前，當事人依照法律規定或者合同約定提前終止合同效力的法律行為。

保險合同的解除按解約的主體可以分為投保人解除保險合同、保險人解除保險合同和保險雙方約定解除保險合同三種情況。

1. 投保人解除保險合同

由於保險合同是在平等自願的基礎上訂立的，因而在一般情況下，投保人可以隨時提出解除保險合同。

中國《保險法》第十五條規定：「除本法另有規定或者保險合同另有約定外，保險合同成立後，投保人可以解除合同。」根據中國《保險法》的規定，保險合同成立後，投保人一般可以解除保險合同，而不需承擔違約責任。但是，某些保險合同具有特殊性，如貨物運輸保險合同和運輸工具航程保險合同，保險責任開始後，難以確定終止責任的具體時間、空間，因此，投保人不能要求解除保險合同。如果保險雙方當事人通過合同約定，對投保人的合同解除做出限制的，投保人也不得解除保險合同。

2. 保險人解除保險合同

按照各國的保險法規定，保險人一般不能解除保險合同；否則，應承擔違約責任。因為如果允許保險人任意解除保險合同，可能嚴重損害被保險人的利益。例如，保險人可能在得悉風險增大（如洪災預報）時解除保險合同，使被保險人得不到應有的保險保障。中國《保險法》第十五條規定：「除本法另有規定或保險合同另有約定外，保險合同成立後……保險人不得解除合同。」也就是說，為了保障被保險人的合法權益，在一般情況下，保險人不能隨意解除保險合同，但是，如果《保險法》另有規定或保險合同另有約定的，保險人仍然可以解除保險合同。

根據中國《保險法》的規定，保險人在下列情況下有權解除保險合同：

（1）投保人故意或者因重大過失未履行如實告知義務，足以影響保險人決定是否同意承保或者提高保險費率的，保險人有權解除合同。

（2）被保險人或者受益人在未發生保險事故的情況下謊稱發生了保

險事故，向保險人提出賠付保險金的請求，保險人有權解除保險合同，並不退還保險費。

（3）投保人、被保險人故意製造保險事故的，保險人有權解除保險合同，不承擔賠付責任，並不退還保險費。

（4）因保險標的轉讓導致危險程度顯著增加的，保險人自收到被保險人或者受讓人的通知之日起三十日內，可以按照合同約定增加保險費或者解除合同。被保險人、受讓人未履行保險標的轉讓的通知義務的，因轉讓導致保險標的危險程度顯著增加而發生的保險事故，保險人不承擔賠償保險金的責任。

（5）投保人、被保險人未按約定履行其對保險標的的安全應盡責任的，保險人有權要求增加保險費或解除保險合同。

（6）在保險合同有效期內，保險標的的危險程度顯著增加的，被保險人按照合同約定應及時通知保險人，保險人有權要求增加保險費或者解除保險合同。被保險人未履行通知義務的，因保險標的危險程度顯著增加而發生的保險事故，保險人不承擔賠償保險金的責任。

（7）人身保險的投保人申報的被保險人年齡不真實，並且其真實年齡不符合合同約定的年齡限制的，保險人可以解除合同，並按照合同約定退還保險單的現金價值。[1]

（8）自保險合同效力中止之日起滿兩年，保險雙方當事人未達成復效協議的，保險人有權解除保險合同。

（9）保險標的發生部分損失的，自保險人賠償之日起三十日內，除合同另有約定外，保險人可以解除合同，但應當提前十五日通知投保人。合同解除的，保險人應當將保險標的未受損失部分的保險費，按照合同約定扣除自保險責任開始之日起至合同解除之日止應收的部分後，退還投保人。

中國《保險法》的上述規定，賦予了保險人在投保人、被保險人和受益人嚴重違反法律規定及合同約定的情況下解除保險合同的權利，這既是對被保險人及其關係人違法行為的懲戒，又是對保險人合法權益的維

---

[1] 對於第（1）和第（7）種情況下的保險合同解除權，《保險法》第十六條作了明確的限制性規定：「合同解除權，自保險人知道有解除事由之日起，超過三十日不行使而消滅。自合同成立之日起超過兩年的，保險人不得解除合同；發生保險事故的，保險人應當承擔賠償或者給付保險金的責任。」「保險人在合同訂立時已經知道投保人未如實告知的情況的，保險人不得解除合同；發生保險事故的，保險人應當承擔賠償或者給付保險金的責任。」

護，體現了誠實信用原則和公平互利原則。

3. 保險雙方約定解除保險合同

這種情況簡稱為約定解除或協議註銷。保險合同當事人在不違反法律法規或公共利益的前提下，可以在合同中約定當一定的事實發生時，一方或雙方當事人有權解除合同，並且可以約定行使解除權的期限。如中國的船舶戰爭險條款規定，對於定期保險，保險人有權在任何時候向被保險人發出註銷戰爭險的通知，在發出通知後 14 天期滿時終止戰爭險責任。又如，中國的簡易人身保險條款規定，交付保險費一週年以上，並且保險期已滿一週年的，投保人或被保險人不願繼續保險的，可向保險人申請退保。

可見，約定解除是指保險雙方經過協商可以在保險合同中規定一方或雙方當事人以一定條件註銷保險合同的權力。

保險合同解除的程序是：在法律規定或保險合同約定的條件下，具有解約權的一方當事人，可以單方決定解除保險合同，但解約方應將解除保險合同的通知做成書面文件並及時通知對方當事人。任何一方不符合法律的規定或保險合同約定，擅自解除保險合同的，應當承擔相應的違約責任及其他法律責任。

（二）保險合同的期滿終止

這是保險合同終止的最普遍的原因。保險期限是保險人承擔保險責任的起止時限。如果在保險期限內發生了保險事故，保險人按照合同約定賠償了保險金額的一部分，保險合同期滿時，保險合同的權利和義務關係終止；如果在保險期限內沒有發生保險事故，保險人沒有賠付，保險合同載明的期限屆滿時，保險合同自然終止。一般而言，只要超過了保險合同規定的責任期限，保險合同就終止，保險人就不再承擔保險責任。

（三）保險合同的履約終止

保險合同是保險雙方當事人約定在一定的保險事故發生時，保險人承擔賠償或給付保險金責任的合同。因此，保險合同約定的保險事故發生，保險人履行完賠償或者給付保險金責任後，無論保險期限是否屆滿，保險合同即告終止。

第四節　保險合同的爭議處理

一、保險合同爭議處理的方式

保險合同爭議的處理主要採取協商、仲裁和訴訟的方式。

（一）協商

協商一般是指主體間就共同關心的事項和利益進行協調和取得諒解的方式。

在經濟合同中，協商是合同雙方當事人在自願互諒的基礎上，按照法律規定和合同約定，進行協調和商議的方式。

在保險雙方發生爭議時，首先應該通過協商方式進行解決。在協商下，雙方各自做出一定的讓步，在共同能夠接受的結果下達成和解的協議。協商是解決保險合同爭端的一種好的方式。通過協商方式處理保險合同爭議，具有簡便、易行的特點，可以節約仲裁或訴訟費用，有助於化解保險雙方的矛盾，進一步增進保險雙方的瞭解、信任與合作。

（二）仲裁

仲裁也稱「公斷」，是指當事人雙方在某一問題上爭執不決時，自願地由第三者（一般為依法設立的仲裁機構的仲裁員）居中調解，做出裁決的方式。[1] 在古羅馬時代就已經出現了以仲裁方式解決商品買賣中爭議的做法。1697年，英國頒布了世界上第一部仲裁法。到了19世紀，世界各國紛紛制定了有關仲裁的法律，將仲裁作為解決民商事爭議的方式，並以法律的形式固定下來。在20世紀之後，仲裁已成為世界各國公認的解決民商事爭議的最有效的手段之一。仲裁裁決與法院判決一樣，對當事人具有法律約束力。

按照中國《仲裁法》[2] 的規定，平等主體的公民、法人和其他組織之間發生的合同糾紛和其他財產權益糾紛，可以仲裁；當事人雙方採用仲裁

---

[1] 根據曾慶敏主編的《精編法學辭典》第344頁及《辭海（縮印本）》第219頁對仲裁的解釋歸納得出。

[2] 即1994年8月31日第八屆全國人民代表大會第九次會議通過，1994年8月31日中華人民共和國主席令第31號公布，1995年9月1日施行的《中華人民共和國仲裁法》，簡稱《仲裁法》。

方式解決糾紛，應當自願達成仲裁協議，沒有仲裁協議，一方申請仲裁的，仲裁委員會不予受理；仲裁不實行地域管轄和級別管轄；仲裁實行一裁終局的制度，裁決做出後當事人就同一糾紛再申請仲裁或向人民法院起訴的，仲裁委員會或者人民法院不予受理。

(三) 訴訟

訴訟是指法院、檢察機關以及民事、刑事案件的當事人，依照法定程序處理案件時所進行的活動。在訴訟過程中，司法機關、當事人和其他訴訟參與人都依法具有各自特定的訴訟地位，各自享有法定的訴訟權利、履行一定的訴訟義務。[1]

在保險雙方當事人發生保險合同糾紛時，可以通過訴訟方式尋求法律上的保護。人民法院應以事實為依據、以法律為準繩，獨立、客觀、公正地行使憲法賦予的審判權，維護保險雙方當事人的合法權益。按照《中華人民共和國民事訴訟法》第二十六條的規定：「因保險合同糾紛提起訴訟，通常由被告所在地或者保險標的物所在地人民法院管轄。」

在中國現行的保險合同條款中，一般明確約定：發生爭議時，由保險雙方當事人協商解決；協商不成的，提交合同中約定的仲裁委員會仲裁或者依法向人民法院提起訴訟。

二、保險合同的條款解釋原則

保險合同訂立後，可能因種種原因使保險雙方當事人及關係人對保險合同條款的內容有不同的理解以致雙方發生爭議。在爭議的情況下，一般由當事人雙方協商解決，若協商不能達成一致，則應通過仲裁機關或者法院做出裁決或判決。為保證裁決或判決的客觀和公正，需要依照法律的規定或行業習慣確定一定的條款解釋原則。保險合同的條款解釋原則，可以概括為以下三點：

(一) 文義解釋

文義解釋是指對合同條款的文字應按照其通常的含義並結合上下文來解釋；同一個合同中出現的同一個文句，前後的解釋應當相同；條款中出現的專業術語，應按照其所屬行業的通常含義進行解釋。在保險合同中，對一般條文的解釋，應該按照該文字通常的含義並結合合同的整體內容來

---

[1] 根據曾慶敏主編的《精編法學辭典》第535頁及《辭海（縮印本）》第385頁對訴訟的解釋歸納得出。

解釋；對保險專業術語、法律術語及其他專業術語，可以依據保險法及相關的法律、法規或行業慣例等進行解釋。

(二) 意圖解釋

意圖解釋是指解釋保險合同條款應遵循簽約當時雙方當事人的真實意圖，以當時的客觀情況為出發點來進行解釋。保險合同的條款是保險雙方當事人意思表示一致而確立的，因此，解釋時應充分尊重雙方當事人訂立合同時的真實意圖。在雙方對合同條款有歧義而又無法運用文義解釋原則時，應通過分析背景材料等方式，對簽約當時雙方當事人的真實意圖進行邏輯上的推斷。

(三) 解釋應有利於被保險人和受益人

由於保險合同一般是由保險人事先擬定的，是附合合同，保險合同條款主要是格式條款，在訂立保險合同時，投保人往往只能表示接受或不接受，使保險人在條文的擬定上處於主動地位，被保險人則居於被動地位；而且，保險條款的專業性較強，有些保險專業術語一般人難以理解，因此，對保險條款有兩種或兩種以上的解釋時，應當做出不利於提供格式條款一方的解釋，即解釋應有利於被保險人和受益人。對此，中國《保險法》第三十條作了明確的法律規定：「採用保險人提供的格式條款訂立的保險合同，保險人與投保人、被保險人或者受益人對合同條款有爭議的，應當按照通常理解予以解釋。對合同條款有兩種以上解釋的，人民法院或者仲裁機構應當做出有利於被保險人和受益人的解釋。」

復習思考題

1. 名詞解釋：

   保險人　　　　　被保險人　　　　　受益人
   保險代理人　　　保險經紀人　　　　保險利益
   保險標的　　　　保險金額

2. 什麼是保險合同？保險合同具有哪些特徵？
3. 什麼是投保人？作為投保人需要具備哪些條件？
4. 新《保險法》對保險公估人有何規定？
5. 簡述保險合同的訂立程序，說明保險合同訂立的主要形式有哪些？
6. 保險合同的主體變更有哪幾種情況？保險合同的變更應該採取什

麼形式？

　　7. 保險合同終止有哪幾種情況？
　　8. 簡述保險合同解除的主體、原因及程序。
　　9. 簡述保險合同爭議處理的方式。
　　10. 簡述保險合同的條款解釋原則，說明為什麼保險合同的解釋要有利於被保險人和受益人？

第六章 保險的基本原則

內容提示：在保險業務的長期發展過程中，為了規範保險行為，保證保險制度的健康運行，逐漸形成了一些公認的原則，這些原則一般在法律或保險合同中作了相應的規定或約定。本章闡述了保險合同的六項原則，其中前三項原則是財產保險合同和人身保險合同共同的基本原則，後三項原則是財產保險合同特有的原則。本章是重點章，學習時應系統掌握、深入理解各原則的含義、主要內容及其基本要求。

第一節 最大誠信原則

一、最大誠信原則的基本含義和產生的原因

（一）最大誠信原則的基本含義

誠信即誠實、守信用，具體而言就是要求一方當事人對另一方當事人不得隱瞞、欺騙，做到誠實；任何一方當事人都應該善意地、全面地履行自己的義務，做到守信用。誠實信用原則是各國立法對民事、商事活動的基本要求。例如，《中華人民共和國合同法》[①] 第六條規定：「當事人行使權利、履行義務應當遵循誠實信用原則。」當事人在訂立合同過程中故意隱瞞與訂立合同有關的重要事實或者提供虛假情況，以及有其他違背誠

[①] 1999 年 3 月 15 日第九屆全國人民代表大會第二次會議通過，1999 年 10 月 1 日起施行。

實信用原則的行為，給對方造成損失的，應當承擔損害賠償責任。

由於保險經營活動的特殊性，保險交易中對誠信的要求更為嚴格，要求合同雙方在訂立和履行保險合同過程中做到最大誠信。最大誠信原則的基本含義是：保險雙方在簽訂和履行保險合同時，必須保持最大的誠意，互不欺騙和隱瞞，恪守合同的承諾，全面履行自己應盡的義務。否則，將導致保險合同無效，或承擔其他法律後果。

(二) 最大誠信原則產生的原因

在商業保險的發展過程中，最大誠信原則起源於海上保險。海上保險發展初期，當投保人與保險人簽訂保險合同時，投保的船舶和貨物可能已在異地，保險人不能對保險財產進行實地瞭解，只能憑投保人對保險標的風險情況的描述，來決定是否承保，以什麼條件承保等。這就客觀上要求投保人對保險標的及風險狀況的描述必須真實可靠；否則，將影響保險人對風險的判斷。隨著海上保險業務的發展，最大誠信逐步成為海上保險的一項基本準則。最早把最大誠信原則以法律進行規範的是英國1906年頒布的《海上保險法》，該法第十七條規定：海上保險合同是建立在最大誠信基礎上的合同。如果合同任何一方不遵守最大誠信，另一方就可宣告合同無效。後來，各國制訂的保險法大都規定了這一原則。中國《保險法》第五條規定：「保險活動當事人行使權利、履行義務應當遵循誠實信用原則。」

保險交易活動必須堅持最大誠信原則的主要原因在於保險合同雙方信息的不對稱性，主要表現在兩個方面：

1. 保險人對保險標的的非控制性

在整個保險經營活動中，投保人向保險人轉嫁的是保險標的未來面臨的特定風險，而非保險標的本身。無論承保前還是承保後，保險標的始終控制在投保人、被保險人手中，投保人對保險標的及風險狀況最為瞭解，保險人在承保時雖然要對保險標的進行審核，但往往因沒有足夠的人力、物力、時間對投保人、被保險人及保險標的進行詳細的調查研究，其對保險標的及風險狀況的判斷主要依靠投保人的陳述。這就要求投保人或被保險人在合同訂立與履行過程中對有關保險標的的情況如實告知保險人，投保人對保險標的及風險程度等情況陳述的完整、準確與否，直接影響到保險人是否承保、保險費率的確定和保險合同履行過程中對保險標的風險狀況的把握，投保人的任何欺騙或隱瞞行為，必然會侵害保險人的利益。因此，為保證保險經營活動的正常進行，維護保險人的利益，要求投保人或

被保險人遵循最大誠信原則。

2. 保險合同的專業性

保險合同因投保人與保險人意思表示一致而成立，並以雙方相互誠實信用為基礎，投保人向保險人支付保險費轉移風險，相當程度上是基於信賴保險人對保險條款所做的解釋和說明。保險合同是附和合同，合同條款一般由保險人事先擬定，具有較強的專業性和技術性，投保人不熟悉保險業務知識，在簽約時會處於不利地位。這就要求保險人也應堅持最大誠信原則，將保險合同的主要內容告知投保人、被保險人。

二、最大誠信原則的主要內容及相關法律規定

最大誠信原則的基本內容包括告知、保證、說明、棄權與禁止反言。告知與保證主要是對投保人或被保險人的約束；說明、棄權與禁止反言主要是對保險人的約束。

（一）告知

1. 告知的含義

告知是投保人或被保險人在保險合同簽訂和履行的過程中對保險標的及其相關重要事項向保險人所做的陳述。告知分廣義告知和狹義告知兩種。廣義告知是指保險合同訂立時，投保方必須就保險標的的風險狀態等有關事項向保險人進行口頭或書面陳述，以及合同訂立後，保險標的風險增加或事故發生等的通知。狹義告知僅指投保方對保險合同成立時就保險標的的有關事項向保險人進行口頭或書面陳述。事實上，在保險實務中所稱的告知，一般是指狹義告知。關於保險合同訂立後保險標的的風險增加或保險事故發生時的告知，一般稱為通知義務。

2. 告知的形式和內容

告知的形式一般有兩種，即事實告知和詢問告知。事實告知又稱無限告知，即法律或保險人對告知的內容沒有明確規定，投保方須主動地將保險標的的狀況及有關重要事實如實告知保險人。詢問告知又稱有限告知、主觀告知，是指投保方只對保險人詢問的問題如實告知，對詢問以外的問題投保方無須告知。早期保險活動中的告知形式主要是事實告知。隨著保險技術水平的提高，目前世界上許多國家，包括中國在內的保險立法都是採用詢問告知的形式。中國《保險法》第十六條第一款規定：「訂立保險合同，保險人就保險標的或者被保險人的有關情況提出詢問的，投保人應當如實告知。」可見，中國《保險法》採取的是詢問告知形式。在保險實

務中,一般操作方法是保險人將需投保人告知的內容列在投保單上,要求投保人如實填寫。要求投保方告知的主要內容是在保險合同訂立時,投保人應將那些足以影響保險人決定是否承保和確定費率的重要事實如實告知保險人。例如,將人身保險中被保險人的年齡、性別、健康狀況、既往病史、家族遺傳史、職業、居住環境、嗜好等如實告知保險人;將財產保險中保險標的的價值、使用性質、風險狀況等如實告知保險人。

3. 違反告知義務的法律後果

投保人對保險人詢問的事項,未盡如實告知義務時,根據各國保險法的規定,保險人有解除保險合同的權利。因為,投保人違反如實告知義務,會使得保險人在承保後處於不利的地位,若繼續維持保險合同的效力,不僅對保險人不公平,會損害保險人的利益,而且也會助長投保人不履行告知義務的行為。基於此,中國《保險法》第十六條第二、四、五款規定:「投保人故意或者因重大過失未履行前款規定的如實告知義務,足以影響保險人決定是否同意承保或者提高保險費率的,保險人有權解除合同。投保人故意不履行如實告知義務的,保險人對於合同解除前發生的保險事故,不承擔賠償或者給付保險金的責任,並不退還保險費。投保人因重大過失未履行如實告知義務,對保險事故的發生有嚴重影響的,保險人對於合同解除前發生的保險事故,不承擔賠償或者給付保險金的責任,但應當退還保險費。」從以上的規定可以看出:①投保人無論是故意不履行如實告知義務,還是因重大過失未履行如實告知義務,保險人都可以解除保險合同,保險人對於保險合同解除前發生的保險事故不承擔賠付保險金的責任;②由於投保人的故意與過失在性質上的不同,《保險法》在是否退還保險費的問題上作了不同的規定,其目的在於懲戒故意不履行告知義務的行為。

4. 及時通知

所謂通知,是指投保人或被保險人在保險標的的危險程度增加或保險事故發生時應盡快通知保險人,使保險人知悉有關情況。通知主要有三方面的內容:①保險合同有效期內,若保險標的危險程度增加,應及時通知保險人,以便保險人決定是否繼續承保,或以什麼條件接受這種變化。因為在保險合同中,危險程度的大小是保險人決定承保以及確定保險費率的重要依據,而危險程度又取決於保險標的所處的不同條件或狀態。如果保險標的所處的條件或狀態發生了變化,導致當事人訂立合同所無法預見的有關危險因素及危險程度的增加,勢必影響到保險人的根本利益。因此,

投保人或被保險人應當將危險增加之事實告知保險人。被保險人未履行通知義務的，因保險標的的危險程度增加而發生的保險事故，保險人不承擔賠償責任。②被保險人在知道保險事故發生後，應及時通知保險人，以便保險人及時查勘定損，並有義務根據保險人的要求提供與確認保險事故的性質、原因、損失程度等有關的證明和資料。③其他有關通知事項。在財產保險合同中，重複保險的投保人應當將重複保險的有關情況通知各保險人；保險標的的轉讓應當通知保險人，經保險人同意繼續承保後，依法變更合同。因為保險標的的轉讓可能會使保險標的面臨的風險狀況發生變化，增加保險人承擔的風險責任範圍，影響保險人的經營穩定，所以，被保險人在保險標的轉讓時，應當通知保險人，經保險人同意後，變更合同中的被保險人後繼續承保。

(二) 保證

1. 保證的含義

保證是最大誠信原則的另一項重要內容。所謂保證，是指保險人要求投保人或被保險人對某一事項的作為或不作為，某種事態的存在或不存在作出許諾。保證是保險人簽發保險單或承擔保險責任的條件，其目的在於控制風險，確保保險標的及其周圍環境處於簽約時的狀態中。保證屬於保險合同的重要內容。

2. 保證的形式

從保證的表現形式上看，保證可分為明示保證與默示保證兩種。

明示保證是指以文字形式記載於保險合同中的保證事項，成為保險合同的條款。例如，中國機動車輛保險條款規定，被保險人及其駕駛人應當做好保險車輛的維護、保養工作，並按規定檢驗合格；保險車輛裝載必須符合法律法規中有關機動車輛裝載的規定，使其保持安全行駛技術狀態；被保險人及其駕駛人應根據保險人提出的消除不安全因素和隱患的建議，及時採取相應的整改措施。明示保證是保證的重要表現形式。

默示保證是指在保險合同中雖然沒有以文字形式加以規定，但習慣上是社會公認的或法律規定的投保人或被保險人應該保證的事項。默示保證在海上保險中運用比較多，例如，海上保險的默示保證事項：①保險的船舶必須有適航能力；②要按預定的或習慣的航線航行；③必須從事合法的運輸業務。默示保證與明示保證具有同等的法律效力，被保險人都必須嚴格遵守。

從保證的內容上看，保證可分為承諾保證與確認保證。

承諾保證是指投保人或被保險人對將來某一事項的作為或不作為的保證，即對未來有關事項的保證。例如，投保家庭財產保險時，投保人或被保險人保證不在家中放置危險物品；投保家庭財產盜竊險時，投保人或被保險人保證家中無人時，門窗一定要關好、上鎖。

　　確認保證是指投保人或被保險人對過去或現在某一特定事實的存在或不存在的保證。確認保證是要求對過去或投保當時的事實作出如實的陳述，而不是對該事實以後的發展情況作保證。例如，投保人身保險時，投保人保證被保險人在過去和投保當時健康狀況良好，但不保證今後也一定如此。正是被保險人未來面臨患病的風險，現在才有投保的必要。

　　3. 違反保證的法律後果

　　在保險活動中，無論是明示保證還是默示保證，保證的事項均屬重要事實，因而被保險人一旦違反保證的事項，保險合同即告失效，或保險人拒絕賠償損失或給付保險金，而且除人壽保險外，保險人一般不退還保險費。

　　（三）說明

　　1. 說明的含義

　　此處的說明是指保險人的說明義務，即保險人應當向投保人說明保險合同條款的內容，特別是免責條款內容。

　　2. 說明的內容和形式

　　保險人說明的內容，主要是影響投保人決定是否投保及如何投保的一切事項。保險人有義務在訂立保險合同前向投保人詳細說明保險合同的各項條款，並對投保人提出的有關合同條款的提問做出直接、真實的回答，就投保人有關保險合同的疑問進行正確的解釋。保險人可以書面或口頭形式對投保人做出說明，也可以通過代理人向投保人做出說明。保險人應當就其說明的內容負責，對其代理人所作的說明，亦負同一責任。保險人說明義務的重心，是保險合同的免責條款。因為免責條款直接關係到保險人對被保險人是否承擔賠付責任的範圍，對投保決策具有決定性的作用，如果不對這些條款予以說明，投保人的投保決策可能與其真正的需要發生衝突，會影響投保人或被保險人的利益。

　　保險人履行說明義務的形式有兩種：明確列明和明確說明。明確列明是指保險人把投保人決定是否投保的有關內容，以文字形式在保險合同中明確載明；明確說明則不僅要將有關保險事項以文字形式在保險合同中載明，而且還須對投保人進行明確的提示，對重要條款做出正確的解釋。中

國《保險法》採取後一種方式。《保險法》第十七條第二款規定：「對保險合同中免除保險人責任的條款，保險人在訂立合同時應當在投保單、保險單或者其他保險憑證上做出足以引起投保人注意的提示，並對該條款的內容以書面或者口頭形式向投保人做出明確說明；未作提示或者明確說明的，該條款不產生效力。」

(四) 棄權與禁止反言

棄權是指合同一方任意放棄其在保險合同中的某種權利。禁止反言又稱禁止抗辯，是指合同一方既然已經放棄這種權利，將來就不得反悔，再向對方主張這種權利。此條主要用以約束保險人。例如，在海上保險中，保險人已知被保險輪船改變航道而沒提出解除合同，則視為保險人放棄對不能改變航道這一要求的權利，因改變航道而發生的保險事故造成的損失，保險人就要賠償。棄權與禁止反言的情況可能產生於保險代理關係中，保險代理人是基於保險人利益並以保險人名義從事保險代理活動，他們在業務活動中可能會受利益驅動而不按保險單的承保條件招攬業務，即放棄保險人可以主張的權利，保險合同一旦生效後，保險人不得以投保人未履行告知義務而解除保險合同。《保險法》第十六條第六款規定：「保險人在合同訂立時已經知道投保人未如實告知的情況的，保險人不得解除合同；發生保險事故的，保險人應當承擔賠償或者給付保險金的責任。」《保險法》第一百二十七條規定：「保險代理人根據保險人的授權代為辦理保險業務的行為，由保險人承擔責任。保險代理人沒有代理權、超越代理權或者代理權終止後以保險人名義訂立合同，使投保人有理由相信其有代理權的，該代理行為有效。保險人可以依法追究越權的保險代理人的責任。」

第二節　保險利益原則

一、保險利益原則的含義及其意義

(一) 保險利益的含義

保險利益是指投保人或被保險人對保險標的具有的法律上承認的利益。這裡的利益一般是指保險標的的安全與損害直接關係到被保險人的切身經濟利益。表現為：保險標的存在，這種利益關係存在；如果保險標的受損，則投保人或被保險人的經濟利益也會受損。如果保險事故發生導致

保險標的的損害，而投保人或被保險人的經濟利益毫無損失，則投保人或被保險人對保險標的沒有保險利益。例如在財產保險合同中，保險標的的毀損滅失直接影響到投保人的經濟利益，視為投保人對該保險標的具有保險利益；在人身保險合同中，保險利益關係既可以表現為經濟利益關係，也可以表現為親緣關係等。

《保險法》第十二條第一、二、三、四、六款規定：「人身保險的投保人在保險合同訂立時，對被保險人應當具有保險利益。財產保險的被保險人在保險事故發生時，對保險標的應當具有保險利益。人身保險是以人的壽命和身體為保險標的的保險。財產保險是以財產及其有關利益為保險標的的保險。保險利益是指投保人或者被保險人對保險標的具有的法律上承認的利益。」

一般而言，保險利益是保險合同生效的條件，也是維持保險合同效力的條件（不同的險種有一定的差異）。因此，保險利益原則是保險合同的一項基本原則。

（二）保險利益成立的條件

保險利益是保險合同得以成立的前提，無論是財產保險合同，還是人身保險合同，都應以保險利益的存在為前提。保險利益應符合下列條件：

1. 保險利益應為合法的利益

投保人對保險標的所具有的利益要為法律所承認。只有在法律上可以主張的合法利益才能受到國家法律的保護，因此，保險利益必須是符合法律規定的、符合社會公共秩序的、為法律所認可並受到法律保護的利益。例如，在財產保險中，投保人對保險標的所有權、佔有權、使用權、收益權或對保險標的所承擔的責任等，必須是依照法律、法規、有效合同等合法取得、合法享有、合法承擔的利益，因違反法律規定或損害社會公共利益而產生的利益，不能作為保險利益。例如，因盜竊、走私、貪污等非法行為所得的利益不得作為投保人的保險利益而投保。

2. 保險利益一般應為經濟利益

由於保險保障是通過貨幣形式的經濟補償或給付來實現其職能的，如果投保人或被保險人的利益不能用貨幣來反應，則保險人的承保和賠付就難以進行。因此，投保人對保險標的的保險利益在數量上應該可以用貨幣來計量，無法定量的利益不能成為可保利益。在財產保險中，由於保險標的本身是可以估價的，保險利益也可以用貨幣來衡量。由於人身無價，一般情況下，人身保險合同的保險利益有一定的特殊性，只要求投保人對被

保險人具有法律上承認的利害關係，就認為投保人對被保險人具有保險利益，保險利益不能用貨幣來衡量；在個別情況下，人身保險的保險利益也可加以計算和限定，如債權人對債務人生命的保險利益可以確定為債務的金額。

3. 保險利益一般應為確定的利益

確定的利益是指投保人對保險標的在客觀上或事實上已經存在或可以確定的利益。這種利益不僅是可以確定的，而且是客觀存在的利益，不是當事人主觀臆斷的利益。這種客觀存在的確定利益一般包括現有利益和期待利益。現有利益是指在客觀上或事實上已經存在的經濟利益；期待利益是指在客觀上或事實上尚未存在，但根據法律、法規、有效合同的約定等可以確定在將來某一時期內將會產生的經濟利益。在投保時，現有利益和期待利益均可作為確定保險金額的依據；但在保險財產受損索賠時，期待利益必須已成為現實利益才屬索賠範圍，保險人的賠償或給付，以實際損失的保險利益為限。

（三）堅持保險利益原則的意義

1. 防止道德風險的誘致

投保人對與自己毫無利害關係的保險標的投保，就可能出現投保人為了謀取保險賠償而任意購買保險，並希望事故發生的現象；甚至為了獲得巨額賠償或給付，採用縱火、謀財害命等手段，製造事故。這些都增加了道德風險發生的可能性。在保險利益原則的規定下，由於投保人與保險標的之間存在著利害關係，投保的目的是為了獲得一種經濟保障，因而能在較大程度上防範道德風險。

2. 避免賭博行為的發生

保險和賭博都具有射幸性，若對與自己毫無利害關係的保險標的投保，被保險人就可能因保險事故的發生而獲得高於所交保險費若干倍的額外收益，如果沒有發生事故則喪失保險費，這種以小的損失謀取較大的經濟利益的投機行為是一種賭博行為。堅持保險利益原則，就會把保險與賭博從本質上區分開來。英國保險發展歷史上曾出現過保險賭博事件，投保人對與自己毫無利害關係的標的投保，一旦發生保險事故就可獲得相當於保險費千百倍的巨額賠款，於是人們就像在賽馬場上下賭註一樣買保險，這嚴重影響了社會的安定。於是英國政府於17世紀中葉通過立法禁止了這種行為，維護了正常的社會秩序，保證了保險事業的健康發展。

3. 限制損失賠償金額

財產保險合同是補償性合同，保險合同保障的是被保險人的經濟利

益，補償的是被保險人的經濟損失，而保險利益以投保人對保險標的的現實利益以及可以實現的預期利益為範圍，因此是保險人衡量損失及被保險人獲得賠償的依據。保險人的賠償金額不能超過保險利益，否則被保險人將因保險而獲得超過其損失的經濟利益，這既有悖於損失補償原則，又容易誘發道德風險和賭博行為。另外，如果不以保險利益為原則，還容易引起保險糾紛。

二、財產保險利益與人身保險利益的比較

（一）保險利益的認定

雖然一切保險利益均來源於法律、合同、習慣或慣例，但由於兩大險種保險標的性質不同，保險利益產生的條件各異。

1. 財產保險利益的認定

一般來說，財產保險的保險利益主要產生於投保人或被保險人對保險標的的各項權利和義務。它主要包括現有利益、期待利益和責任利益。現有利益是指投保人或被保險人對保險標的在投保時已享有的利益，包括所有利益、佔有利益、抵押利益、留置利益、債權利益等，是保險利益最為通常的形態。期待利益又稱希望利益，是指通過現有利益而合理預期的未來利益，如盈利收入利益、租金收入利益、運費收入利益等。責任利益主要是針對責任保險而言的。但基於財產保險標的的可估價性和保險合同的補償性特點，保險利益的成立要求符合以下條件：①可以用金錢計算；②必須是合法利益；③必須是確定的利益，即無論是現有利益還是預期利益，都必須在客觀上是確定的、能夠實現的利益，而不是憑主觀臆測或推斷可能獲得的利益。

2. 人身保險利益的認定

各國保險立法對人身保險利益的規定有共同之處，即投保人對自己的壽命和身體具有保險利益。但當投保人為他人投保時，保險利益的認定採取了不同的方法：①利益主義。以投保人和被保險人之間是否存在金錢上的利害關係或者其他利害關係為判斷標準，如英美的保險法就以此方式認定保險利益。②同意主義。不論投保人和被保險人之間有無利益關係，均以取得被保險人同意為判斷標準，如韓國、德國、法國等的保險法就以此方式認定保險利益。③折中主義。將以上兩者結合起來，如臺灣地區的保險立法。

中國《保險法》第三十一條規定：「投保人對下列人員具有保險利

益：①本人；②配偶、子女、父母；③前項以外與投保人有撫養、贍養或者扶養關係的家庭其他成員、近親屬；④與投保人有勞動關係的勞動者。除前款規定外，被保險人同意投保人為其訂立合同的，視為投保人對被保險人具有保險利益。訂立合同時，投保人對被保險人不具有保險利益的，合同無效。」

從以上規定可以看出，中國《保險法》在人身保險保險利益的認定上將投保人與被保險人具有利害關係和被保險人同意兩者結合起來，既可以有效地防範道德風險，又具有靈活性。

(二) 保險利益的量

1. 財產保險的保險標的具有可估價性，決定了投保人或被保險人對保險標的的保險利益都有量的規定

投保人或被保險人對保險標的的保險利益，在量上表現為保險標的的實際價值，如果保險金額超過保險標的的實際價值，超過部分將因無保險利益而無效。這是因為財產保險合同是補償性合同，投保人以其財產向保險公司投保的目的，在於財產因保險事故受損時能獲得補償。如果補償金額不受保險利益的限制，被保險人以較少的損失獲得較多的賠償，則與損失補償原則相悖，也易誘發道德風險。因此，財產保險的損失補償，以被保險人對保險標的具有的保險利益為限。

2. 人身保險的保險標的不可估價，因此保險利益一般沒有客觀的評判標準

投保人為自己投保，保險利益可以無限，但保險金額大小要受到繳費能力的限制；投保人為他人投保，保險利益的量取決於投保人與被保險人在法律上的相互關係或經濟上的相互關係和依賴程度，但除法律或保險合同對保險金額有限制和繳費能力制約外，保險利益一般沒有嚴格的量的規定。在個別情況下，人身保險的保險利益也可加以計算和限定，如債權人對債務人生命的保險利益可以確定為債務的金額加上利息及保險費。

(三) 保險利益存在的時間和歸屬主體

此問題既涉及保險利益是在簽約時存在，還是在保險合同有效期內和保險事故發生時皆應存在，也涉及保險利益是對誰的要求，是對投保人還是被保險人。

1. 財產保險中，保險合同訂立時不一定嚴格要求投保人必須具有保險利益，但保險事故發生時被保險人對保險標的應該具有保險利益

財產保險合同保險利益的規定，主要目的在於衡量是否有損失以及損

失的大小，並以此為賠償計算的依據，從而防止道德風險的發生。因此，財產保險合同強調保險事故發生時被保險人對保險標的必須具有保險利益。如果簽約時投保人對保險標的具有保險利益，而保險事故發生時，被保險人對保險標的不具有保險利益，意味著被保險人無損失，依據補償原則保險人將不負賠償責任；反之，即使某些情況下簽約時投保人對保險標的沒有保險利益，但只要保險事故發生時被保險人對保險標的具有保險利益，保險人仍要承擔賠償責任。這種情況在海上保險中比較典型，在其他財產保險合同中也可能出現。例如，在國際貿易中以 CFR 條件進行貨物買賣時，買方在接到賣方的裝貨通知後即可投保海洋貨物運輸險。但此時買方並未取得作為物權憑證的提單，嚴格說來對貨物不具有保險利益，但只要保險事故發生時對保險標的具有保險利益，保險人就要承擔賠償責任，這在世界各國基本上是一條公認的準則。

從另一個角度分析，財產保險合同在多數情況下投保人與被保險人為同一人，但在特殊的情況下投保人與被保險人不是同一人，如在保險實務中出現的商場為購物顧客附贈財產保險、單位為職工購買家庭財產保險等。類似這種投保人與被保險人不是同一人的情況，投保人對於保險標的實際上並沒有保險利益，保險合同是否有效關鍵看被保險人對保險標的是否具有保險利益。因為在此情況下投保人只有繳納保險費的義務，一旦保險標的發生保險事故，投保人無從獲取非分之利。只要被保險人對保險標的具有保險利益，就可以有效地防範道德風險的發生。

2. 人身保險著重強調簽約時投保人對保險標的具有保險利益，至於保險事故發生時是否存在，並不影響保單的效力和保險金的給付

當投保人為自己買保險時，當然對保險標的具有保險利益，在保險合同有效期內也具有保險利益。但人身保險合同投保人與被保險人不是同一人的情況比較多見，如丈夫為妻子投保、企業為職工投保等。如果投保人簽約時對被保險人具有保險利益，那麼保險合同生效後即使投保人與被保險人的關係發生了變化，如夫妻離婚、職工離開原單位等，投保人對被保險人沒有了保險利益，不影響保險合同的效力，保險事故發生時保險人應承擔保險金給付責任。原因在於：首先，人身保險合同不是補償性合同，因而不必要求保險事故發生時投保人對保險標的一定具有保險利益。人身保險對保險利益的規定，其目的在於防止道德風險和賭博行為，如果簽約時作了嚴格的控制，道德風險一般較少發生於保險合同有效期內。其次，人身保險合同的保險標的是人，且壽險合同多數具有儲蓄性，被保險人受

保險合同保障的權利不能因為投保人與被保險人保險利益的喪失而被剝奪；否則，有違保險宗旨，也有失公平。

第三節　近因原則

一、近因及近因原則的含義

任何一張保險單上保險人承擔風險責任的範圍都是有限的，即保險人承擔賠付責任是以保險合同所約定的風險發生所導致保險標的的損失為條件的，但在保險實務中，有時導致保險標的損失的原因錯綜複雜，為了維護保險合同的公正，近因原則應運而生。近因原則是判斷風險事故與保險標的損失之間的因果關係，從而確定保險賠付責任的一項基本原則。長期以來，它是保險實務中處理賠案時所遵循的重要原則之一。

近因是指引起保險損失最有效的、起主導作用或支配作用的原因，而不一定是在時間上或空間上與保險損失最接近的原因。近因原則是指保險賠付以保險風險為損失發生的近因為要件的原則，即在風險事故與保險標的損失關係中，如果近因屬於保險風險，保險人應負賠付責任；近因屬於不保風險，則保險人不負賠償責任。自從英國1906年《海上保險法》第五十五條規定了這一原則至今，該原則被各國保險法律法規所採用。

中國《保險法》至今對近因原則未做出明確的規定，只是在相關條文中體現了近因原則的精神。

二、近因的判定及近因原則的應用

近因判定的正確與否，關係到保險雙方當事人的切身利益。前面雖然對近因原則在理論上作了表述，但由於在保險實務中，導致損害的原因多種多樣，對近因判定也比較複雜，因此，如何確定損失近因，要根據具體情況做具體的分析。一般而言，在損失的原因有兩個以上，且各個原因之間的因果關係未中斷的場合，其最先發生並造成一連串事故的原因即為近因。保險人在分析引起損失的原因時應以最先發生的原因為近因。從近因的判斷看，可能會有以下幾種情況：

（一）單一原因造成的損失

單一原因致損，即造成保險標的損失的原因只有一個，那麼，這個原因就是近因。若這個近因屬於保險風險，保險人就負賠付責任；若該項近

因屬不保風險或除外責任，則保險人不承擔賠付責任。例如，某人投保了企業財產保險，地震引起房屋倒塌，使機器設備受損。若此險種列明地震屬不保風險，保險人不予賠償；若地震列為保險風險，則保險人應承擔賠償責任。

(二) 同時發生的多種原因造成的損失

多種原因同時導致損失，即各原因的發生無先後之分，且對損失結果的形成都有直接與實質的影響效果，那麼，原則上它們都是損失的近因。至於是否承擔保險責任，可分為兩種情況：

一是多種原因均屬保險風險，保險人負責賠償全部損失。例如，暴雨和洪水均屬保險責任，其同時造成家庭財產損失，保險人負責賠償全部損失。

二是多種原因中，既有保險風險，又有除外風險，保險人的責任視損失的可分性如何而定。如果損失是可以割分的，保險人就只負責保險風險所導致的損失部分的賠償；如果損失難以割分，則保險人按比例賠付或與被保險人協商賠付。

(三) 連續發生的多種原因造成的損失

多種原因連續發生，即各原因依次發生，持續不斷，且具有前因後果的關係。若損失是由兩個以上的原因所造成的，且各原因之間的因果關係未中斷，那麼最先發生並造成一連串事故的原因為近因。如果該近因為保險風險，保險人應負責賠償損失；反之，則不賠償損失。具體分析如下：

一是連續發生的原因都是保險風險，保險人承擔賠付責任。例如，在財產保險中，火災、爆炸都屬於保險責任，如爆炸引起火災，火災導致財產損失這樣一個因果關係過程，保險人應賠償損失。

二是連續發生的原因中既有保險風險又有除外風險，這又分為兩種情況：①若前因是保險風險，後果是除外風險，且後因是前因的必然結果，保險人承擔全部賠付責任；②若前因是除外風險，後因是保險風險，後果是前因的必然結果，保險人不承擔賠付責任。

(四) 間斷發生的多項原因造成的損失

在一連串連續發生的多種原因中，有一項新的獨立的原因介入導致損失。若新的獨立的原因為保險風險，保險人應承擔賠付責任；反之，保險人不承擔賠付責任。

第四節　損失補償原則

一、損失補償原則的含義

財產保險合同本質上是一種補償性合同，損失補償原則是保險人理賠時應遵循的基本原則。

損失補償原則可以這樣表述：在財產保險合同中，當被保險人具有保險利益的保險標的遭受了保險責任範圍內的損失時，保險人要對被保險人的經濟損失給予補償，且補償的數額以恰好彌補被保險人因保險事故而造成的經濟損失為限，被保險人不能獲得額外利益。理解該原則應注意兩點：

（一）只有被保險人在保險事故發生時對保險標的具有保險利益，才能獲得補償，這是損失補償原則的前提

按照保險利益原則，投保人與保險人簽訂保險合同時，對保險標的具有保險利益是保險合同生效的前提條件。但對財產保險合同而言，不僅要求投保時投保人對保險標的具有保險利益，而且要求在保險事故發生時，被保險人應當對保險標的具有保險利益，才能獲得保險賠償。因為投保人向保險人投保的目的是轉移財產未來的損失風險，以確保其不因保險事故發生而喪失對保險標的具有的經濟利益。當保險事故發生時，被保險人如果對保險標的無保險利益，對他來講就無經濟損失，也就不能從保險人那裡獲得經濟補償。因此，損失補償原則是以保險利益原則為依據的，保險人是否對被保險人進行補償，是以保險事故發生時被保險人是否對保險標的具有保險利益為前提條件。

（二）保險人補償的數額以恰好彌補被保險人因保險事故造成的經濟損失為限

這包括兩層含義：一是被保險人以其財產足額投保的話，其因保險事故造成的經濟損失，有權按照保險合同規定獲得充分的補償；二是保險人對被保險人的補償數額，僅以被保險人因保險事故造成的實際損失為限，通過補償使被保險人能夠保全其應得的經濟利益或使受損標的迅速恢復到損失前的狀態，任何超過保險標的實際損失的補償，都會導致被保險人獲得額外利益，違背損失補償原則。

二、損失補償原則量的規定

損失補償原則的基本含義如上所述。但在保險實務中，要貫徹損失補償原則，保險人要對其賠償金額進行限制，保險理賠中一般要受三個量的限制。

（一）以實際損失金額為限

衡量實際損失是多少，首先要確定保險標的發生損失時的市場價（實際價值）是多少，保險人的賠償金額不能超過損失當時的市場價（定值保險、重置價值保險例外）；否則，將導致被保險人獲得額外利益。由於保險標的的市場價在保險合同有效期內會發生波動，當市場價下跌時，應以損失當時財產的市場價作為賠償的最高限額，如果保險人按照保險金額進行賠償，將會使被保險人獲得額外利益。例如，一臺空調年初投保時，當時的市場價為7,000元，保險金額定為7,000元。保險標的在年中因保險事故發生造成全損，這時的市場價已跌為5,000元。儘管保險單上的保險金額仍是7,000元，但如果保險單上沒有特別約定，保險人最高只能賠償被保險人5,000元的損失。假如保險人賠償7,000元給被保險人，那麼被保險人用5,000元購買一臺同樣的空調後，還可賺得2,000元，其因保險事故發生而獲得額外利益，顯然違背了損失補償原則。

（二）以保險金額為限

保險金額是財產保險合同中保險人承擔賠償責任的最高限額，也是計算保險費的依據。保險人的賠償金額不能高於保險金額；否則，將擴大保險責任，使保險人收取的保險費不足以抵補賠償支出，影響保險人的經營穩定。例如，在上例中，如果年中空調全損時，市場價上漲為8,000元，由於保險單上的保險金額只有7,000元，被保險人最多只能獲得7,000元的賠償。

（三）以被保險人對保險標的具有的保險利益為限

被保險人在保險事故發生時對保險標的具有的保險利益是其向保險人索賠的必要條件，保險人對被保險人的賠償金額要以被保險人對保險標的具有的保險利益為限。保險事故發生時，如果被保險人已喪失了對保險標的的全部保險利益，保險人則不予賠償；如果被保險人喪失了對保險標的的部分保險利益，那麼保險人對被保險人的賠償僅以仍然存在的那部分保險利益為限。

綜上所述，財產保險合同中約定的保險事故發生時，保險人對被保險

人的賠償金額要受實際損失金額、保險金額和保險利益三個量的限制，而且當三者金額不一致時，保險人的賠償金額以三者中最小者為限。以上討論的內容中，以實際損失金額為限僅對於不定值保險適用，對定值保險並不適用。因為定值保險是按照財產保險合同雙方當事人約定的價值投保，在保險事故發生時，無論該財產的市場價如何漲跌，保險人均按約定的價值予以賠償，不再對財產重新進行估價。

三、被保險人不能獲得額外利益

財產保險合同適用損失補償原則，遵循該原則的實質是保險標的損失多少補償多少，其最終結果是被保險人不能通過保險人的賠償而獲得額外利益，各國在法律上都有相應的規定。如果允許被保險人獲得大於其實際損失金額的賠償，將可能導致被保險人故意損毀保險財產以獲利，誘發道德風險，增加保險詐欺行為，不僅影響保險業務的正常經營，而且會對社會造成危害。因此，為了防止被保險人獲得額外利益，在法律上和保險合同中要作以下規定：

（一）超額保險中超額部分無效

中國《保險法》第五十五條第一、二、三款規定：「投保人和保險人約定保險標的的保險價值並在合同中載明的，保險標的發生損失時，以約定的保險價值為賠償計算標準。投保人和保險人未約定保險標的的保險價值的，保險標的發生損失時，以保險事故發生時保險標的的實際價值為賠償計算標準。保險金額不得超過保險價值。超過保險價值的，超過部分無效，保險人應當退還相應的保險費。」在財產保險合同中，無論何種原因造成的超額保險，除非合同上有特別約定，否則保險人在計算賠款時一律採取超過部分無效的做法。

（二）重複保險各保險人的賠償金額總和不得超過財產損失金額

一個投保人雖然可以將其同一保險標的及其利益，同時向兩個或兩個以上的保險人投保同類保險，但在保險事故發生時，他從各個保險人處獲得的賠償金額總和不得超過其保險財產的實際損失金額。

（三）被保險人不能獲得雙重賠償

因第三者對保險標的的損害而造成保險事故的，被保險人從保險人處獲得全部或部分賠償後，應將其向第三者責任方享有的賠償請求權轉讓給保險人。

（四）保險標的殘餘價值的處理

如果保險標的受損後仍有殘值，保險人要在賠款中作價扣除；或在保

險人履行了全部賠償責任後，被保險人將損餘物資轉給保險人所有。

以上的（二）（三）（四）條是下一節將要討論的代位原則和分攤原則。

第五節　代位原則和分攤原則

代位原則和分攤原則是損失補償原則的派生原則，也是遵循損失補償原則的必然要求和結果。

一、代位原則

代位原則是指保險人對被保險人因保險事故發生造成的損失進行賠償後，依法或按保險合同約定取得對財產損失負有責任的第三者進行追償的權利或取得對受損標的的所有權。代位原則包括權利代位和物上代位兩項內容。

（一）權利代位

權利代位又稱為代位求償權，是指保險事故由第三者責任方所致，被保險人因保險標的受損而從保險人處獲得賠償以後，其向第三者責任方享有的賠償請求權依法轉讓給保險人，由保險人在賠償金額範圍內代位行使被保險人對第三者請求賠償的權利。

權利代位是遵循損失補償原則的必然要求和結果。被保險人因保險事故發生而遭受的損失固然應該得到補償，保險人對被保險人應承擔的賠償責任不應該因第三者的介入而改變。但若被保險人在得到保險金後又從第三者責任方獲得賠償，則其可能反因損失而獲利，這顯然與損失補償原則相違背。為了避免被保險人獲得雙重利益，同時也為了維護保險人的利益，被保險人在獲得保險金後應將其對第三者責任方的賠償請求權轉讓給保險人。這正是權利代位的立法本意。基於此，《保險法》第六十條第一款規定：「因第三者對保險標的損害而造成保險事故的，保險人自向被保險人賠償保險金之日起，在賠償金額範圍內代位行使被保險人對第三者請求賠償的權利。」

1. 權利代位的產生

權利代位的產生是有一定條件的，保險人要獲得代位求償權必須具備兩個條件：一是由於第三者的行為使保險標的遭受損害，被保險人才依法

或按合同約定對第三者責任方有賠償請求權，也才會因獲得保險金而將該賠償請求權轉讓給保險人。因此，如果沒有第三者的存在，就沒有代位求償的對象，權利代位就失去了基礎。二是由於保險人向被保險人賠償了保險金。只有保險人按保險合同規定履行了賠償責任以後，才取得代位求償權。換言之，對第三者求償權的轉移是隨保險人賠償保險金而發生，而不是隨保險事故的發生而發生。因此，在保險人賠償保險金之前，被保險人可以行使此權利，從第三者處獲得全部或部分賠償，但他應該將此情況告知保險人，以減免保險人的賠償責任。《保險法》第六十條第二款規定：「前款規定的保險事故發生後，被保險人已從第三者取得損害賠償的，保險人賠償保險金時，可以相應扣減被保險人從第三者已取得的賠償金額。」

2. 權利代位的範圍

保險人行使權利代位的範圍，即其向第三者責任方求償的金額，以其賠償的保險金為限。這是由權利代位與保險賠償之間的關係所決定的，保險人對被保險人賠償保險金是其獲得權利代位的條件，權利代位的目的是為了避免被保險人獲雙重利益，而非對被保險人享有保險標的權利的剝奪。所以，保險人從第三者那裡可以得到的代位求償金額以賠償的保險金為限，超出保險金的部分仍歸被保險人所有。《保險法》第六十條第三款規定：「保險人依照本條第一款規定行使代位請求賠償的權利，不影響被保險人就未取得賠償的部分向第三者請求賠償的權利。」

3. 第三者的範圍

如上所述，第三者責任方的存在是權利代位產生的前提條件。因此，應對第三者的範圍做出界定，以明確保險人代位求償的對象。這裡的第三者是指對保險事故的發生和保險標的損失負有民事賠償責任的人，既可以是法人，也可以是自然人。無論是法人還是自然人，保險人都可以實施代位求償權。但對保險人代位求償的範圍，許多國家的保險立法都有限制，其共同的規定是保險人不得對被保險人的家庭成員或雇員行使代位求償權，中國法律上也有類似的規定。《保險法》第六十二條規定：「除被保險人的家庭成員或者其組成人員故意造成本法第六十條第一款規定的保險事故外，保險人不得對被保險人的家庭成員或者其組成人員行使代位請求賠償的權利。」為什麼做這樣的限制？因為他們與被保險人有一致的經濟利益關係，若因其過失行為所導致的保險財產的損失，保險人對其有求償權的話，實際上意味著向被保險人求償。也就是說，保險人一只手將保險

金支付給被保險人，另一只手又把保險金收回，實質上保險人並未對被保險人履行賠償責任。

4. 權利代位中被保險人的義務

保險人在權利代位中對第三者責任方的求償權是因履行保險賠償責任而由被保險人轉移的。也就是說，保險人對第三者的求償權始於被保險人，保險人只是代替被保險人行使此權利。被保險人是受害者也是知情者，被保險人有義務協助保險人向第三者責任方進行追償，以維護保險人的利益。為此，《保險法》第六十三條規定：「在保險人向第三者行使代位請求賠償權利時，被保險人應當向保險人提供必要的文件和其所知道的有關情況。」

5. 被保險人不得妨礙保險人行使代位求償權

代位求償權是保險人向被保險人履行賠償責任後所獲得的一項權利，此權利受法律保護，被保險人有義務協助保險人向第三者責任方進行追償，不得妨礙保險人行使該權利，以維護保險人的利益。因此，《保險法》第六十一條規定：「保險事故發生後，保險人未賠償保險金之前，被保險人放棄對第三者的請求賠償的權利的，保險人不承擔賠償保險金的責任。保險人向被保險人賠償保險金後，被保險人未經保險人同意放棄對第三者請求賠償的權利的，該行為無效。被保險人故意或者因重大過失致使保險人不能行使代位請求賠償的權利的，保險人可以扣減或者要求返還相應的保險金。」

(二) 物上代位

物上代位是指所有權的代位。保險人對被保險人全額賠償保險金後，即可取得對受損標的的權利。物上代位通常有兩種情況：一種情況是委付，另一種情況是受損標的損餘價值（即殘值）的處理。

委付是指放棄物權的一種法律行為。在財產保險合同中，當保險標的受損按推定全損處理時，被保險人用口頭或書面形式向保險人提出申請，明確表示願將保險標的的所有權轉讓給保險人，並要求保險人按全損進行賠償。保險人如果接受這一要求，被保險人簽發委付書給保險人，委付即告成立。保險人一旦接受委付，就不能撤銷；被保險人也不得以退還保險金的方式要求保險人退還保險標的。由於委付是受損標的所有權的轉移，因此，保險人接受了委付後，可以通過處理受損標的獲得利益，而且所獲利益可以大於其賠償的保險金。但保險人如果接受了委付，就接受了受損標的的全部權利和義務。因此，保險人一般在接受委付前，要進行調查研

究，查明損失發生的原因以及對受損標的可能承擔的義務，權衡利弊得失，慎重地考慮是否接受委付。

在保險實務中，物上代位的另一種情況是受損標的損餘價值（殘值）的處理。保險標的遭受損失後，有時尚有損餘價值存在，保險人對被保險人的損失進行全額賠償以後，受損標的的損餘價值應歸保險人所有；否則，被保險人將通過處置受損標的而獲額外利益。保險人通常的做法是將保險標的的損餘價值從賠款中扣除，保險標的仍留給被保險人。

中國《保險法》對物上代位的問題也作了相應規定。《保險法》第五十九條規定：「保險事故發生後，保險人已支付了全部保險金額，並且保險金額相等於保險價值的，受損保險標的的全部權利歸於保險人；保險金額低於保險價值的，保險人按照保險金額與保險價值的比例取得受損標的的部分權利。」

二、分攤原則

分攤原則是指在重複保險存在的情況下，各保險人按法律規定或保險合同約定共同承擔賠償責任。但各保險人承擔的賠償金額總和不得超過保險標的的實際損失金額，以防止被保險人獲額外利益。

（一）重複保險的存在是分攤的前提

中國《保險法》第五十六條第四款規定：「重複保險是指投保人對同一保險標的、同一保險利益、同一保險事故分別與兩個以上保險人訂立保險合同，且保險金額總和超過保險價值的保險。」重複保險的存在是分攤的前提，因為只有在重複保險存在的情況下，才涉及各保險人如何分別對被保險人進行賠償的問題。中國《保險法》並未對重複保險行為加以禁止，但為了防止重複保險的存在所產生的不良後果，防止被保險人獲得額外利益，對各保險人如何承擔賠償責任作了規定，並對各保險人的賠償金額總和作了限制。

（二）重複保險的分攤方法

為了防止被保險人在重複保險存在的情況下獲得額外利益，明確各保險人的責任，保險法律或保險合同上要對分攤方法做出具體的規定。重複保險的分攤方法主要有以下三種：

1. 保險金額比例責任制

這種方法是指以每個保險人的保險金額與各保險人的保險金額總和的比例來分攤損失金額。計算公式為：

$$某保險人的賠償金額 = 損失金額 \times \frac{某保險人的保險金額}{各保險人的保險金額總和}$$

例如：甲、乙二家保險公司同時承保同一標的的同一風險，甲保險單的保險金額為 8 萬元，乙保險單保險金額為 12 萬元，損失金額為 10 萬元。兩個保險人的保險金額總和為 20 萬元。

$$甲保險人的賠償金額 = 10 \times \frac{8}{20} = 4（萬元）$$

$$乙保險人的賠償金額 = 10 \times \frac{12}{20} = 6（萬元）$$

2. 賠償限額比例責任制

這種方法是指各保險人的分攤金額不是以保險金額為基礎，而是依照每個保險人在沒有其他保險人重複保險的情況下單獨承擔的賠償限額與各保險人賠償限額總和的比例來分攤損失金額。計算公式為：

$$某保險人的賠償金額 = 損失金額 \times \frac{某保險人的獨立責任限額}{各保險人獨立責任限額之和}$$

例如，依照前面的例子，甲保險人的獨立責任限額為 8 萬元，乙保險人的獨立責任限額為 10 萬元，則：

$$甲保險人的賠償金額 = 10 \times \frac{8}{8+10} \approx 4.44（萬元）$$

$$乙保險人的賠償金額 = 10 \times \frac{10}{8+10} \approx 5.56（萬元）$$

3. 順序責任制

這種方法是指按保險合同訂立的先後順序由各保險人分攤損失金額。即由先出保險單的保險人首先負賠償責任，第二個保險人只有在承保的財產損失金額超出第一張保險單的保險金額時，才依次承擔超出部分的賠償責任，以此類推。用此方式計算上例，甲保險人的賠償金額為 8 萬元，乙保險人的賠償金額為 2 萬元。

《保險法》第五十六條第二款規定：「重複保險的各保險人賠償保險金的總和不得超過保險價值。除合同另有約定外，各保險人按照其保險金額與保險金額總和的比例承擔賠償保險金的責任。」顯然，中國《保險法》規定的重複保險的分攤方法主要採用的是保險金額比例責任制。

復習思考題

1. 簡述最大誠信原則的含義、主要內容及《保險法》的相關法律規定。
2. 什麼是保險利益？堅持保險利益原則有何意義？
3. 財產保險利益與人身保險利益有哪些差異？
4. 什麼是近因和近因原則？在保險實務中應如何判定近因？
5. 簡述損失補償原則質與量的規定。
6. 簡述權利代位的有關事項。
7. 權利代位與委付有何關係？
8. 什麼是重複保險？保險人應如何分攤賠款？

第七章 保險經營及其過程

內容提示：保險作為經營風險的特殊行業，其主要經營活動包括展業、承保、再保險、理賠等環節。本章在介紹保險經營原則和經營主體的基礎上，對主要的經營環節作了介紹、分析。

第一節 保險經營概述

一、保險經營的基本原則

（一）風險大量原則

風險大量原則是指保險人在可保風險的範圍內，應根據自己的承保能力，爭取承保盡可能多的保險標的。風險大量原則是保險經營的首要原則。這是因為：①保險的經營過程實際上就是風險管理過程，而風險的發生具有偶然性、不確定性，保險人只有承保盡可能多的保險標的，才能建立雄厚的保險基金，以保證保險經濟補償職能的履行。②保險經營是以大數法則為基礎的，只有承保大量保險標的，才能使風險發生的實際情形更接近預先計算的風險損失概率，以確保保險經營的穩定性。③擴大承保數量是保險企業提高經濟效益的一個重要途徑。因為承保標的越多，保險費的收入就越多，單位營業費用就相對下降。

（二）風險選擇原則

為了保證保險經營的穩定性，保險人對投保的標的和風險並非來者不

拒，而是有所選擇。這是因為：①任何保險合同對保險標的和可保風險範圍都作了規定，保險費率是在對面臨同質風險的同類標的的損失概率測定的基礎上制定的，為了保證保險經營的穩定，保險人必然要進行選擇。②防止逆選擇。所謂逆選擇，是指那些有較大風險的投保人試圖以平均的保險費率購買保險。逆選擇意味著投保人沒有按照應支付的公平費率去轉移自己的風險，如居住在低窪地區的居民按照平均費率選擇投保洪水保險。這樣一來，由於某些更容易遭受損害的投保人或被保險人購買保險而無須支付超過平均費率的保險費，保險人就成了逆選擇的犧牲品，會影響到保險人的財務穩定。因此，保險人要按照風險選擇原則，準確評價承保標的的風險種類和風險程度，以及投保金額的恰當與否，從而決定是否接受投保，以及以什麼費率承保。保險核保是風險選擇的重要環節。

（三）風險分散原則

風險分散原則是指保險人承保風險分散的範圍應盡可能擴大。因為風險單位過於集中，保險標的的金額過大，一次保險事故發生可能使保險人支出巨額賠款，可能導致保險企業償付能力不足，從而損害被保險人利益，也威脅到保險人的生存和發展。因此，保險人除了應對風險進行有選擇的承保外，還要遵循風險分散的原則，盡可能地將風險分散，以確保保險經營的穩定。保險人對風險的分散一般採用承保時的風險分散和承保後的風險分散兩種手段。

1. 承保時的風險分散

承保時的風險分散主要表現在保險人對風險的控制方面，即保險人對將承保的風險責任要適當加以控制。控制風險的目的是為了減少被保險人對保險的過分依賴，同時也是為了防止因保險而可能產生的道德風險。保險人控制風險的方法主要有以下三種：

（1）控制保險金額。保險人在承保時對保險標的要合理劃分危險單位，按照每個危險單位的最大可能損失確定保險金額。例如，對於市區密集地段建築群，應分成若干地段，並科學地估測每一地段的最大可能損失，從而確定保險人對每一地段所能承保的最高限額。如果保險價值超過保險人的承保限額時，保險人對超出部分不予承保。這樣一來，保險人所承擔的保險責任就能控制在可承受的範圍之內。

（2）實行比例承保。即保險人按照保險標的實際價值的一定比例確定保險金額，而不是全額承保。例如，在農作物保險中，保險人通常按平均收穫量的一定成數確定保險金額，如按正常年景的平均收穫量的六成或

七成承保，其餘部分由被保險人自己承擔責任。

（3）規定免賠額（率）。即對一些保險風險造成的損失規定一個額度或比率由被保險人自己承擔，保險人不負責賠償。例如，在機動車輛保險中，對車輛損失險和第三者責任保險，每次保險事故發生，保險人賠償時要根據駕駛員在交通事故中所負的責任實行絕對免賠方式，以起到分散風險和督促被保險人加強安全防範的作用。

2. 承保後的風險分散

承保後的風險分散以再保險為主要手段。再保險是指保險人將其所承擔的業務中超出自己承受能力以外的風險轉移給其他保險人承擔。

二、經營保險業務的組織

（一）保險股份有限公司

保險股份有限公司是世界各國保險業廣泛採取的一種組織形式，也得到各國保險法的認可。股份有限公司是指由一定數量的股東依法設立的，全部資本分為等額的股份，其成員以其認購的股份金額為限對公司的債務承擔責任的公司。股份有限公司因其具有集聚閒散資金為大規模資金的功能，易於籌集巨大規模資本金來組建大的企業，不僅有利於規模經營，而且能夠有效地分散投資風險，因而為廣大投資者所青睞，並為組建現代大型企業所推崇。

保險股份有限公司具有以下特徵：

1. 保險股份有限公司是典型的資合公司

保險股份有限公司股東的股權體現在股票上，並隨股票的轉移而轉移。股份具有有限性，股東擁有多少股份就承擔多少責任。若公司破產，股東僅以出資的股份承擔有限責任。

2. 保險股份有限公司易於積聚資金

保險股份有限公司能積聚大量閒散資金，財力雄厚，經營規模較大，經營效率較高，使保險風險能在較廣的範圍內分散，滿足保險基本的經營原則。

3. 靈活的經營機制

保險股份有限公司的經營以盈利為目標，促使其不斷開發新產品，努力降低保險經營成本，具有較強的市場競爭力。

4. 採用固定保費制

保險股份有限公司採用相對固定的保費制度，使被保險人沒有增加額

外負擔的憂慮，有利於保險業務的拓展。

由於保險業的特殊性，為防止因股份過於集中導致少數大股東操縱或者控制股份有限保險公司，保護其他股東的利益和被保險人利益，有些國家在法律上規定了每個股東所持股份的最高限額。

(二) 國有獨資保險公司

國有獨資保險公司的股東只有一個——國家。它本質上是有限責任公司，其資本金來源於國家投資，因此是一種特殊形式的有限責任公司。根據中國《公司法》規定，國有獨資公司是指國家授權的投資機構或者國家授權的部門，單獨投資設立的有限責任公司。

與股份有限保險公司相比，國有獨資保險公司具有以下特徵：

1. 投資主體單一

國有獨資保險公司的投資主體只有國家或者國家的投資部門。除此之外，沒有其他任何投資者。

2. 無股東大會，遵循誰投資誰受益和誰投資誰承擔投資風險的原則

國有獨資保險公司因無其他投資主體，一切投資利益和風險都應由投資者獨立享有和承擔，因此無股東大會。國有獨資保險公司只設立董事會、監事會等，董事會成員由國家授權的投資部門委派、變更，公司職工經選舉進入董事會。公司的最高權力歸於國家授權的投資部門。因此，有關公司的合併、分立、解散以及臨時性增減資本金、發行債券等都應由國家授權的投資部門決定。也就是說，凡是股份公司股東大會的權利，在國有獨資公司都歸於國家授權的投資部門。當然，國家為了維護國有獨資公司的獨立性，也可以將股份公司的股東大會的其他權利授予董事會行使。

(三) 相互保險公司

相互保險公司是保險業特有的一種公司形態，一般是非營利性保險組織。公司由具有相同保險需求的人員組成，每個成員既是投保人和被保險人，同時又是保險人。這種保險組織沒有股東，公司由保單持有人擁有，他們以繳付保險費為條件，只要繳付保險費，就可以成為公司成員；而一旦解除保險關係，也就自然脫離公司，公司成員資格就隨之消失。

相互保險公司沒有資本金，以各成員繳付的保險費來承擔全部保險責任。並以繳付的保險費為根據，參與分配公司盈餘。如果發生虧空，也以所繳付的保險費為依據，計算各自的承擔額進行彌補。

相互保險公司的權力機關是會員大會或者會員代表大會。會員的一切權利與義務都建立在繳付保險費的基礎上，但其理事不限於會員，可以是

非會員。之所以非會員為理事，在於能夠充分利用非會員的關係開展業務。在設立相互保險公司時，由會員或者非會員出資，以支付開業費用和擔保資金，但其性質屬於借入資金，由設立後所籌集的保險費歸還，在歸還時，應支付利息。早期的相互保險公司，保險費的籌集採取賦課方式，現在則改為固定方式。若經營結果有盈餘，以分紅方式分配給會員；如果營運結果發生虧空，因現在的保險費籌集已經改為固定保險費方式，不能採取追加方式彌補，因此，應採取減少保險金的方式彌補。

最初的相互保險公司充分體現了相互性，即會員直接管理公司，實行公司自治，由所有會員相互承擔風險責任。但是，隨著規模的擴大，會員很難真正參與管理，現在已經演變為委託具有法人資格的代理人營運管理，負責處理一切保險業務。代理人通常由會員大會選舉的指導委員會控制，但不承擔任何責任，實際責任仍由所有會員承擔。因此，過去的相互性已經部分消失，與股份制保險公司在內部組織機構的設置、保險業務的拓展、保險費率的擬定、保險基金的投資運用等，已無明顯的差異。

相互保險公司比較適宜於長期性的人壽保險業務，會員間的相互關係能夠較為長久維繫。正因為如此，現在世界上一些規模大的人壽保險公司是相互保險公司。然而，由於股份制保險公司推出了分紅保單，相互保險公司的分紅優勢也日漸消失。

（四）保險合作社

保險合作社也是一種非營利的保險組織。保險合作社由社員共同出資入股設立，被保險人只能是社員。社員對保險合作社的權利以其認購的股金為限。社員一方面全部為保險合作社的股東；另一方面又作為保險合作社的被保險人，保險合作社是保險人。社員關係為社團關係，而保險關係依據保險合同而產生。要作為保險合作社的社員才有可能作為被保險人，但社員可以不與保險合作社建立保險關係。也就是說，保險關係的建立必須以社員為條件，但社員卻不一定必須建立保險關係。保險關係的消滅既不影響社員關係的存在，也不喪失社員身分。

（五）個人保險組織

個人保險組織就是個人充當保險人的組織。這種組織形式在各國都比較少見，迄今為止，以英國倫敦的勞合社最典型。勞合社至今仍是世界上最大的保險組織之一，它是從勞埃德咖啡館演變而來，勞合社的每個社員就是一個保險人。他們常常是組成承保小組，以組為單位對外承保，每個成員以其全部財產承擔保險責任。現在，勞合社開始接納法人作為保險

人，並承擔有限責任。

雖然在中國現行保險法中未直接規定中國保險公司的組織形式，但從有關出資額變更規定中可以看出保險公司的組織形式主要為有限責任公司或股份有限公司（《保險法》第八十四條第七項規定：「變更出資額佔有限責任公司資本總額百分之五以上的股東，或者變更持有股份有限公司股份百分之五以上的股東。」）。中國保險市場上的保險組織主要是股份有限公司。現有的幾家國有保險公司，除政策性保險公司外，已進行股份制改革。通過股份制改造，以實現股權主體多元化、股權結構科學化和股份運作市場化，建立產權清晰、權責分明、政企分開、管理科學的規範的現代企業制度，成為真正意義上的市場競爭主體。在此基礎上形成科學高效的公司治理結構，健全內部制度，創新管理體制，為公司的可持續發展提供了制度保障。

第二節　保險展業和承保

一、保險展業

展業又稱為推銷保險單，是保險經營活動的起點，是爭取保險客戶的過程。展業對於保險人來說意義重大，沒有穩定且日益擴大的保險客戶群體，保險公司就難以維持經營。任何一家保險企業都要投入大量的人力和物力進行展業，以求擴大自己的業務量和佔有市場。

（一）保險展業的主要內容

1. 加強保險宣傳

保險宣傳是保險展業的重要內容。保險宣傳的目的是為保險人展業後的承保奠定基礎，使更多的人瞭解保險知識，樹立保險意識，並瞭解保險公司及保險公司提供的保險產品，最終促使其向保險公司投保。保險宣傳可以通過多種途徑，如銷售人員上門宣傳，在一些公共場所設點進行宣傳，利用網絡、電視、廣播、報刊等媒體進行宣傳等。

2. 幫助準客戶分析自己所面臨的風險

每個人或每個企業的工作生活狀況、健康狀況或生產狀況都會不同，所面臨的風險也會不同。例如，準客戶面臨著財產損失風險、責任風險、意外傷害風險、疾病風險、殘疾風險、死亡風險以及退休後的經濟來源風險等，保險銷售人員就要指導準客戶去分析自己所面臨的風險，應該如何

來應對這些風險。

3. 幫助準客戶確定自己的保險需求

準客戶確認自己所面臨的風險及其嚴重程度後，需要進一步確定自己的保險需求。保險銷售人員應當將準客戶所面臨的風險分為必保風險和非必保風險，那些對生產經營和生活健康將會產生嚴重威脅的風險，應當屬於必保風險。有些風險事故雖然會給企業和個人帶來一定的損失和負擔，但卻是企業和個人尚可承受的，因此，如果有能力投保，就可以投保；如果沒有足夠的資金，也可以不投保。

4. 幫助準客戶估算投保費用和制定具體的保險計劃

對於準客戶來說，確定保險需求後，還需要考慮自己究竟能拿出多少資金來投保。資金充裕，便可以投保較高保額、保障較全的險種；資金不足，就先為那些必須保險的風險投保。在此基礎上，保險銷售人員應替準客戶設計保險規劃書。設計的保險規劃書的內容應包括：保險標的情況、投保的險種、保險金額的多寡、保險費率的高低、保險期限的長短、險種的搭配等。

(二) 保險展業的方式

保險展業的方式主要有直接展業和間接展業兩種方式。

1. 直接展業

直接展業是指保險公司業務部門的專職業務人員直接向準客戶推銷保險，招攬保險業務。這種展業方式的優點是保險業務的質量較高；缺點是受保險公司機構和業務人員數量的限制，保險業務開展的範圍較窄，數量有限。此外，採用這種方式支出的成本較高。所以，直接展業方式適用於那些規模較大，分支機構較為健全的保險公司。對團體保險業務和金額巨大的保險業務，也適合採用此方式。

2. 間接展業

間接展業是指由保險公司利用保險專職業務人員以外的個人或單位，代為招攬保險業務。代保險公司展業的主要是保險仲介人中的保險代理人和保險經紀人。保險代理人是根據保險人的委託，向保險人收取代理手續費，並在保險人授權的範圍內代為辦理保險業務的單位或者個人。保險代理人分為專業代理人、兼業代理人和個人代理人。保險代理人的一般業務範圍是為保險人推銷保險產品和代理收取保險費。保險經紀人是基於投保人的利益，為投保人與保險人訂立保險合同提供仲介服務，並依法收取佣金的單位。保險經紀人一般為投保人擬訂投保方案、選擇保險人、辦理投

保手續等。保險經紀人在開展業務的過程中，客觀上為保險公司招攬了保險業務。間接展業的優點是：範圍廣，招攬的業務量大，而且費用較少，成本相對較低。其不足之處是：由於保險代理人和保險經紀人的素質參差不齊，業務質量會受到一定的影響。

二、承保

承保是指保險人與投保人對保險合同的內容協商一致，並簽訂保險合同的過程。它包括核保、簽單、收費、建卡等過程。而核保是承保工作的重要組成部分和關鍵環節。

（一）核保的主要內容

核保又稱為風險選擇，是指保險人評估和劃分準客戶及其投保標的的風險狀況的過程。根據不同的風險程度，保險公司決定是拒保還是承保、怎麼承保和核定保險費率。核保的目的在於通過評估和劃分不同客戶反應的不同風險程度，將保險公司的實際風險事故發生率維持在精算預計的範圍以內，從而規避風險，保證保險公司穩健經營。

1. 審核投保申請

對投保申請的審核主要包括對投保人的資格、保險標的、保險費率等項內容的審核。

（1）審核投保人。這一項主要是對投保人資格的審核，例如，審核投保人對保險標的是否具有保險利益等。一般來說，在財產保險合同中，投保人對保險標的的保險利益來源於所有權、管理權、使用權、抵押權、保管權等合法權益；在人身保險合同中，保險利益的確定是採取限制家庭成員關係範圍並結合被保險人同意的方式。例如，審核投保人是否具有法定的民事行為能力、投保人的資信等。保險人對投保人進行審核，是為了防範道德風險。

（2）審核保險標的。這一項主要是對照投保單或其他資料核查保險標的的使用性質、結構性能、所處環境、防災設施、安全管理等。例如，承保企業財產險時，要瞭解廠房結構、佔用性質、建造時間、建築材料、使用年限以及是否屬於危險建築等，並對照事先掌握的信息資料核實，或對保險標的進行現場查驗後，保險人方可予以承保。

（3）核定保險費率。根據事先制定的費率標準，按照保險標的風險狀況，使用與之相適應的費率。

2. 承保控制

承保控制是指保險人在承保時，依據自身的承保能力進行風險責任控制。

（1）控制逆選擇。保險人控制逆選擇的方法是：對不符合保險條件者不予承保，或者有條件地承保。事實上，保險人並不願意對所有不符合可保風險條件的投保人和投保標的一概拒保。例如，投保人以一幢消防設施較差的房屋投保火災保險，保險人就會提高保險費率承保。這樣一來，保險人既不會失去該業務，又在一定程度上抑制了投保人的逆選擇。

（2）控制保險責任。只有通過風險分析與評價，保險人才能確定是否屬於承保責任範圍，才能明確對所承擔的風險應負的賠償責任。一般來說，對於常規風險，保險人通常按照基本條款予以承保；對於一些具有特殊風險的保險標的，保險人需要與投保人充分協商保險條件、免賠金額、責任免除和附加條款等內容後特約承保。特約承保是指在保險合同中增加一些特別約定，其作用主要有兩個方面：一是為了滿足被保險人的特殊需要，以加收保險費為條件適當擴展保險責任；二是在基本條款上附加限制條件，限制保險責任。通過保險責任的控制，將使保險人所支付的保險賠償金額與其預期損失額接近。

3. 控制人為風險

避免和防止逆選擇和控制保險責任是保險人控制承保風險的常用手段。但是，有些風險往往是保險人在承保時要加以防範的，如道德風險和心理風險。

（1）道德風險。道德風險一般是指人們以不誠實或故意詐欺的行為促使保險事故發生，以便從保險活動中獲取額外利益的風險因素。投保人產生道德風險的原因主要有兩個方面：一是道德淪喪。二是遭遇財務上的困難。從承保的角度來看，保險人控制道德風險發生的有效方法就是將保險金額控制在適當的額度內。例如，在財產保險中應避免超額保險；在人壽保險的核保中，如果投保人為他人購買保險而指定自己為受益人時，也應注意保險金額的多少是否與投保人的收入狀況相適應。

（2）心理風險。心理風險是指由於人們的粗心大意和漠不關心，以至於增加了風險事故的發生機會並擴大損失程度的風險因素。例如，投保了火災保險，就疏於對火災的防範；投保了盜竊險，就不再謹慎防盜。從某種意義上說，心理風險是比道德風險更為嚴重的問題。任何國家的法律對道德風險都有懲罰的方法，而且保險人對道德風險尚可在保險條款中規

定,凡被保險人故意造成的損失不予賠償。但心理風險既非法律上的犯罪行為,而保險條款又難以制定適當的規定限制它。因此,保險人在核保時,通常採用的控制手段有:①實行限額承保。即對於某些風險,採用不足額承保的保險方式,規定被保險人自己承擔一部分風險。保險標的如果發生全部損失,被保險人最多只能夠獲得等於保險金額的賠償;如果只發生部分損失,被保險人則按保險金額與保險標的實際價值的比例獲得賠償。②規定免賠額(率)。這兩種方法都是為了刺激被保險人克服心理風險因素,主動防範損失的發生。

(二)承保的程序

1. 投保人填寫投保單

投保人購買保險,首先要提出投保申請,即填寫投保單,交給保險人。投保單是投保人向保險人申請訂立保險合同的依據,也是保險人簽發保險單的依據。投保單的内容包括:投保人的名稱、投保日期、被保險人名稱、保險標的的名稱與種類和數量、投保金額、保險標的坐落地址或運輸工具名稱、保險期限、受益人以及保險人需要向投保人瞭解的其他事項等。

2. 審核驗險

審核是保險人收到投保單後,詳細審核投保單的各項内容;驗險是對保險標的風險進行查驗,以便達到對風險進行分類的目的。驗險的内容因保險標的的不同而有差異。

(1)財產保險的驗險内容。財產保險的驗險内容主要包括以下幾個方面:①查驗投保財產所處的環境;②查驗投保財產的主要風險隱患和重要防護部位及防護措施情況;③查驗有無正處在危險狀態中的財產;④查驗各種安全管理制度的制定和落實情況,若發現問題,應督促其及時改正;⑤查驗被保險人以往的事故記錄,包括被保險人發生事故的次數、時間、原因、損害後果及賠償情況。

(2)人身保險的驗險内容。人身保險的驗險内容包括醫務檢驗和事務檢驗。醫務檢驗主要是檢查被保險人的健康情況,如檢查被保險人過去的病史,包括家庭病史,以瞭解各種遺傳因素可能給被保險人帶來的影響。有時也會根據投保險種的需要進行全面的身體檢查。事務檢驗主要是對被保險人的工作環境、職業性質、生活習慣、經濟狀況以及社會地位等情況進行調查瞭解。

3. 接受業務

保險人按照規定的業務範圍和承保權限，在審核驗險之後，有權做出拒保或承保的決定。如果投保金額或標的風險超出了保險人的承保權限，展業公司只能報上級公司核保，而無權決定是否承保或是否分保。

4. 繕製單證

繕製單證是指在接受業務後填製保險單或保險憑證等手續的過程。保險單或保險憑證是載明保險合同雙方當事人權利和義務的書面憑證，是被保險人向保險人索賠的主要依據。因此，保險單質量的好壞，往往影響保險合同能否順利履行。填寫保險單的要求主要有以下幾點：①單證相符；②保險合同要素明確；③數字準確；④復核簽章、手續齊備等。

第三節　再保險

一、再保險及其特徵

再保險又稱為分保，是指保險人將其承擔的保險業務，部分轉移給其他保險人承擔的保險關係。即再保險是保險人將自己承擔的風險和責任向其他保險人進行保險的一種方式。從保險經營的角度看，保險人為了分散自己承保的風險，通過簽訂再保險合同的方式，將其所承保的風險和責任的一部分轉移給其他保險公司或再保險公司。分出業務的保險公司稱為分出公司、分保分出人或原保險人；接受再保險業務的保險公司稱為分入公司、分保接受人或再保險人。分保接受人將接受的再保險業務再分保出去，稱為轉分保，分出方為轉分保分出人，接受方為轉分保接受人。一個保險人既可以是分保分出人，又可以是分保接受人。

再保險的基礎是原保險，再保險的產生是基於原保險人業務經營中分散風險的需要。再保險具有兩個重要特徵：①再保險是保險人之間的一種業務經營活動；②再保險合同是一種獨立合同。

在再保險業務中，分保雙方責任的分配與分擔是通過確定自留額和分保額來體現的，分出公司根據償付能力所確定承擔的責任限額稱為自留額或自負責任額；經過分保由接受公司所承擔的責任限額稱為分保額、分保責任額或接受額。自留額與分保額可以用百分率表示，如自留額與分保額分別占保險金額的 25% 和 75%；或者用絕對值表示，如超過 100 萬元以後的 200 萬元。而且，根據分保雙方承受能力的大小，自留額與分保額均

有一定的控制，如果保險責任超過自留額與分保額的控制線，則超過部分應由分出公司自負或另行安排分保。

自留額與分保額的計算可以保額為基礎，也可以賠款為基礎。計算基礎不同，決定了再保險的種類不同。以保險金額為計算基礎的分保方式稱為比例再保險；以賠款金額為計算基礎的分保方式稱為非比例再保險。

自留額和分保額都是按危險單位來確定的。危險單位是指保險標的發生一次災害事故可能造成的最大損失範圍。危險單位的劃分既重要又複雜，應根據不同的險種和保險標的來決定。危險單位的劃分關鍵是要和每次事故最大可能損失範圍的估計聯繫起來考慮，而不一定和保單份數相等同。危險單位的劃分並不是一成不變的。危險單位的劃分有時需要專業知識。對於每一危險單位或一系列危險單位的保險責任，分保雙方通過合同按照一定的計算基礎對其進行分配。

二、再保險的業務種類

(一) 比例再保險

比例再保險是指以保險金額為基礎來確定原保險人的自負責任和再保險人的分保責任的再保險方式。在比例再保險中，分出公司的自負責任和分入公司的分保責任都表示為保險金額的一定比例。分出公司與分入公司要按這一比例分割保險金額，分配保險費和分攤賠款。比例再保險包括成數再保險和溢額再保險兩種。

1. 成數再保險

成數再保險是指原保險人與再保險人在合同中約定保險金額的分割比率，將每一危險單位的保險金額，按照約定的比率在分出公司與分入公司之間進行分割的再保險方式。在成數再保險合同已經成立的前提下，不論原保險人承保的每一危險單位的保險金額大小，只要該保險金額在合同規定的限額之內，都要按合同規定的比率來分割保險金額，每一危險單位的保險費和所發生的賠款，也按這一比率進行分配和分攤。總之，成數再保險最大的特徵是「按比率」的再保險，即原保險人與再保險人對保險金額的分割、保險費的分配、賠款的分攤都是按照合同規定的同一比例來進行的。因此，成數再保險是最典型的比例再保險。下面舉例說明成數再保險的計算，見表7-1。

表 7-1　　　　　　　　　成數再保險計算表　　　　　　　單位：萬元

船名	總額 100%			自留 30%			分出 70%		
	保險金額	保費	賠款	自留額	自留保費	自負賠款	分保額	分保費	攤回賠款
A	100	1	0	30	0.3	0	70	0.7	0
B	300	3	10	90	0.9	3	210	2.1	7
C	600	6	20	180	1.8	6	420	4.2	14
D	800	8	0	240	2.4	0	560	5.6	0
E	1,000	10	0	300	3.0	0	700	7.0	0
總計	2,800	28	30	840	8.4	9	1,960	19.6	21

2. 溢額再保險

溢額再保險是指原保險人與再保險人在合同中約定自留額和最高分入限額，將每一危險單位的保險金額超過自留額的部分分給分入公司，並按實際形成的自留額與分出額的比率分配保險費和分攤賠款的再保險方式。

由於在溢額再保險合同項下，原保險人與再保險人之間的保險費的分配、賠款的分攤都是按實際形成的保險金額的分割比率進行的，因此，溢額再保險也屬於比例再保險。

在溢額再保險合同中，分出公司首先要對保險金額確定自留額，對於每一筆業務，將超過自留額的部分轉移給再保險人，但以自留額的一定倍數為限。自留額和分出額與保險金額之間的比例分別稱為自留比例和分保比例。自留比例和分保比例隨不同保險標的保險金額的大小而變動。例如，某一溢額分保合同的自留額為 50 萬元，現有三筆業務，保險金額分別為 50 萬元、100 萬元和 200 萬元。第一筆業務的保險金額在自留額之內，無須分保；第二筆業務的保險金額超過自留額，需要分保，實際自留額為 50 萬元，分出額為 50 萬元；第三筆業務的保險金額超過自留額，需要分保，實際自留額為 50 萬元，分出額為 150 萬元。本例第二筆業務的自留比例為 50%，分保比例為 50%；第三筆業務自留比例為 25%，分保比例為 75%。每筆業務按照實際形成的分保比例分配保險費和分攤賠款。

從以上可以看出，溢額再保險與成數再保險比較，其最大區別是：如果某一業務的保險金額未超過分出公司的自留額，無須辦理分保，只有在保險金額超過自留額時，才將超過的部分分給再保險人。也就是說，溢額再保險的自留額，是一個確定的數額，不隨保險金額的大小變動；而成數再保險的自留額表現為保險金額的固定百分比，隨保險金額的大小而

變動。

溢額再保險的分入公司不是無限度地接受分出公司的溢額責任，通常以自留額的一定倍數，即若干「線」數為限，1「線」相當於分出公司的自留額。如自留額為50萬元，分保額為5線，則分入公司最多接受250萬元，即分保額最高為250萬元。對於分出公司承保的巨額業務，可以簽訂多個溢額再保險合同，按合同簽訂的順序，有第一溢額再保險、第二溢額再保險等。

（二）非比例再保險

非比例再保險是指以賠款為基礎來確定再保險當事人雙方責任的分保方式。當賠款超過一定額度或標準時，再保險人對超過部分的責任負責。與比例再保險不同，在這種再保險方式中，分出公司和分入公司的保險責任和有關權益與保險金額之間沒有固定的比例關係，因此稱其為非比例再保險。非比例再保險有兩個限額：一是分出公司根據自身的財力確定的自負責任額，即非比例再保險的起賠點，也稱為免賠額；二是分入公司承擔的最高責任額。以上兩個限額需要在訂立再保險合同時由當事人雙方約定，一旦保險事故發生，便依照規定的限額進行賠付。如果損失額在自負責任額（再保險起賠點）以內，賠款由分出公司負責；如果損失額超過自負責任額，分入公司負責其超過部分，但不超過約定的最高限額。有時損失額可能超過分出公司的自負責任額和分入公司的最高責任限額之和。在此情況下，超過的部分由分出公司自己承擔，或按分出公司與其他分入公司簽訂的再保險合同處理。

例如：分出公司的自負責任額為1,000,000萬元，分入公司的最高責任限額為3,000,000萬元。現以保險金額和賠款不等的五個保險標的為例，說明賠款責任的分攤情況見表7-2。

表7-2　　　　　　　　賠款責任的分配情況　　　　　貨幣單位：萬元

保險標的	保險金額	賠款	分出人自負額	接受人負責額	其他
A	700,000	500,000	500,000	0	0
B	900,000	700,000	700,000	0	0
C	2,000,000	1,400,000	1,000,000	400,000	0
D	4,000,000	4,000,000	1,000,000	3,000,000	0
E	4,800,000	4,200,000	1,000,000	3,000,000	200,000

非比例再保險分為超額賠款再保險和超額賠付率再保險。

1. 超額賠款再保險

超額賠款再保險是由原保險人與再保險人簽訂協議，對每一危險單位損失或者一次巨災事故的累積責任損失規定一個自負額，自負額以上至一定限度由再保險人負責。前者稱為險位超賠再保險，後者稱為事故超賠再保險。

（1）險位超賠再保險。這是以每一危險單位的賠款金額為基礎確定分出公司自負賠款責任限額，即自負額，超過自負額以上的賠款，由分入公司負責。

（2）事故超賠再保險。這是以一次巨災事故中多數危險單位的累積責任為基礎計算賠款，是險位超賠在空間上的擴展。其目的是要確保分出公司在一次巨災保險事故中的財務穩定。

無論是險位超賠再保險，還是事故超賠再保險，分入公司可接受分出公司的全部分出責任，也可以只接受分出公司的部分分出責任。超過分入公司接受部分的保險責任，仍由分出公司自己負責。

2. 超額賠付率再保險

超額賠付率再保險又稱為損失中止再保險，是指按年度賠款與保費的比率來確定自負責任和再保險責任的一種再保險方式。在約定的年度內，當賠付率超過分出公司自負責任比率時，超過的部分由分入公司負責。

與超額賠款再保險不同，在超額賠付率再保險合同項下，分出公司與分入公司的責任劃分並不以單個險位的賠款或一次事故的總賠款的絕對量為基礎，而是以一年中賠款的相對量，即賠款與保費的比率為基礎。其實質是對分出公司提供的財務損失的保障，以防止年度內某類業務的賠付率發生較大的波動而影響分出公司的經營穩定。

在超額賠付率再保險合同中，一般約定兩個限制性的比率：一個是分出公司的自負責任比率，另一個是分入公司的最高責任比率。當實際賠付率尚未超過合同約定的自負責任比率時，全部賠款由分出公司負責；反之，當實際賠付率已經超過合同約定的自負責任比率時，分出公司只負責自負責任比率以內的賠款，超過自負責任比率以上的賠款由分入公司負責，直至達到其最高責任比率。如果實際賠付率超過分出公司自負責任比率與分入公司最高責任比率之和，超過部分的賠款由分出公司自己負責。通常，在實收保費中，假設營業費占 25%，淨保險費占 75%。因此，劃分分出公司和分入公司的責任可以以 75% 的賠付率為準。當分出公司的賠付率在 75% 以下時，由分出公司自己賠償；當分出公司的賠付率超過

75%時，超過部分由分入公司負責賠償。分入公司也有接受分入責任的限額，一般為營業費用率的兩倍，即已得保費的50%。這就是說，分入公司僅對賠付率在75%～125%之間的賠款負責，並有金額限制，在兩者中以低者為限。

例如，有一超額賠付率再保險合同，約定分出公司的自負責任比率為70%，分入公司的最高責任比率為超過70%後的50%，即實際賠付率在70%以下的賠款由分出公司負責，超過70%～120%的賠款由分入公司負責。為了控制分入公司的絕對賠付責任，合同還規定分入公司的賠付責任以600,000元為限。

假設：年淨保費收入為1,000,000元；已發生賠款800,000元，賠付率為80%；分出公司分擔賠款70%，即700,000元的賠款；接受公司分擔賠款10%，即100,000元的賠款。

如果當年已發生賠款為1,350,000元，賠付率為135%，則分出公司負責其中的70%的賠付率，即700,000元的賠款；分入公司負責賠付率超過70%～120%的部分，即500,000元的賠款；超過120%以上的賠付率部分，即150,000元的賠款將仍由分出公司負責。

三、再保險業務的安排方式

在再保險經營實務中，一般有三種再保險安排方式可供選擇。

(一) 臨時再保險

臨時再保險是指對於保險業務的分入和分出，分出公司和分入公司均無義務約束的一種再保險安排方式。臨時再保險是產生最早的再保險安排方式，分出公司根據自己的業務需要將有關風險或責任進行臨時分出的安排，一般由分出公司或分保經紀人向其選定的分入公司提出再保險建議，開出「臨時再保險要保書」，分入公司接到「臨時再保險要保書」後，對分保的有關內容進行審查，以決定是否接受。該種再保險安排方式比較靈活，但由於每筆業務要逐筆安排，所以手續繁瑣，增加了營業費用開支。臨時再保險一般適合於新開辦的或不穩定的業務。

(二) 合同再保險

合同再保險又稱為固定再保險，是指分出公司和分入公司對於規定範圍內的業務有義務約束，雙方均無權選擇的一種再保險安排方式。雙方簽訂再保險合同規定雙方的權利、義務、再保險條件和帳務處理等事項，凡經分出公司和分入公司議定，並在合同中明確規定的業務，分出公司必須

按照合同的規定向分入公司辦理分保，分入公司必須接受，承擔相應保險責任。該種再保險合同一般沒有期限規定，是長期性合同。訂約雙方都有終止合同的權利，但必須在終止前的三個月向對方發出註銷合同的通知。

(三) 預約再保險

預約再保險是指分出公司對合同規定的業務是否分出，可自由安排而無義務約束，而分入公司對合同規定的業務必須接受，無權選擇的一種再保險安排方式。該再保險安排方式是在臨時再保險基礎上發展起來的，介於臨時再保險與合同再保險之間。一般對分出公司而言，具有臨時再保險性質；對分入公司而言，具有合同再保險性質。

第四節　保險理賠

一、保險理賠的原則

保險理賠是指保險人在保險標的發生風險事故導致損害後，對被保險人提出的索賠請求進行賠償處理的過程。被保險人發生的損害，有的是屬於保險風險引起的，有的則是屬於非保險風險引起的，即使被保險人的損害是由保險風險引起的，但因多種因素和條件的制約，被保險人的損害不一定等於保險人的賠償額和給付額。因此，保險理賠應遵循下列原則，以保證保險合同雙方行使權利與履行義務。

(一) 重合同、守信用

重合同、守信用是保險在理賠過程中應遵循的首要原則。保險理賠是保險人對保險合同履行義務的具體體現。在保險合同中，明確規定了保險人與被保險人的權利與義務，保險合同雙方當事人都應恪守合同約定，保證合同順利實施。對於保險人來說，在處理各種賠案時，應嚴格按照保險合同的條款規定受理賠案，確定損失。計算賠償金額時，應提供充足的證據。

(二) 遵循近因原則

由於案發原因錯綜複雜，被保險人提出的索賠案件形形色色。因此，對於一些損害原因極為複雜的索賠案件，保險人除了按照條款規定處理賠案外，還應該遵循近因原則，判斷保險人是否承擔賠付責任。

(三) 主動、迅速、準確、合理

「主動、迅速」，即要求保險人在處理賠案時積極主動，不拖延並及

時深入事故現場進行查勘，及時理算損失金額，對屬於保險責任範圍內的災害事故所造成的損失，應迅速賠償。「準確、合理」，即要求保險人在審理賠案時，分清責任，合理定損，準確履行賠償義務。對不屬於保險責任的案件，應當及時向被保險人發出拒賠通知書，並說明不予賠付的理由。

二、保險理賠的程序

（一）接受損失通知

保險事故發生後，被保險人或受益人應將事故發生的時間、地點、原因及其他有關情況，以最快的方式通知保險人，並提出索賠請求。發出損失通知書是被保險人必須履行的義務。發出損失通知書通常有時限要求，根據險種不同，被保險人在保險標的遭受保險責任範圍內的損失後，應當在規定的時間內通知保險人。

被保險人發出損失通知的方式可以是口頭的，也可以採用函電等其他方式，但隨後應及時補發正式的書面通知，並提供各種必備的索賠單，如保險單、帳冊、發票、出驗證明書、損失鑑定書、損失清單、檢驗報告等。如果損害涉及第三者責任時，被保險人在獲得保險賠償金後一般還需出具權益轉讓書給保險人，由保險人代為行使向第三者責任方追償的權益。

（二）審核保險責任

保險人收到損失通知書後，應立即審核該索賠案件是否屬於保險責任範圍，其審核的內容包括以下幾方面：①損害是否發生在保險單的有效期內；②損害是否由所承保的風險所引起的；③損害的標的是否為保險標的；④損害是否發生在保險單所載明的地點；⑤請求賠償的人是否有權提出索賠等。

（三）進行損失調查

保險人審核保險責任後，應及時派人到出險現場進行實地勘查，瞭解事故情況，以便分析損害發生原因，確定損害程度，認定索賠權利。

（四）賠償或給付保險金

保險事故發生後，經調查屬實屬於保險責任的，並估算賠償金額後，保險人應立即履行賠償給付的責任。對於人壽保險合同，只要保險人認定壽險保單是有效的、受益人的身分是合法的、保險事故的確發生了，便可在約定的保險金額內給付保險金。對於財產保險合同，保險人則應根據保

險單類別、損害程度、標的價值、保險利益、保險金額、補償原則等理算賠償金後，方可賠付。保險人對被保險人請求賠償或給付保險金的要求應按照保險合同的規定辦理。賠償的方式通常以貨幣支付，在財產保險中，保險人也可與被保險人約定其他方式，如恢復原狀、修理、重置等。

復習思考題

1. 簡述保險經營的基本原則。
2. 股份制保險公司與相互保險公司各有什麼特點？
3. 簡述保險核保的內容。
4. 再保險有何特徵？
5. 自留額、分保額與危險單位有什麼關係？
6. 簡述再保險的業務種類。
7. 再保險有哪些安排方式？
8. 簡述保險理賠的原則和程序。

第八章 保險基金與保險投資

內容提示：本章主要分析保險基金的含義及特徵，保險基金的來源、運動及其與保險資金的比較，保險基金的存在形式，保險投資的意義、保險投資的資金來源、保險投資的原則及一般形式等內容。通過本章的學習，應該認識、理解和掌握保險基金和保險投資的相關重要內容。

第一節 保險基金的含義和特徵

一、基金的含義和種類

（一）基金的含義

對於「基金」人們並不陌生，從累積基金、消費基金到各種福利基金、慈善基金，以及現在人們經常提起的投資基金、住房基金等，「基金」已深入到社會經濟生活的方方面面。通常，人們認為基金是一種有著專門用途的資金。這種界定對於一般性基金是適合的。但隨著經濟的發展，許多新型基金如投資基金、國債基金等的出現，使原來意義上的基金在內涵和外延上都發生了一些變化，基金不僅僅是一種資金，而且可以是一種金融工具和金融組織，基金不僅僅和特定用途相聯繫還可以和特定的運作行為聯繫起來。

由此可見，在當今社會經濟體系中，基金已經成為一個包含範圍相當廣泛的經濟術語，人們出於不同需要使用不同意義上的基金術語。當然，

專門性還是其本質內核。

(二) 基金的種類

在中國，原有基金的設立在宏觀上主要是保證宏觀經濟中累積與消費、生產與流通等重大比例關係，從而保持社會經濟的持續、均衡發展；在微觀上主要是保證企業物資耗費的補償和職工必要的福利待遇，確保擴大再生產的順利進行。近年來，隨著經濟的發展，基金的形成渠道和使用去向均發生了很大的變化，還出現了許多新的基金，使基金呈現出多樣化和複雜化的趨勢。

1. 按基金在社會經濟中的作用分類

(1) 累積基金。它是指國民收入中用於擴大再生產、進行生產性基本建設和建立物資儲備的那部分基金，主要包括擴大再生產基金、生產性基本建設基金和非生產性基本建設基金。

(2) 消費基金。它是國民收入中用於滿足社會成員個人的物質文化生活需要和共同需要的基金，主要包括個人消費基金和社會消費基金。

(3) 經濟保障基金。它是指為抵禦各種風險的發生及其對社會經濟生活所導致的損失，保證社會再生產的順利進行而建立的基金，主要包括企業自籌基金、國家財政後備基金、社會保障基金和保險基金等。

(4) 補償基金。它是指社會總產品中用於補償已經消費掉的生產資料價值的那部分基金，主要包括折舊基金和流動基金。

2. 按基金的性質分類

(1) 盈利性基金。它是指以盈利為目的的基金，如投資基金。

(2) 非盈利性基金。它是指不以盈利為目的的基金，如教育基金。

3. 按基金的管理組織分類

(1) 由政府部門管理的基金。這部分基金是指由財政部門管理的財政後備基金等。

(2) 由非營利組織管理的基金。非營利組織主要是指學校、醫院和其他社會團體等各種組織。這些組織管理的基金主要有學校基金、醫院基金及各種社會基金，如殘疾人福利基金、霍英東教育基金等。

(3) 由營利組織管理的基金。這部分基金包括兩部分：一部分是由企業設立的內部專用基金，如公益金、住房基金等；另一部分是由基金會等金融機構管理的基金，如保險基金、投資基金等。

4. 按基金形態分類

(1) 實基金。它是依據有關法律或規定，以各種形式籌集形成的、

有具體形態和管理機構的基金，如投資基金、希望工程基金、社會保險基金等。

（2）虛基金。它實際上是一種觀念上的基金概念，是為了分析研究的需要而人為制定或劃分的基金，如累積基金、消費基金等。

5. 按基金存在形式分類

（1）從屬於某一單位的基金，如企業內部的公益金、住房基金，事業單位的事業發展基金、集體福利基金、後備基金等。這類基金屬於單位總資金的一部分，其存在的形式往往是單獨存在於某企事業單位內部的財會欄目的某一科目之中。

（2）獨立的具有法人地位的基金，如投資基金等。這類基金不依附於任何組織單位，其本身就是一個獨立的法人主體，有自己的一套核算方式和報表體系。

二、保險基金的含義

保險基金可以分為廣義的保險基金與狹義的保險基金。

（一）廣義的保險基金

1. 廣義的保險基金的概念

廣義的保險基金又稱為社會後備基金，是指國民收入中用於防止社會再生產過程中斷和保持國民經濟平衡，以及應付意外事件、自然災害等而儲存的資金，包括使用價值形態的物資後備和價值形態的貨幣後備。

一個國家為了應付可能發生的外來侵略、消除自然災害造成的損失、調整國民經濟發展中出現的比例失調，都要求建立社會後備基金，保證國民經濟持續地、按比例地、高速度地發展，保證市場的穩定和人民生活的改善。

2. 廣義的保險基金的構成

（1）國家後備基金。國家後備基金又稱為集中形式的後備基金，是指由國家通過財政預算對國民收入再分配實現的，並且由國家管理和支配的實物形態或貨幣形態的後備基金。它主要包括國家物資儲備和財政後備等形式。

國家物資儲備是指國家為穩定社會再生產和人民生活而建立的一定數量的生產資料和生活資料的儲備。這是一種以實物形態為主的儲備基金，主要包括糧、棉、油、布匹、鋼鐵、燃料等重要物資，以及黃金、外匯等儲備。

财政後備是指國家在一定財政年度內，為應付災害事故和其他臨時性需要而設置的一種貨幣資金。

(2) 社會保障基金。社會保障基金是根據國家立法、通過各種特定渠道建立起來的，當勞動者或社會成員因年老、疾病、傷殘、生育、死亡和失業等原因，或遭受戰爭、自然災害或其他意外事故，以致發生生活困難時，給予經濟資助的一種保險基金。它包括三個組成部分：社會保險基金、社會福利基金和社會救濟基金。

社會保障基金的建立能基本保證人們老有所養、病有所醫、壯有所為、殘有所濟，有助於保障勞動者和社會成員的基本生活需要，維持社會穩定，保持社會和諧發展；社會保障基金對勞動力的生產、分配、使用和調整起到一定的調節作用，從宏觀上和微觀上保證和促進勞動力再生產，從而推動整個社會生產發展和經濟繁榮。

(3) 互助形式的保險基金。互助形式的保險基金是指由一些具有共同要求和面臨同樣風險的人自願組織起來，以預交風險損失補償分攤金方式建立起的一種保險基金。這種互助形式的後備基金曾存在於古今各種以經濟補償為目的的互助合作組織之中。如古埃及建造金字塔石匠中的互助基金組織、古羅馬的喪葬互助會，中世紀的工匠行會、商人行會、宗教行會、村落行會等各種行會。現在也在民間廣泛存在。

(4) 商業保險基金。商業保險基金是指通過商業保險合同形式，通過收取投保人的保費而建立起來的，在發生合同規定的風險事故時，用於補償或給付由於自然災害、意外事故和人生自然規律所導致的經濟損失和人身損害的專項貨幣基金。

(5) 自保形式的保險基金。自保形式的保險基金是指單個經濟單位或家庭，為處理所面臨的財產風險和人身風險而設立的實物或貨幣基金。它包括企業自保基金和家庭自保基金。企業自保基金是指由各企業或經濟組織為保證經營過程的連續性和穩定性設立的自行彌補損失的一種後備基金。企業自保基金有貨幣形態和實物形態兩種。居民個人儲蓄和農民家庭實物儲備屬於家庭自保基金。

(二) 狹義的保險基金

狹義的保險基金是指商業保險基金。本書如果不特別指明，此後所指的保險基金都是狹義的保險基金。

保險基金是保險業存在的現實的經濟基礎。生產力的發展水平決定著社會是否有剩餘物質產品以及有多少剩餘產品可用作物質後備或用於保

險。它在物質產品方面為保險提供了可能性。但這只是一種可能性，並不等於現實的保險。商品經濟制度和市場經濟機制，為現代保險即商業保險的產生和發展，創造了經濟關係方面的條件。而保險基金則是生產力所提供的物質可能性和經濟關係所創造的條件的現實體現。保險基金的建立，既意味著社會生產力所提供的物質後備已經被用於經濟保障，也意味著這種經濟保障採取了商品經濟關係和商業保險的保障形式，它是現代保險業的現實的經濟基礎。

商業保險基金和國家後備基金、社會保障基金、互助型或自保型保險基金具有同一性，表現在：①其用途都是為了應付自然災害和意外事故所造成的經濟損失；②其目的都是為了保障社會再生產的正常進行和社會經濟生活的安定；③其性質不同於用於擴大再生產的累積基金，也不同於補償已消耗掉的生產資料的補償基金。

然而，商業保險基金與其他形式的保險基金又具有本質上的不同。商業保險基金以貨幣經濟為條件，並且反應著商品交換關係。國家後備基金是借國家政權為主體強制參與國民收入的分配和再分配，是無償的，體現以國家為主體的分配關係。社會保障基金也具有國家法定性、強制性。互助型的保險基金是一種合夥出資形式，雖然在合夥人之間存在著權利與義務關係，但他們之間不存在商品交換關係。自保形式的保險基金則是一種自擔風險的財務處理手段，而保險基金則是體現著保險人與被保險人之間的以等價交換為原則的商品交換關係。可見，它們在性質上是互異的，保險基金的本質屬性是指以商品交換的等價有償原則建立的一種後備基金。

三、保險基金的特徵

（一）契約性

保險公司是通過與投保人訂立保險合同收取保費籌集保險基金的，保險的經濟活動是根據合同來進行的。由於保險基金的籌集和支付受保險契約的制約，被保險人在遭遇合同所約定的風險事故時，保險人就應履行經濟損失補償和給付義務。

（二）籌集的分散性和廣泛性

保險基金主要來自投保人繳納的保險費，而投保人包括法人和自然人。就法人來說，包括各種不同所有制的工業、農業、交通運輸業、商業、服務業和各種事業單位以及國家機關；就自然人來說，有各行各業的人士和各個階層的人士。無論是自然人和法人，既可以在國內的不同地

區，又可以在世界各個國家和地區。因而，保險基金具有明顯的分散性和廣泛性的特性。

（三）互助性

保險基金的建立是來自於投保人轉移風險的需要，但是根據大數法則，因風險事故的發生取得保險賠付的單位或個人畢竟是少數（儲蓄性保險給付的情況例外）。保險基金的這種運行機制最充分地體現了人類為應付自然災害和意外事故的互助共濟思想。

（四）科學性

保險基金的科學性存在於保險費率計算的合理性。由於保險費率是根據大數法則和概率論原理厘定的，這就保證了保險基金具有科學的數理基礎。

（五）保值增值性

保險基金是由保險公司籌集和管理的、具有經濟保障功能的基金形式。為了更好地實現保險的經濟保障功能，保險公司必然選擇運用保險基金進行投資使保險基金能夠保值增值。當保險公司運用累積的保險基金獲得投資收益時，就能增強公司自身發展的經濟實力，提高償付能力。同時，還可以降低保險費率，或者把投資收益的一部分返還給投保人，以鼓勵其參加保險。這樣，有利於保險公司擴大保險業務量，從而在激烈的市場競爭中處於有利地位。

第二節　保險基金的來源、運動及其與保險資金的比較

一、保險基金的來源

（一）保費

保險基金主要來源於保險費。保險費是投保人為使被保險人獲得保險保障而交納給保險人的費用。保險費由純保費和附加保費構成。純保費是保險金給付的來源，是以預定風險事故率為基礎計算的保險費。純保費的計價採用「收支相等原則」，即保險商品所收取的純保費總額應與其所給付保險金的總額相等。附加保費分為營運費用和預計利潤。其中，營運費用是取得成本及日常經營管理成本的來源；預計利潤是提供保險經營者的預計報酬。保險費的構成見表 8-1。

表 8-1　　　　保險費的構成

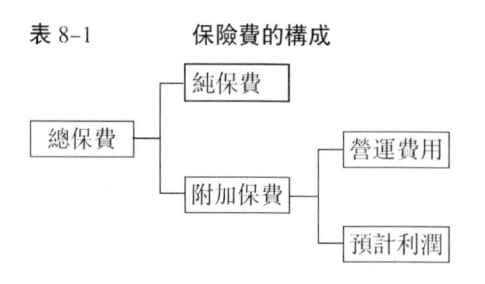

```
             ┌─ 純保費
             │
總保費 ──────┤              ┌─ 營運費用
             │              │
             └─ 附加保費 ───┤
                            │
                            └─ 預計利潤
```

可見，只有純保費是保險公司將來用於賠付或給付的部分，它形成了保險基金的主體。

（二）保險基金的投資收益

保險公司對累積的保險基金進行投資運用，在一定時期之後收回本金並取得投資收益，可以增大保險基金的規模，壯大保險公司的償付能力。

二、保險基金的運動

保險基金的運動主要包括以下環節：

（一）收取保費

保險公司出售保單並收取保費，是保險基金運動的起點。沒有收取足夠的保費，保險公司就無法保證未來的保險賠付。保險公司在尚未發生賠付成本的情況下，只能對風險概率和損失率及利率進行科學的預測，並據此制定保險費率標準，以便形成穩定的保險基金。

可見，保險費率的厘定是保險基金實現財務平衡的關鍵。

（二）支付保險金

當被保險人發生合同約定的風險事故並出現損失時，或被保險人死亡、傷殘、疾病或者達到合同約定的年齡、期限時，保險人支付保險金給被保險人或受益人。支付保險金是保險基金補償功能的體現，也是保險基金運動的終點。

（三）保險基金的累積和運用

保險基金是用於滿足保險賠付需要而累積的貨幣資金。由於保險基金的收取和支付之間存在著數量差和時間差，在某一時期會形成保險基金的結餘，對這部分基金保險公司可以進行投資營運活動。這樣，用於投資的資金暫時從保險基金中分離出來直接投入社會再生產運動，在一定時間之後再以貨幣形態收回投資，並可能獲得一個價值增值，壯大保險基金。

保險基金的運動如圖 8-1 所示。

```
         (分紅)
投保人 ←──── 保險基金 ──保險金──→ 被保險人或受益人
      ──保費──→
              ↑    ↓
              收    投
              益    資
              │    │
              └各種投資工具┘
```

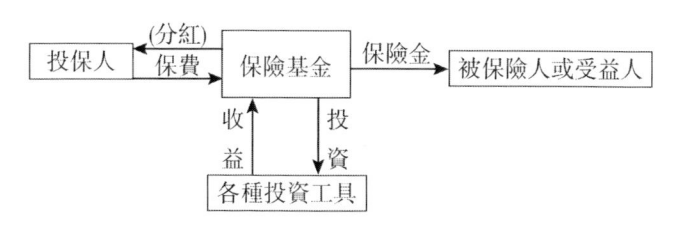

圖 8-1　保險基金運動

三、保險資金

保險資金是轉化為保險企業生產經營要素的貨幣表現。個人用於消費的貨幣不構成企業資金的內容。

(一) 保險資金可以從來源和運用兩方面進行考察

從保險資金的來源來看，保險資金來自於所有者和債權人。

保險公司的所有者對企業投入的資本以及形成的資本公積金、盈餘公積金、一般風險準備金和未分配利潤成為保險資金的組成部分。

保險公司的債權人可分為兩類：一般債權人和保單持有人。保險行業的一個重要特徵是，顧客即保單持有人本身就是企業的主要債權人。對保險企業而言，顧客把保費繳納到保險公司，保險公司在合同生效之後就承擔起保險責任，這種責任對保險公司來講就是對保單持有人的負債。保險公司對保單持有人的負債占保險企業負債的主要部分。此外，保險公司的資金還來源於對其他債權人的借款和應付未付債務，如短期借款、拆入資金、應付手續費及佣金、存入保證金等。

保險公司的資金運用表現為資產，包括企業的貨幣資產、投資資產、固定資產、無形資產、遞延資產、其他資產等。在保險公司中，投資資產占總資產的比重較大。

(二) 保險資金運轉

保險資金運轉的起點和終點都是現金。在設立一個新的保險企業時，必須解決兩個問題：一是制定規劃，明確經營的內容和規模；二是籌集若干的現金，包括對外借款和所有者投資。中國《保險法》明確規定註冊資本的最低限額為人民幣 2 億元，註冊資本應當為實繳貨幣資本。沒有現金，企業的規劃無法實現，不能營運。企業建立後，現金變為經營中用的各種資產和費用，在營運中又陸續變為現金。

保險公司主要的業務活動分為保險經營活動和投資活動。保險經營活

動所產生的現金流入的項目主要是保費收入，所產生的現金流出的項目主要是各種保險賠款或支付的各種費用和稅收。投資活動所產生的現金支出主要有購置固定資產、無形資產和債權投資、股權投資、發放貸款以及在同業市場上拆出資金等；所產生的現金流入主要包括收回投資和取得投資收益時所收到的現金，以及處置固定資產和無形資產所收取的現金。

投資活動與保險經營活動是緊密關聯的。通常，保費都是在每個保險期間的期初預先付款。在保費收入與償付額支付之間存在的時間差，使保險企業可將已有貨幣存量用於投資業務。從保險公司角度來看，出於盈利的目的，不應當把這種預先付款的保費形成的外來資金只以無收益的流動資金的形式儲備，而應當轉化為能帶來收益的各種投資形式。而投資活動所產生的現金的淨收入有利於保險公司維持良好的償付能力，擴大保險業務量。

在經營過程中，由於業務發展的需要，為保持償付能力，保險公司往往還需要籌集資本金，這就會發生保險公司的籌資活動。保險公司的籌資活動將導致保險公司的資本及非準備金負債規模和構成發生變化的活動。保險公司的籌資活動產生的現金流入項目主要有吸收權益性投資、借款和拆入資金等；保險公司的籌資活動產生的現金流出項目主要有償還債務、分配利潤、償付利息等。

可見，保險公司發生的現金流入和流出活動可以分為三類：保險經營活動、投資活動和籌資活動。保險資金運轉如圖8-2所示。

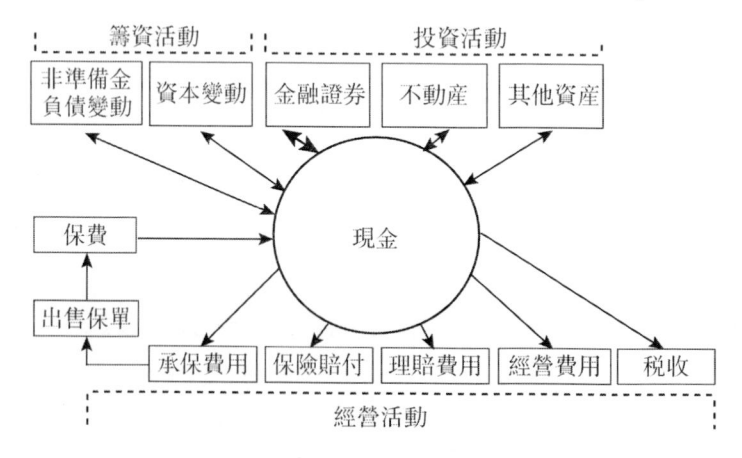

圖8-2　保險基金運轉

四、保險基金與保險資金的區別

(一) 來源不同

從來源來看,保險資金的來源比保險基金的來源更為廣泛。保險基金的來源主要是來自於投保人的保費收入;而保險資金除來自投保人交納的保費之外,還來自投資人的資本金和一般債權人的負債。所以,僅從來源來看,可以說保險基金是保險資金的主要組成部分。

(二) 運動過程不同

保險資金的運動過程表現為:資金的墊支——收回——再墊支——再收回……

保險基金的運動過程表現為:收取保費——形成基金——支付保險金。

可見,保險基金的運動過程和保險資金的運動過程不一樣。保險資金具有週轉性,保險資金是為形成企業經營與投資所墊支的貨幣,隨著企業生產經營與對外投資收入的實現,原墊支的貨幣就重新收回,繼續用做下一個生產經營與投資過程的墊支。資金的墊支——收回——再墊支——再收回這一不斷反覆循環的過程,即為資金的週轉。

保險基金不是一個封閉的循環,保險基金一旦支付了被保險人或受益人就退出了保險基金運動的過程。

(三) 目的不同

保險基金是用於保險賠償或給付的,是為了滿足保險公司的償付能力的需要而建立的,即使其進行保值增值的投資活動,也是為了能夠吸引更多的保戶,提高保險公司的償付能力。

而保險資金參與經營活動與投資活動的基本動機是為了盈利,即原墊支的資金收回之後,還要帶來新增值的價值量,其貨幣表現就是企業的純收入。資金的本性就是逐利,這是投資者的原始要求。

第三節　保險基金的存在形式

從動態來看,保險基金反應的是一個連續的經濟過程,表現為保險費的不斷收取與保險金的不斷支出;從靜態來看,保險基金表現為各種不同的形式,主要包括保險合同準備金和保險保障基金,而保險合同準備金從

精算技術的角度分為未到期責任準備金和未決賠款準備金。

一、未到期責任準備金

未到期責任準備金是指保險公司為尚未發生保險事故的保單責任提取的責任準備金。

保險事故是指保險合同約定的保險責任範圍內的事故。除了發生可能造成財產損失的事故外，被保險人死亡、傷殘、發生疾病、達到合同約定的年齡或期限等都是保險事故。

保險公司需要為處於保險期間內、從未發生過保險事故的保單和雖然已經發生保險事故、但仍然繼續有效的保單提取未到期責任準備金。

從保單責任的期限來看，未到期責任準備金不僅包括保險期間在一年以內（含一年）的保險合同項下的保單責任提取的責任準備金，還包括為保險期間在一年以上（不含一年）的保險合同項下的保單責任提取的責任準備金。從業務角度來看，保險公司應當為其經營的所有業務提取未到期責任準備金，包括財產保險業務、人壽保險業務、健康保險業務和意外傷害保險業務。

二、未決賠款準備金

未決賠款準備金是指保險公司為已發生但尚未結案的保險事故提取的準備金，包括已發生已報案未決賠款準備金、已發生未報案未決賠款準備金和理賠費用準備金。

（一）已發生已報案未決賠款準備金

已發生已報案未決賠款準備金是指為保險事故已經發生並已向保險公司提出索賠，保險公司尚未結案的賠案而提取的準備金。

該準備金的評估受諸多因素影響，包括公司在案件受理、責任審核、賠付調整、殘值和追償款收入等管理環節的水平和效率。在保險公司，已發生已報案的未決賠款準備金的計提主要是理賠人員的工作。理賠人員必須熟悉保險業務的具體環節和具備一些專門知識，及時瞭解法規的變更和社會經濟因素變化對已發生已報案賠案賠款的影響。理賠人員可採用逐案估計法和平均估計法等對已發生已報案未決賠款準備金進行估算。逐案估計法，即對未決賠案逐個估計在將來結案時需要支付的賠款數。平均估計法，即根據以往的保額損失經驗，預先估計出某類業務的每件索賠的平均賠付額，再乘以該類未決索賠的件數，取得未決賠款準備金數額。

(二) 已發生未報告未決賠款準備金。

已發生未報案未決賠款準備金是指為保險事故已經發生，但尚未向保險公司提出索賠的賠案而提取的準備金。

此類賠款的估計比較複雜，因為這類賠案的件數和金額都需估計。IBNR 準備金一般以過去的經驗數據為基礎，然後根據各種因素的變化進行修正，如出險單位索賠次數、金額、理賠費用的增減、索賠程序的變更等。這種索賠估計需要非常熟悉和精通業務的管理人員做出準確判斷。過去中國保險公司財務制度規定，對已發生未報告的未決賠案按不高於當年實際賠款支出額的 4% 提存 IBNR 準備金。但這種方法缺乏科學依據，特別是對於長尾巴的責任保險，提存的 IBNR 準備金嚴重不足。所以，在 2005 年中國保監會頒發的《保險公司非壽險業務準備金管理辦法》規定，保險公司應採用鏈梯法、案均賠款法、準備金進展法、B－F 法等方法提取已發生未報案未決賠款準備金時，應採用至少兩種方法進行謹慎評估，並根據評估結果的最大值確定最佳估計值。

(三) 理賠費用準備金

理賠費用準備金是指為尚未結案的賠案預期發生的理賠費用而提取的準備金，分為直接理賠費用準備金和間接理賠費用準備金。其中為直接發生於具體賠案的專家費、律師費、損失檢驗費等而提取的為直接理賠費用準備金；為非直接發生於具體賠案的理賠人員工資等費用而提取的為間接理賠費用準備金。

三、保險保障基金

保險保障基金，是指按照《中華人民共和國保險法》和《保險保障基金管理辦法》規定繳納形成，用於救助保單持有人、保單受讓公司或者處置保險業風險的非政府性行業風險救助基金。

保險保障基金與未到期責任準備金及未決賠款準備金不同。未到期責任準備金和未決賠款準備金是保險機構的負債，用於正常情況下保險公司將支付的賠款和日常營運活動。而保險保障基金在保險公司被撤銷、被宣告破產以及在保險業面臨重大危機，可能嚴重危及社會公共利益和金融穩定的情形下，用於向保單持有人或者保單受讓公司等提供救濟的法定基金。

保險公司應按下列規定繳納保險保障基金：①非投資型財產保險按照保費收入的 0.8% 繳納，投資型財產保險，有保證收益的，按照業務收入的 0.08% 繳納，無保證收益的，按照業務收入的 0.05% 繳納；②有保證

收益的人壽保險按照業務收入的 0.15% 繳納，無保證收益的人壽保險按照業務收入的 0.05% 繳納；③短期健康保險按照保費收入的 0.8% 繳納，長期健康保險按照保費收入的 0.15% 繳納；④非投資型意外傷害保險按照保費收入的 0.8% 繳納，投資型意外傷害保險，有保證收益的，按照業務收入的 0.08% 繳納，無保證收益的，按照業務收入的 0.05% 繳納。①

當財產保險公司的保險保障基金餘額達到公司總資產 6% 以及人壽保險公司的保險保障基金餘額達到公司總資產 1% 時，可停止提取保險保障基金。

保險保障基金按照集中管理、統籌使用的原則，由設立國有獨資的中國保險保障基金公司依法負責保險保障基金的籌集、管理和使用。

第四節　保險投資

一、保險投資的意義

保險投資是指保險公司為了保持自身的償付能力，增強競爭力，在業務經營過程中，按相關法律法規的要求運用積聚的保險資金，使其保值增值的活動。在現代保險經營中，保險公司的業務大體分為兩類：一類是承保業務（直接保險業務），另一類是投資業務。作為保險經營業務兩大支柱之一的保險投資，已經成為保險公司生存和發展的重要因素。

（一）有利於建立雄厚的保險基金，維繫良好的償付能力

籌措、建立保險基金，補償經濟損失，是保險的基本職能，因此，保險公司所累積的資金必須與其承擔的風險責任相一致。如果保險基金累積不足，就難以保證有足夠的償付能力。保險公司通過運用保險資金，獲得更多的收益，使保險資金得到保值增值，就能增強公司自身發展的經濟實力，提高償付能力。保險公司償付能力的提高，有利於進一步保護被保險人的合法權益，保證保險合同的履行，維護保險市場的正常秩序。

（二）有利於不斷降低保險費率，提高保戶參加保險的積極性，增加保險業務量

從理論上講，保險費率的高低是以風險的損害概率大小作為依據的，

---

① 文件來源於：2008 年，中國保險監督管理委員會、中華人民共和國財政部、中國人民銀行共同制定的《保險保障基金管理辦法》；之前的相關辦法停用。

是損害概率與附加費率之和。因此，保戶參加保險所獲得的經濟利益與其所繳保費基本上是一致的。但是，如果保險資金運用得好，取得較高的保險投資收益，就可以降低保險費率；同時，還可以把投資收益的一部分返還給被保險人，以鼓勵其參加保險的積極性。這樣，就有利於保險公司擴大保險業務量，從而在激烈的市場競爭中處於有利地位。在美國，整個保險業因競爭激烈導致費率降低，而使賠付率長期居於100%以上，但其保險業仍在發展，其主要原因就是依靠投資收益支撐，其非壽險業務年均投資淨收益達數百億美元，壽險業務年均投資淨收益則逾千億美元。

（三）有利於擴大社會累積，進一步發揮保險業在國民經濟中的作用

保險資金的運用直接推動了金融市場的形成和繁榮，使保險公司從單純的補償或給付機構轉變為既有補償或給付職能，又有金融職能的綜合性保險公司，為金融市場增加了活力。同時，保險公司通過資金運用，將分散閒置的資金集中起來，根據社會需求進行投資運用，從而加快資金流通，支持國民經濟建設，促進市場經濟的發展。這樣，就能夠充分體現保險資金的社會效益。

總之，在發展保險業務的同時重視保險資金的運用，通過投資收益來分享社會利潤，壯大保險基金並彌補保險業務收益的不足，是國內外保險業發展的一條客觀規律。保險資金的運用正日益成為各保險公司普遍關注的重要問題。可以預見，在未來中國的保險市場上，保險資金的運用將日益發達，規模將日趨擴大，投資收益在保險公司收益中所占的比重亦將越來越大。

二、保險投資的資金來源

（一）自有資金

1. 資本金

資本金是指保險公司的所有者作為資本投入到企業的各種資產的價值。資本金是保險業務經營和保證保險公司償付能力的必要物質條件，保險公司為了承擔現有的和將來的業務責任必須保持一定的必要資本。但保險公司的資本金並不是保險公司投資的主要資金來源，資本金在可運用資金中所占的比例並不大，一般為1%～5%。

2. 資本公積

資本公積主要包括資本溢價和股票溢價、法定財產重估增值、資本折算差額、接受捐贈等。與資本金一樣，資本公積是保險公司投資資金來源

的一個組成部分，但不是主要來源。

3. 留存收益

保險公司的留存收益包括盈餘公積、一般風險準備和未分配利潤，占保險公司投資的資金來源的比例較小。

(二) 外來資金

1. 準備金負債

準備金負債是保險公司為履行其承擔的保險責任，備付未來的賠償或給付支出提存的資金準備，是保險公司投資的主要來源。準備金負債包括：未決賠款準備金、未到期責任準備金、壽險責任準備金、長期健康險責任準備金等。準備金負債是由保費收入與保險金支出的數量差和時間差而形成，是保險投資可運用資金的主要來源。

2. 其他資金來源

在保險公司的經營過程中，還有可能存在其他可用於投資的資金來源，保險公司為提升償付能力發放次級債券所籌集的資金、從同業市場上拆借資金等，另外結算中形成的短期負債如應付工資、應付佣金、應付分保帳款等，數額雖不大，且須在短期內歸還，但還是可以作為一種補充性的資金來源。

三、保險投資的原則

(一) 安全性

所謂安全性，是指保險投資必須保證其本金安全返還，且投資收益率至少應等於同期銀行存款利率。因為僅僅是本金返還，就會造成資金的貶值，以致企業入不敷出，同樣不符合安全性要求。安全性原則是保險投資的首要原則和最基本的要求。雖然保險公司作為商業性金融服務機構，追求利潤最大化，但由於保險資金主要來自保戶所交納的保費，最終要實現對保戶的返還，所以為維持社會穩定，保護被保險人的合法權益，必須強調安全性原則；否則，就不能保證保險公司具有足夠的償付能力，被保險人的合法權益就得不到保障。

需注意的是，安全性原則是從保險投資總體而言，如果要求各種投資項目都絕對安全，從實踐來看絕非易事，也沒有必要。所以投資強調多樣化，在投資組合中，隨著被組合資產數量的增加，投資風險降低；被組合資產之間的相關性越小，組合降低風險的效用就越大。

(二) 盈利性

獲得盈利是保險投資的目的。盈利表現為保險投資收入大於保險投資

成本。保險投資盈利性原則與安全性原則往往呈反方向，即提高安全性要求，投資收益相應下降；反之，投資收益相應上升。在存在多種投資方式的條件下，保險投資可以追求不同的收益水平，並不需要讓各種方式的投資都受制於安全性要求。保險投資應在總體上符合安全性要求的前提下，盡可能地提高投資收益水平。

(三) 流動性

流動性是指投資項目具有變現能力，保險公司在需要時可以抽回資金，用以滿足投保人的賠付要求。流動性作為保險投資的原則是由保險經營的特點決定的，因為保險公司將隨時承擔保險責任，對於短期性較強的財產保險更是如此。堅持流動性原則不是要求每一個投資項目都有高流動性，而是從可運用資金的性質出發，把長期性資金運用到流動性較弱的項目上去，把短期性資金運用在流動性較強的項目上，使投資結構合理，從而保證總體上的流動性。一般來說，變現能力較強的投資項目，其盈利性相對較低。但這也不是絕對的，隨著組合投資工具的增多，流動性與盈利性的反向變動關係變得不明顯了。

四、保險投資的一般形式

(一) 銀行存款

銀行存款是指保險公司存放在銀行，獲取利息收入的資金。銀行存款以銀行作為保險資金的投資仲介，保險公司承擔的風險較小，安全性較高，但收益較低，在一般情況下不可能成為真正意義上的投資利潤。從國外保險公司的投資實踐來看，銀行存款往往不是保險公司投資的主要渠道，保險公司保有銀行存款只是作為必要的準備，數量不會太多。

(二) 債券

債券是發指行者為籌集資金而向債權人發行的，在約定時間支付一定比例的利息，到期償還本金的一種有價證券。

債券可以有以下幾種分類：

1. 短期債券、中期債券和長期債券

短期債券是指期限在 1 年以內的債券。在市場上流通的中長期債券如果其到期日不足 1 年的也可以視為短期債券。短期債券具有流動性強、風險低的優點，但收益率較低。中期債券是指期限 1 年以上 10 年以下的債券。長期債券一般是指期限在 10 年以上的債券。長期債券的流動性差，不易變現，通貨膨脹風險也比較大。作為補償，其收益率較高。

2. 政府債券、金融債券和公司債券

政府債券是指政府作為發行人的債券，通常由財政部發行、政府擔保。政府債券的最大特點是信譽程度高，幾乎無信用風險，且可在二級市場上交易，流動性風險小。

金融債券是指經中央銀行或其他政府金融監督管理部門批准，由銀行或其他金融機構發行的債務憑證。金融債券的風險介於政府債券和企業債券之間，其債券收益率高於政府債券，低於企業債券。

公司債券是指企業為籌集長期資金以債務人身分承諾在一定時期內支付利息、償還本金而發行的債務憑證。公司債券的發行主體是企業，其風險比國債和金融債券高，存在信用風險，但收益率相對較高。

3. 固定利率債券和浮動利率債券

固定利率債券具有固定的利息率和固定的償還期，在利率急遽變化時風險大。浮動利率債券是指根據市場利率定期調整的中、長期債券。利率按標準利率（同業拆借利率或銀行優惠利率）加一定利差確定，或由固定利率加保值補貼率確定。浮動利率債券可以減少投資人的利率風險。

（三）股票

股票是指股份公司發給股東的所有權憑證，是股東借以取得股利的一種有價證券。按股東享有的權利不同，股票可分為普通股和優先股。普通股股東享有決策參與權、利潤分配權和剩餘財產分配權；優先股股東享有確定股利分配權和剩餘財產優先索取權，但沒有決策參與權，也不參與公司紅利分配。優先股能夠取得固定收入，風險相對較小，但不能享受公司利潤增長的利益。

股票投資相對債券投資而言，具有較強的收益性，可抵禦通貨膨脹的風險，但投資的安全性較差。

（四）投資基金

投資基金是指匯集不特定多數且有共同投資目的的投資者的資金，委託專業的金融投資機構進行組合投資，以實現風險的分散與降低，共同分享收益的一種集合投資方式。投資基金目前不僅在金融市場發達的國家發展迅速，而且在金融市場不夠發達的新興工業化國家和地區，乃至金融市場落後的發展中國家方興未艾，就是因為它與其他投資工具相比有著諸多獨特優勢。這種優勢主要表現在：①組合投資、分散風險。把一定量的資金按不同比例分別投資於不同有價證券和行業，可在總體上把風險減到最低限度。②專業管理、專家操作。這可避免投資者個人由於專業知識、信息、時間和精力不足而產生的盲目決策現象。對於機構投資者而言，也可

以節約其時間和精力,專心做好其他方面的投資。③流動性強、變現性高。投資者不僅可以根據基金管理公司的公開報價隨時購買,而且可以隨時請求贖回,或在證券市場上把基金券以市價轉讓給他人。④品種繁多,選擇性強。經過一百多年的發展和完善,投資基金現已相當成熟。從種類上看,它幾乎包羅了金融市場上所有的金融產品;從地區上看,世界上只要有金融投資的地方,就有投資基金存在的可能。目前,在發達國家的證券市場上,投資基金和單位信託基金的數量已逾萬種,涉及一切金融投資領域。

但投資基金是一種間接投資工具,短期收益有可能比直接投資所獲得的回報為低,同時也存在投資風險。投資基金的風險可能來自於政治、經濟、政策或法令的變更等外在因素,也可能來自於經紀人的管理不善、決策失誤或大市不利等內在因素。

(五)貸款

貸款是指保險公司作為信用機構直接將保險資金提供給資金需求方,以獲取利息收入的一種信用活動。保險貸款可分為一般貸款和保單質押貸款。其中,一般貸款是指保險公司作為非銀行金融機構向社會提供貸款。貸款的收益率決定於市場利率。在不存在信貸資產的二級市場的情況下,信貸資產的變現能力不如有價證券,其流動性較差。保單質押貸款是指在壽險保單具有現金價值的基礎上,根據保險合同的約定,保單持有人向保險公司申請的貸款。保單質押貸款是一種安全的投資方式。

(六)資金拆借

資金拆借是指具有法人資格的金融機構之間或具有法人資格的金融機構與經法人授權的非法人金融機構之間進行的短期資金融通。資金拆借包括資金拆入和資金拆出。作為保險公司投資渠道的資金拆借是指資金拆出,即資金多餘的保險公司向資金不足者的借出款項,收取利息。保險公司是同業拆借市場交易主體的主要組成部分之一。保險公司進入同業拆借市場參與資金拆出活動,有利於保險公司在滿足當期發生的賠付需要的前提下,靈活調度多餘的保險資金,增強保險資金的流動性。資金拆出的風險較小,收益相對銀行存款利息高。

(七)不動產

根據《中華人民共和國擔保法》的規定,不動產是指土地及房屋、林木等附著物。保險資金投資不動產的方式包括間接投資基礎設施項目、房地產投資等。不動產投資尤其是基礎設施投資,具有較穩定、回報較高

的特點，但也具有週期長、流動性差的缺點，並受具體投資環境的影響。[1] 而房地產是房產和地產的總稱，即房屋和土地這兩種財產的統稱。投資房地產可以通過轉賣和出租等方式獲取收益。與其他各種投資工具比較起來，房地產投資具有對抗通貨膨脹的優點，但房地產投資也具有市場風險，且流動性較差。

（八）金融衍生工具

金融衍生工具是隨著金融市場發展而出現的新興產品，主要包括期貨、期權、互換等。金融衍生工具的共同特點：一是在品種設計上有槓桿作用（或稱為放大作用），俗稱「四兩撥千斤」；二是具有風險的對沖作用，抵消未來的市場變化給資產或負債帶來的風險。因此，金融衍生工具投資又稱為風險管理資產。

期貨或期權可用來抵消現有資產組合的風險，鎖定將來保費收入和投資的當期收益率。通過互換將利息收入轉化成需要的形態，可更好地實現資產和負債的匹配。所以，金融衍生工具的投資對提高壽險公司的整體抗風險能力和投資效果都具有積極的意義。

復習思考題

1. 什麼是廣義的保險基金和狹義的保險基金？兩者之間的聯繫和區別何在？
2. 保險基金有何特性？
3. 保險基金的來源和運動環節是什麼？
4. 保險基金和保險資金有何不同之處？
5. 保險基金的存在形式有哪些？
6. 保險投資的意義何在？
7. 保險投資應遵循什麼原則？
8. 保險投資的一般形式有哪些？中國允許採取的保險投資方式有哪些？

---

[1] 吳定富. 中華人民共和國保險法釋義 [M]. 北京：中國財政經濟出版社，2009：236 - 237.

第九章 保險市場與保險監管

內容提示：保險市場是保險商品交換關係的總和。保險市場作為無形的狀態依存商品市場既具有特殊性，又遵循市場供求的一般規律。保險市場的供求狀況受制於諸種因素的影響。為規範保險市場，促進保險業的健康可持續發展，需要對保險市場進行監管。本章運用經濟學及管理學的相關理論分析了保險市場與保險監管，應注意在理解的基礎上結合國內外保險市場及其監管的最新狀況進行深入的思考。

第一節 保險市場概況

市場是將買方和賣方積聚起來共同決定物品和服務的價格和交易數量的機制；是方便交易的制度安排，從而減少了交易的成本。市場由於交易的需要而產生，市場的發展又促進了分工和交易的發展。供給者和需求者如何在市場上實現交易、交易的條件和交易的結果如何，是微觀經濟學研究的主要內容。

一、保險市場的概念及構成要素

保險市場是保險供給者（保險人）和保險需求者（投保人）共同決定保險商品價格、實現保險商品交換關係的總和。和其他市場一樣，保險市場上保險交易的進行在於保險買賣雙方對保險商品的需求和供給的配

合。保險市場的構成要素為：交易主體、交易客體和交易價格。

(一) 保險市場的交易主體

保險市場的交易主體是指保險市場交易活動的參與者，包括保險商品的供求雙方和保險仲介。

保險商品的供給者是指提供保險商品的各類保險人。保險人向投保人收取保費，同時承擔了在保險合同約定條件下對被保險人進行賠付的義務。根據保險人所有制形式的不同，可將其分為：保險股份有限公司、相互保險與合作保險組織、個人保險組織和政府保險組織等形式。

保險商品的需求者是指保險市場上所有現實的和潛在的保險商品購買者，即各類投保人。它通過繳納保費，換取了保險人提供的保險保障服務。

保險仲介又稱為保險輔助人，是指介於保險人和投保人之間，促成雙方達成交易的媒介人，主要包括保險代理人、保險經紀人和保險公估人。

(二) 保險市場的交易客體

保險市場的交易客體是保險商品。保險商品是一種無形的、與未來世界中某事物的特定狀態有關的商品。只有在某種狀態下（如保險風險發生），保險人才會對被保險人進行賠付，因此我們常常又稱保險為狀態依存商品（State-contingent Goods）（Arrow, 1954; Debreu, 1959）。保險是滿足人們較高層次的、對安全的需要，是非必需品，一般人們不會主動購買，所以保險商品需要推銷。

(三) 保險市場的交易價格

保險市場的交易價格就是保險費。保險市場的供求關係決定了保險價格水平，同時保險費的高低又調節著保險市場供求。保險費包括純保費和附加保費。純保費是保險人用於支付預期損害的部分，其總額等於預期賠付保險金的現值。純保費又等於保險金額乘以保險費率水平，而費率是通過精算確定的，對某一險種是一常數。因此，純保費與保險金額成正比。附加保費用於補償保險公司各類費用、佣金、員工工資、折舊，以及形成保險公司的利潤等。

二、保險市場的特徵

(一) 保險市場是直接的風險市場

任何市場都有風險，但是，一般的市場交易，交易的對象是商品和勞務，其本身並不與風險相聯繫。而保險經營的對象恰恰就是風險，它通過

對風險的聚集和分散來開展經營活動，對投保人轉嫁給保險人的各類風險提供保險經濟保障。所以，保險商品的交易過程本質上就是保險人聚集與分散風險的過程。這就要求保險人具有專業知識，能夠滿足各種各樣的人對規避風險的需求。正是由於保險市場交易對象的特殊性，才導致了保險市場具有專業性強、經營面廣的特點。

(二) 保險市場是非即時結清市場

即時結清市場是指交易一旦結束，雙方就可知道確切的交易結果的市場。一般意義上的商品市場、貨幣市場和勞動力市場，都是即時結清市場。但保險交易活動，因風險的不確定性和保險的射幸性，使得交易雙方都不可能確切知道交易結果，因此不能立即結清，而要看保險事件是否發生，雙方才能知道交易的最後結果。所以，保險市場是非即時結清市場。

(三) 保險市場是預期性的市場

在金融市場上，不僅有現貨交易，還有期貨交易。期貨交易的顯著特點之一就是合約訂立和實際交割在時間上分離，保險交易具有期貨交易的特點。保險市場所成交的任何一筆交易，都是保險人對未來風險事件發生所導致的經濟損失進行補償的承諾。而保險人是否履約卻取決於保險合同約定時間內是否發生約定的風險事件，以及這種風險事件造成的損失是否符合保險合同約定的補償條件。所以說，保險市場是一種預期性市場。

(四) 保險市場具有政府干預性特點

保險在當今社會中廣泛存在，深刻地影響著人民的生活。保險經營的好壞，不僅具有經濟意義，而且具有深刻的社會意義。因此，大多數國家對保險市場都進行較嚴格的監管，如對保單格式、保險費率、責任準備金及資金運用等都有明確的規定。所以說，保險市場具有濃厚的政府干預特徵。

三、保險市場的模式

根據保險市場上保險人之間的競爭程度，可把保險市場分為四種模式：完全競爭型保險市場、完全壟斷型保險市場、壟斷競爭型保險市場和寡頭壟斷型保險市場。

(一) 完全競爭型保險市場

完全競爭型保險市場的含義為：該市場上存在眾多保險公司，每個保險公司都能提供同質無差異的保險商品，任何公司都能自由進出市場，所有公司都是價格的接受者，而不是制定者。在這種市場模式中，保險資本

可以自由流動，價值規律和供求規律充分發揮作用。

完全競爭型保險市場是一種理想狀態的市場，它能使各種保險資源配置達到最優化。但由於其所要求的條件十分嚴格，真正意義上的完全競爭型保險市場並不存在。

(二) 完全壟斷型保險市場

完全壟斷型保險市場是指保險市場完全由一家保險公司所操縱，其他公司無法進入保險市場，消費者也沒有選擇餘地，只能購買壟斷公司的保險商品，壟斷公司可以獲得超額壟斷利潤。

完全壟斷型保險市場分為兩類：一類是專業型完全壟斷模式，另一類是地區型完全壟斷模式。專業型完全壟斷模式是指在一個保險市場上同時存在兩家或兩家以上的保險公司，它們各自壟斷某類保險業務，相互之間業務不交叉；地區型完全壟斷模式是指在一國保險市場上，同時存在著兩家或兩家以上的保險公司，各自壟斷某一地區的保險業務，相互之間業務沒有交叉。

在完全壟斷型保險市場中，價值規律無法發揮其作用，各種資源配置扭曲，市場效率低下，只有經濟落後的國家，出於控制的需要才選擇這種市場模式。

(三) 壟斷競爭型保險市場

壟斷競爭型保險市場上存在著若干處於壟斷地位的大公司和大量的小公司，各公司提供有差別的同類產品，保險公司能夠較自由地進出市場，各公司之間競爭激烈。但由於大公司的存在，市場中仍有較強的壟斷勢力。這種模式在保險市場上較常見，一般認為，中國現在的保險市場就是壟斷競爭型保險市場模式。

(四) 寡頭壟斷型保險市場

寡頭壟斷型保險市場是指在一個保險市場上，只存在少數相互競爭的保險公司，其他保險公司進入市場較難。保險市場具有較高的壟斷程度，保險市場上的競爭是國內保險壟斷企業之間的競爭，從而形成相對封閉的國內保險市場。目前，這種類型的保險市場普遍存在於世界上許多國家。

第二節　保險市場的供求及其影響因素

一、保險需求的經濟分析

保險的需求是指消費者在一定時期內，在各種可能的價格下願意購買且有能力購買的保險商品的數量。保險需求者通過向保險人轉移損害風險，增強經濟保障，並從中得到滿足。對於保單持有人來說，保險具有這樣的功能：①以繳納保險費為條件，投保人可以向保險人轉移其所面臨的全部或部分風險和不確定性。②未知的風險成本（如可能遭受的損失和由於風險的存在而帶來的效用損失）被已知費用（即在已知時間內繳納的保費）所代替。

理性消費者對保險需求的選擇，總是在既定的約束條件下，實現個人效用的最大化。在風險或不確定性下，描述消費者的效用要用到馮·諾依曼—摩根斯坦期望效用理論。[①] 假設一個風險規避的消費者，具有馮·諾依曼—摩根斯坦期望效用函數 $U(W)$，其中 W 為以貨幣表示的財富水平，$U'(\cdot) > 0$，$U''(\cdot) < 0$。即財富增加，消費者總效用增加，但邊際效用遞減，效用函數是嚴格的凹函數。

假設某消費者的效用函數為 $U(\cdot)$，初始財富水平為 W_0，他面臨著一個風險：在未來一定時期裡，風險事故發生的概率為 π，發生後造成的損失為 L。

如果他向保險公司投保，繳納的保費為 P，並在損失發生時從保險公司獲得 L 的賠付（即完全保險）。此時他的期望效用為：

$$EU_1 = \pi \cdot U(W_0 - P - L + L) + (1 - \pi) \cdot U(W_0 - P)$$
$$= \pi \cdot U(W_0 - P) + (1 - \pi) \cdot U(W_0 - P)$$
$$= U(W_0 - P)$$

可見，消費者購買完全保險後的財富水平是一個確定的值，即他完全規避了風險，其代價是繳納的保費。

如果他不投保，則不需繳納保費，但損失由他自己承擔。此時他的期望效用為：

[①] 讀者可以參考任意一本高級微觀經濟學教材，如平新喬（2001）第四講和第五講；Mas–Colell 等（2001）第六章。

$$EU_{NI} = \pi \cdot U(W_0 - L) + (1 - \pi)U(W_0)$$

假設保險為公平的，即保費等於損失期望值，$P = \pi L$，我們稱這樣的保險為公平保險。如果同時賠付額又等於損失發生額，則稱之為公平完全保險。購買公平完全保險後的期望效用為 $EU_1 = U(W_0 - \pi L)$。由於效用函數是嚴格凹的，由詹森不等式得：

$$EU_1 - EU_{NI} > 0$$

即消費者購買公平完全保險將增加他的期望效用，從中得到的消費者剩餘（Surplus）為正，如圖 9-1 所示。在無附加保費時（即交易成本為 0），消費者將購買完全保險（Mossin, 1968）。

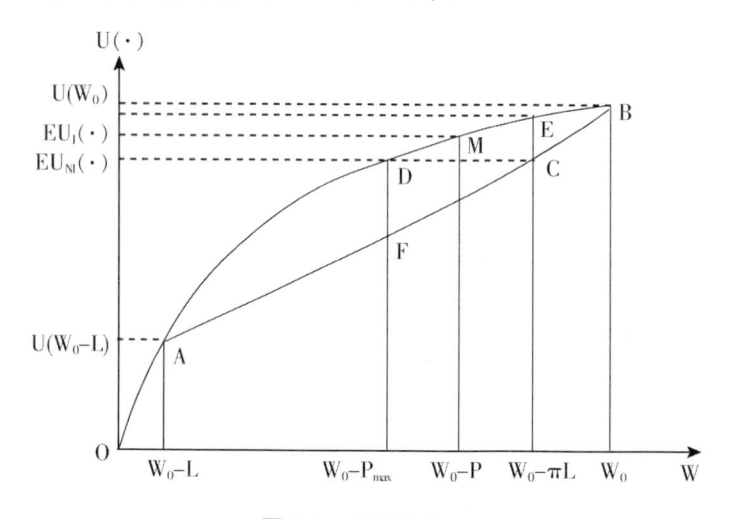

圖 9-1 保險需求

顯然，保險價格越高，消費者願意購買的保險應該越少；保險價格越低，保險需求越高。首先，均衡保費水平 P 不可能低於 πL，否則保險公司要面臨虧損而不願意承保；但均衡保費水平 P 也不可能高於消費者願意支付的最高保費 P_{max}，否則投保後的期望效用 $EU_1(\cdot)$ 將低於不投保的期望效用 $EU_{NI}(\cdot)$，從而使消費者不願意投保。因此，市場的保費水平滿足 $\pi L \leq P \leq P_{max}$。實際保險價格的高低，取決於保險市場的競爭程度和保險雙方談判力的大小。在完全競爭市場上，投保人有最大的談判力，保費 $P = \pi L$：保險人獲得正常利潤，消費者得到最大剩餘。在完全壟斷市場上，投保人沒有任何討價還價的能力，$P = P_{max}$：消費者的剩餘為零，投保和不投保的效用一樣，保險人獲得最大的壟斷利潤。其他情形介於兩者之間。

二、影響保險需求的因素

有很多因素會影響到保險的需求，在此我們只分析其中最重要的因素。一般地說，保險需求的影響因素可以分為兩大類，即保險購買者能夠施加一定影響的內因和不受個別保險需求者控制的外因。

一般認為，影響保險需求的內因有：愛好與偏好、收入、財富、個人經濟特點。影響保險需求的外因有：風險水平、強制保險、稅收、保險價格、其他商品價格以及政府行為等。

（一）風險因素

風險是保險存在的前提和基礎，無風險亦不需要保險。保險需求量與風險水平之間存在正相關關係。隨著科技的發明、經濟的發展和社會的進步，風險和不確定性因素會大大增加。因此，對保險的需求也將不斷擴大。

（二）消費者的風險偏好態度

保險需求者的偏好，也許是（假定他有自由選擇權）決定其是否購買保險以及購買多少保險的最重要的決定因素。特別是對於怎樣管理風險和如何購買保險等問題的經濟決策，都取決於保險需求者對風險的態度。

一個消費者對風險的態度，根據他對一個公平賭博（即支付的賭資等於收益的期望值）的偏好，可以分為三類：①不願意參加公平賭博者，則為風險厭惡者。②願意參加公平賭博者，則為風險愛好者。③認為參加或不參加公平賭博都一樣，則為風險中性者。我們一般都假設投保人是風險厭惡的。因為只有厭惡風險的人才會購買保險。風險愛好者不但不會購買保險；反之，他還願意購買風險（如參加賭博）。如果有附加保費，風險中性者也不會購買保險。一般來說，在保費水平一定的條件下，風險厭惡程度越大的投保人，同樣的保險會給他帶來更大的效用，從而有更高的保險需求。

（三）消費者的收入水平

一般說來，收入與保險需求是正相關的，即在其他條件不變的情況下，收入增加，消費者的預算約束增加，有更大的選擇範圍，對包括保險在內的大多數商品的需求也將增加。即我們認為保險產品是正常品，而不

是劣等品。①

對單個家庭來說，實際收入的提高（扣除物價上升因素），意味著他們生活水平的提高。收入上升的結果，將增加這個家庭的支出和儲蓄，但也可能增加其負債。因為他們現在比以前更有能力償還高額貸款，如購買一幢更大的房屋，從而增加對銀行或房屋建築商的負債。儘管增加的支出中有些將用於吃穿（特別是對境況不好的家庭來說），我們仍可認為，總支出中越來越大的部分將用於耐用品的消費（這種消費可延續很長時期），如住房、家具、汽車、空調、冰箱、電腦等。對於為這些不斷增加的財產所提供的保險需求也會因此而增加，以保護他們免受火災、盜竊、責任或其他風險的威脅。

同樣，如果收入增加引起負債的增長，對保障性人壽保險的需求也會增長。因為消費者需要保護自己，以免受可能發生的債務拖欠行為的損害。

(四) 保險費率

保險產品自身的價格，即保險費率，會影響人們對保險的需求。在其他條件一定的情況下，保險需求與保險價格成反比。保險價格上升時，保險的需求下降。這時，保險需求者或者自己承擔部分風險（通過免賠方式），或者轉向一種保障程度較小且價格較便宜的保險形式，甚至在強制汽車保險的情況下，保險費增加也會使某些司機轉而從事其他運輸行業，或者不購買汽車；反之，價格降低時，保險的需求將增加。②

(五) 財產的影響

財產和收入有相關和相似之處，但兩者是不同的概念：①財產是存量，收入是流量。②對於個人，一部分財產可以帶來收入（如投資的有價證券、出租的房屋），另一部分財產只是供消費之需而不能增加收入；對於企業，財產（或資產）主要用於生產從而增加社會總收入，收入中用於投資和購買耐用消費品的部分可以增加財產總量。

財產對保險需求的影響，有不同於收入影響的幾點值得特別注意：

---

① 收入或財富水平（見後面的分析）很高的人，可能減少對保險的需要。因此，收入和財富對保險需求的影響更多的是一個經驗問題而不是理論問題。

② 價格變化對保險需求的總效應包括替代效應和收入效應。替代效用一般都為負，而收入效應可能為正（對劣等品），也可能為負（對正常品），因此價格變化的總效應不能確定。現有的研究表明，保險產品為正常品（收入需求彈性為正），甚至是奢侈品（收入需求彈性大於1）。因此，一般來說，保險需求的價格彈性為負。

(1) 儘管財產增加的主要影響似乎是保險需求的增長，但同時，消費者越富有，他自己承擔小額損失的能力就越強（如選擇較高的免賠額）。此外，富有的消費者能夠利用綜合保險單降低其大部分財產同時受損的可能性。從單個廠商來看，大廠商可能更趨向於建立專業自保公司或自保基金。這種情況的發展是否會減少保險（包括再保險）的總購買，尚難確定。但我們可以說，增大公司規模似乎並不總是意味著保險需求的增長。

(2) 財產反過來會產生收入。例如，單個家庭的儲蓄可以獲得利息，尤其是在富有的家庭中，利息收入是相當大的。家庭投保人壽保險可以保護家庭的財產免受如資本轉移稅等因素的影響。另外，貧窮的家庭需要保險保障，以防止可能導致其喪失工作能力或其他帶來經濟困難的風險。

(3) 我們應注意財產作用於效用函數的效應：當財產本身發生變化時，從一定的財產所獲得的效用或滿足也會變動。特別是弗里德曼和薩維奇（1948）認為：不僅風險規避者的保險需求會隨著財產的增長而變化，而且一個富有的人為使財產達到一定水平，也可能轉變為投機型保險需求者。

（六）強制保險

儘管不同國家對強制保險的規定不同（因為有不同的社會保障制度），但大多數國家在雇主責任保險、汽車責任保險和各種意外事故保險以及年金制度方面均有立法規定。

強制保險對保險需求的影響十分明顯。首先，不管價格如何，必須購買最低限度的保險。在有些國家裡，對某些保險還規定了最高價格指標。一般來說，強制保險是最低限度的需要。所以，保險需求者都可能會願意購買強制保險這種要求以上水平的保險。但同時，由於政府對需求者購買這種保險的必要性已經給予重視，認識上的影響還是可能產生的。

除了政府的強制保險外，有時由於抵押和債券合同、建築和分包合同以及銷售合同中保險條款的規定，也會使其他保險成為必要。單個保險需求者常常發現，他在被告知必須購買保險的同時，還被告知所購保險單的類型及特定的承保人。

（七）稅收

無論是對投保人還是對保險人徵稅，都會影響家庭和廠商在選擇不同的風險管理方法時的相對成本—收益比較。

對家庭個人來說，關係最為密切的稅收，是對收入的徵稅和對兩代人

之間轉移財產的徵稅。在許多國家，人壽保險單的給付可以免徵收入稅。在按基本稅率納稅的情況下，免稅規定也適用於不合格享受免稅的保險單。因此，人壽保險成為一種向繼承人和被贍養人轉移財產的有效方式。

保險人所享受的優惠的公司所得稅，對保險的需求也會產生影響。這使他們收取的保險費可以低於他們在正常稅收條件下必須收取的保險費水平。從理論上說，稅收上的這種節約轉移到消費者身上的程度取決於公司的內部結構和它們的競爭形勢（如養老基金是免稅的）。

投保和自留風險的相對優勢，對於廠商來說，主要受公司所得稅的影響。一般來說，它有兩種抵消作用：①在計算應稅利潤時，保險費可以作為一種費用扣減，這有利於保險，它降低了稅收價格的有效淨額。②為了重置固定資產，通常在一定資產限額下，允許未投保財產的損失作為減免稅收費用。可減免稅收的價值的大小，取決於稅法中關於以營業損失抵消其過去或未來利潤的規定。各種研究表明，在較高的公司所得稅率下，以未保險財產的損失抵消稅收的規定，相對於降低保險的有效價格來說更為重要。所以，我們可以預料，稅率（如果它們已經處於較高水平上）的上升一般會減少廠商的保險需求。

除公司所得稅的減免規定外，廠商還可以享受防災和搶險設備的稅收折扣。

(八) 其他相關商品的價格

其他商品價格的變化對保險需求的影響，主要取決於它們與保險是否存在著替代關係或互補關係。當然，某些商品與保險既非替代商品，亦非互補商品（它們完全不相干），這種商品價格的變化也可能影響到保險的購買，但這僅僅是作為收入效應的結果。如果某種生活必需品的價格上升（這種商品的購買構成消費者支出的很大部分），那麼，剩下能花費在保險上的可支配收入就會減少。在購房按揭貸款的價格發生大幅度上升的情況下，這種收入效應的現象就會出現。

保險的主要替代品是其他風險管理措施，如風險自留（包括利用應急準備基金或專屬保險組織，通常稱之為自保）、風險預防、風險控制、儲蓄和資金借貸等都是對保險的替代。各種風險管理措施對保險的替代程度或替代彈性的大小，取決於各種措施之間成本—收益的比較。Ehrlich and Becker (1972) 是最早把自保作為市場保險的替代品來進行研究的學者，他們在論文中探討了自保作為保險的替代品或互補品的條件。還有人利用資產組合理論研究了保險、儲蓄和其他資產之間的關係，如 Mayers

和 Smith（1983）、Doherty（1984）等。一般來說，替代品的收益提高或成本降低，市場對替代品的需求會增加，從而減少對保險的需求；反之，則會增加保險需求。例如，提高銀行儲蓄存款的利率會減少對壽險產品的需求；稅收的優惠使專屬保險公司更為有利，技術的進步和市場價格的變動使風險預防和風險控制的成本降低，或者可借貸資金的成本降低或條件更為寬鬆，都將減少市場對財產保險的需求。

保險有很多互補商品，它們主要是與保險客體的性質相聯繫的商品。例如，中國汽車製造業從國外引進先進技術、加入 WTO 後國內市場競爭的加劇，都降低了國內汽車的價格，導致市場對新汽車需求增加，從而引起對機動車輛保險需求的增加。

（九）經濟體制、法律環境

相對於計劃經濟體制，在市場經濟條件下，個人與企業將面臨更多的風險。經濟主體規避風險的需求也越來越強烈，於是保險需求量將會上升。法律制度對保險需求也有很大的影響，如民事賠償責任法律的健全，直接推動了市場對第三者責任險的需求。

三、需求函數和需求曲線

保險需求量可以看成是以上所有影響因素的函數，從而得到下面的保險需求函數：

$$Q_d = f(a_1, a_2, a_3, \cdots)$$

其中，Q_d 為保險需求量，$a_1, a_2, a_3, \cdots$ 為影響保險需求量的因素。假定其他因素不變，僅分析價格變化對保險需求量變化的影響，保險需求函數又可以寫成：

$$Q_d = f(p)$$

其中，P 為保險商品價格。

一般來說，保險需求曲線向右下傾斜。當保險價格下降時，引起保險需求量的增加；當保險價格提高時，引起保險需求量的減少。見圖 9-2。

除保險價格以外的其他影響因素的變化，將引起保險需求曲線的移動。其他影響因素的變化引起保險需求增加時，保險需求曲線向右上方移動；反之，則引起保險需求曲線向左下方移動。見圖 9-3。

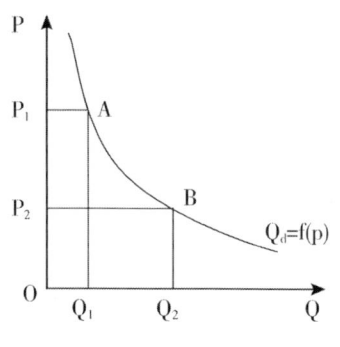

圖 9-2　保險需求曲線

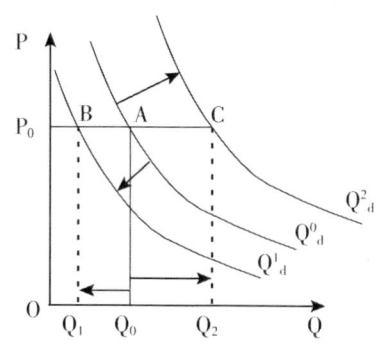

圖 9-3　保險需求曲線的移動

四、保險供給的含義

保險供給是指保險市場上保險人在一定時期內在各種可能的價格下，願意提供並且能夠提供的保險商品的數量。它既可指整個保險業為社會提供的保險產品總量，也可指某單個保險公司在一定時期內提供的保險產品總量。研究保險供給，要注意以下幾點不同於一般市場供給的性質：

（1）要考慮保險價格確定的特殊性。保險價格包括純保費和附加保費兩部分。純保費用於補償風險損失，等於未來期望損失的現值；附加保費主要由各種費用和資本利潤構成。費用的高低主要決定於保險公司的經營效率，利潤水平由市場競爭程度所決定。因此，市場競爭程度和保險公司經營效率只對附加保費產生影響，不影響純保費。

（2）保險公司只是對它可以承保的風險提供保險。關於可保風險的討論見第二章。同時，可保風險的含義和範圍也在不斷地發生變化。

（3）對於某一具體險種，純保險費率不會隨供給保險商品數量的變

化而發生變化；附加保費又分為固定費用（如固定資產折舊、管理費用）和可變費用（如佣金、理賠費用）。保險價格隨供給數量的變化主要來自於附加保費中的固定部分，而該部分所占的比例較小。因此，保險供給曲線一般比較平緩。

五、保險供給的影響因素

保險供給同時受到宏觀經濟因素與微觀經濟因素的影響。制約保險供給的主要因素包括：

（1）社會可用於經營保險業的資本量。假定其他條件不變，經營資本與保險供給能力呈正相關關係，經營資本越多，供給能力越強。

（2）整個社會對於保險產品的市場容量，即保險需求。保險需求是有購買力的保險需要。因此，假定其他條件不變，一國的經濟形勢越好，消費者的購買力越強，人們對保險的需求就越大，保險供給的數量也就相應越多。

（3）保險的市場價格。同其他商品一樣，在市場上由供求關係作用所形成的保險產品的價格在很大程度上影響保險的供給。在其他條件不變的情況下，保險供給與保險市場價格成正比。

（4）保險人的經營技術和管理水平，包括組織機構的效率。假定其他條件不變，保險人的經營技術和管理能力越高，保險的供給能力越強。

（5）制度、政策環境。保險業是一個極為特殊的行業，各國都對其有相對於其他行業更加嚴格的監管。例如，很多國家法律對於保險企業都有最低償付能力標準的規定，這種規定直接制約著企業不能隨意、隨時擴大供給。此外，保險稅收政策也會通過影響保險人的累積能力和保險市場的競爭秩序，影響到保險政策的實現以及保險業的長遠發展。

（6）保險人才的數量和質量。這裡的保險人才主要是指保險經營所需的專門人才，如精算師、核保員、核賠員、風險評估人員等。保險人才越充足，保險供給的質量就會越好；反之亦然。

六、保險供給函數和保險供給曲線

保險供給函數可表示為：

$$Q_s = f(a_1, a_2, a_3, \cdots)$$

其中，Q_s為保險供給量，a_1，a_2，a_3，$\cdots$為影響保險供給量的因素。假定其他因素不變，只分析價格變化對保險供給量變化的影響，保險供給

函數又可以寫成：

$Q_s = f(p)$

其中，p 為保險商品價格。

一般來說，保險供給曲線向右上方傾斜。當保險商品價格增加時，保險供給量增加；當保險商品價格減少時，保險供給量減少。見圖9-4。

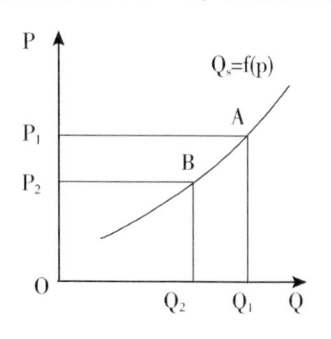

圖9-4　保險供給曲線

除保險商品價格以外的其他因素的變化，將引起保險供給曲線的移動。除保險商品價格外的其他因素的變化引起保險供給增加時，則保險供給曲線向右上方移動；反之，則保險供給曲線向左下方移動。見圖9-5。

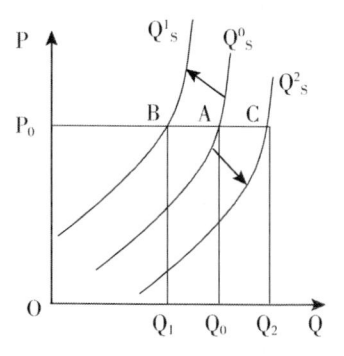

圖9-5　保險供給曲線的移動

第三節　保險監管

保險產品、保險經營以及保險市場的特性，要求政府對保險市場進行適度干預，糾正保險市場的失靈。基於這一出發點，保險監管機構代表政

府對保險市場進行監督管理，以保障保險消費者的合法權益，促進保險業持續健康協調發展。

一、保險監管的概念與特徵

按照監管主體劃分，保險監管有廣義和狹義之分。廣義的保險監管是指政府監管機構、保險行業自律組織、保險機構內部監管部門及社會力量，對保險市場及保險主體的組織和經營活動的監督和管理。狹義的保險監管是指保險監管機構依法對保險市場及其主體的監督管理，是政府授權監管機構干預保險市場的一系列制度安排。通常，保險監管主要研究的是狹義保險監管。

保險監管具有以下四個方面的特性[1]：

1. 監管內容具有全面性

保險監管的內容不僅涉及保險企業組織的設立、變更和終止，保險企業高級管理人員、專業技術人員、業務人員的資格和行為，還涉及保險條款、費率、財務運作、資金運用、償付能力、市場行為及公司治理等內容。

2. 監管對象具有廣泛性

保險行業自律組織只對其成員實行管理，而政府監管機構對所有的保險企業及其成員，以及保險代理人、保險經紀人、保險公估人等均有權監管。

3. 監管主體及其權限具有法定性

保險監管主體及其權限通常都是由保險法等相關法律法規明確規定的，而法定監管主體必須且只能依據法律規定的權限行使監管權，既不能急於行使監管權，也不能超過權限範圍行使監管權。

4. 監管結果具有強制性

相關法律規定，保險監管具有強制性規範的性質。保險監管機構的審批權、核定權、檢查權、禁止權、撤銷權、整頓權、行政處罰權和處分權等監管權的行使，均具有法律效力和強制性。

二、保險監管的必要性

（一）保險商品的特點

保險商品的無形性、長期性以及保險合同的附和性和射幸性等特點，

---

[1] 郭宏彬．論保險監管的理論根源［J］．中國政法大學學報，2004（7）：168－169．

決定了保險監管存在的必要性。首先，保險是一種無形商品，保險公司「出售」的是未來的賠付責任，是一種承諾。保險公司能否真正兌現其承諾、承擔相應的保險責任，受其償付能力是否充足等因素的影響。其次，大多數壽險產品具有長期性，保險期限長達幾十年甚至終身，保險公司能否在未來某一時期按照保險合同的約定支付保險金，具有一定的不確定性。最後，保險合同具有附和性和射幸性。保險合同的主要內容是由保險公司單方擬定的，投保人一般只能做出接受保險合同與否的決策。另外，對於單個保險合同而言，保險公司是否履行賠付義務取決於約定的保險事故是否發生，也具有不確定性。保險商品的上述特點，要求監管部門監督保險公司按照公平、誠信的原則擬訂保險合同，具有充足的償付能力，能夠按約定支付保險金。

(二) 保險經營的特性

保險經營具有高風險性和高負債性。保險公司是經營風險的企業，通過風險集散實現對個別被保險人意外損害的補償。而保險公司在經營過程中，也面臨定價風險、承保風險、投資風險及理賠風險等若干風險，因此保險公司的經營具有較高的風險。保險經營還具有高負債性。保險公司的資本金在其資產總額中僅占一小部分，其餘資產是由投保人繳納的保險費形成的，具有負債屬性。保險公司經營的高負債性加劇了其進行擴張風險的經營以追求高額利潤的衝動，從而可能導致投保方利益受損。此外，保險公司的負債還具有長期性，可能造成保險公司疏於考慮或難以準確預測未來的保險賠付。保險經營的高風險性、高負債性和負債的長期性，表明保險消費者利益的維護需要監管部門採取有效的監管措施，確保保險公司經營的穩定性。

(三) 保險市場的特性

保險市場存在較嚴重的信息不對稱。一方面，投保方的信息優勢誘發了投保時的逆選擇和投保後的道德風險。投保人「隱藏信息」使保險人無法根據每個標的的風險狀況制定對應的保險費率，平均化的保險費率實質上「驅逐」了低風險的保險標的，保險市場中留存的將是高於平均風險水平的標的，此時盈利要求促使保險公司提高費率，而更多高風險標的將隨之湧入保險市場，如此往復。投保方還可能在投保後「隱藏行動」，增大事故發生的概率或損失，以騙取保險賠付。投保方的逆選擇和道德風險將極大增加保險人的賠付成本，甚至危及保險公司的長期穩定發展。另一方面，保險人的信息優勢可能引發保險人簽約前隱藏信息（誤導投保

及簽約後隱藏行動（不履行保險合同）。作為經營風險的專門行業，保險經營過程中從保險合同設計、保險定價到保險資金運用、保險理賠等各個環節都難為保險消費者和社會公眾所理解，因而保險公司資產質量、實質經營風險的透明性較差。此外，保險產品的多樣化和複雜化傾向更進一步加劇了保險市場中的信息不對稱程度。

保險市場是典型的存在外部性的市場。保險市場正的外部性是指作為風險集散和資金融通的媒介，保險對社會穩定和經濟增長具有積極的促進作用；保險市場的負外部性表現為保險詐欺與保險業的系統風險。保險市場的外部性使得保險提供者的「私人收益」與「社會收益」並不對稱，從而影響了保險資源的有效配置。另外，由於市場准入壁壘、規模經濟或範圍經濟的作用，保險市場中存在足以影響保險產品價格的少數保險公司，享有較大的市場支配力和壟斷地位。這些保險公司一旦憑藉其市場支配力進行不合理定價以獲取超額利潤，會導致保險消費者的利益受到損失。

信息不對稱、外部性和壟斷性等保險市場的特徵，使得保險市場配置資源的功能可能失靈。在市場化的信息披露機制受阻的情況下，政府監管有利於增加保險市場的透明性。而外部性和壟斷的存在，使得政府監管部門成為維護保險市場公平與效率的主體。通過強制信息披露等監管途徑，保險監管能夠在一定程度上減少保險交易中的成本，維護保險消費者的利益。

三、保險監管的理論基礎

古典經濟學基礎上的監管理論是保險監管的重要理論基礎。監管理論研究的基本問題包括：監管產生的原因、監管的目標及監管的最優化等問題。至20世紀80年代，監管理論形成了公共利益監管理論、監管經濟理論及監管辯證理論三大主要的理論體系，為保險監管研究提供了重要的理論支撐。

(一) 公共利益監管理論

一般認為，主流的監管理論起源於公共利益理論。福利經濟學中的公共利益理論回答了「政府監管為何存在？政府監管代表誰的利益？」等監管基本問題，從而形成了公共利益監管理論。公共利益監管理論認為，政

府監管是為了修正低效率的或不公平的市場行為，以滿足公眾的訴求。[①] 該理論假設政府是仁慈的，能夠代表公眾利益實施無成本或低成本的監管，監管者的目標是防止自然壟斷、外部性、公共產品的非排他性和不完全信息等造成的市場失靈，增強經濟體的配置效率，實現公眾利益和社會福利的最大化。

公共利益監管理論對保險市場的政府監管研究具有重要的指導意義。保險市場中少數保險公司的較大市場支配力、保險市場的外部性和嚴重的信息不對稱，使得市場的資源配置效率受到影響，保險消費者的利益可能受損。此外，保險監管具有公共品的性質。共同消費和非排他性的「搭便車心理」意味著市場主體並無生產或為保險監管付費的動力，因而保險監管只能由政府提供。

儘管作為主流監管理論的傳統公共利益監管理論一直影響並指導著政府監管的實踐活動，然而該理論也存在若干缺陷。首先，監管者是否始終忠誠的代表公眾利益飽受爭議。其次，政府監管對市場機制的替代可能是低效的，政府干預市場本身也可能導致「政府失靈」，即產生包括信息搜集成本在內的直接監管成本，以及被監管企業的效率損失和尋租成本等間接監管成本。

(二) 監管經濟理論

公共利益監管理論的缺陷引發了人們對政府角色的重新認識。由於市場失靈並非政府監管的充分條件，而政府監管也並不必然能夠實現公共利益。公共利益監管理論的爭議也引發了多種解釋監管的理論出現。

早在20世紀初，監管俘獲現象就已得到了初步研究。監管俘獲理論指出，監管的供給源於特定利益集團的需求，隨著時間推移監管機構逐漸為被監管的利益集團所俘獲，因而服務於公眾的監管目標最終將受挫。1971年，斯蒂格勒首次運用經濟學規範分析解釋政府監管的產生，開創了監管經濟理論。在強制力是政府的基本資源、作為理性經濟人的各利益集團都追求自身利益最大化的假設下，監管經濟理論對政府監管進行了供求均衡分析。其中，監管的供給者是政府或政治家，他們獲得由消費者支付的政治租金；監管的需求者是特定的利益集團，它們能夠獲得有利監管政策的收益。1976年，佩爾茲曼進一步完善了監管經濟理論，提出了

[①] POSNER R. A. Theories of economic regulation [J]. The Bell Journal of Economics and Management Science, 1974, Vol. 5 (2): 335.

「最優監管政策」。1983 年，貝克爾以政治均衡理論為基礎，指出利益集團向立法者和監管者施壓的效率將影響監管的供給。

監管經濟理論在理解政府干預方面取得了重大進展，但監管實踐中仍有諸多實例與該理論並不相符，在解釋監管產生的原因及採取的形式方面，該理論並未提出可被證實的觀點。同時，在監管機構獨立性不斷增強、監管機構間競爭性日漸增加，政府對於監管機構實施監督的背景下，監管經濟理論中有關利益集團「俘獲」監管者等基本論斷無法得到有力的理論和實踐支持。因而，監管經濟理論仍有待進一步驗證和發展。

(三) 監管辯證理論

無論是公共利益監管理論還是監管經濟理論，都是從靜態角度對監管問題的論述，沒有考慮監管者與被監管者之間不斷變化的關係，因而無法完全解釋和預測監管問題。凱恩在監管經濟理論的基礎上創立了監管辯證理論，從動態角度解釋了監管過程中政治力量與經濟力量相互作用的機制。利益集團的需求引發了監管者進行監管供給的激勵，而環境等因素的變化則通過影響監管實施的效果，重新實現監管的最優化過程，以達到新的監管供求均衡。在這一過程中，監管者將根據利益集團行為的變化而調整監管策略，由此形成了「監管—逃避—監管改革—再逃避」的「再監管過程」，監管在這一鏈條中的滯後性使得監管的供給總是缺乏效率或不足。[1] 為解決監管供給缺乏的問題，凱恩又提出了監管者競爭理論，主張引入監管機構間的競爭機制，消除監管供給不足和監管效率低下的問題。

監管辯證理論創新性的從動態角度闡述了監管者與被監管者之間的辯證關係，較好的印證了監管實踐，並為兩個主體間的動態博弈及其均衡實現提供了基本理論依據。然而，該理論關於「被監管者需求誘導監管者供給」的基本假設是否成立仍存在爭議。

四、保險監管的目標和原則

(一) 保險監管的目標

所謂保險監管目標，是指保險監管機構通過保險監管活動力求實現的最終目的。具體而言，保險監管的目標主要包括以下幾個方面：

1. 保護保險消費者的合法權益

該目標是保險監管的基本目標，也是監管部門的基本職責，要求當保

---

[1] 蔣海，劉少波. 金融監管理論及其新進展 [J]. 經濟評論，2003 (1)：106–107.

險市場中的各主體發生利益衝突時，應以保險消費者的利益為重。保險監管機構具體可從保險產品的可獲得性、費率條款的公平性，以及保險公司的市場行為、償付能力和公司治理等方面進行監管，確保其不損害保險消費者的合法權益。

2. 形成公平、有序競爭的市場環境

市場經濟是競爭的經濟，因而保險監管機構要制定和維護公平競爭的規則，形成有序競爭的市場秩序，完善保險市場的進入和退出機制，進而提高保險市場的運行效率。

3. 防範經營風險

由於保險具有負外部性和高負債性，個別保險機構的經營風險可能擴散到保險市場，導致整個保險行業風險的增加，因而保險機構的經營風險防控始終是保險監管的重要目的。保險監管通過規範保險機構的市場行為、規制保險機構的公司治理結構並監管其償付能力，從而實現經營風險的最小化。

4. 維護保險市場的安全與穩定，促進保險業的健康持續發展

保險業具有損失補償、資金融通和社會管理的功能，因此保險市場的安全和穩定，對國民經濟和社會生活具有重要影響。而促進保險行業持續健康發展，也是符合中國保險業初級發展階段的重要保險監管目標。該目標的實現要求既不能以損害保險消費者的合法利益、壓制競爭和效率為代價，也不能以給予保險機構以不正當的「保護」，而應當追求保險業整體的安全穩定和健康持續發展。

(二) 保險監管的原則

保險監管的原則是指保險監管機構實施保險監管時應依據的法則和標準。一般而言，保險監管至少應遵循依法監管原則、動態監管原則和適度監管原則。

1. 依法監管原則

依法監管原則要求保險監管機構必須依照相關的法律和行政法規實施對保險公司治理的監管。由於保險監管機構要求保險公司遵循本國所有適用的公司治理標準，因此《保險法》《公司法》《證券法》等法律、行政法規都可以為保險監管提供依據和支持。在依法監管原則下，保險監管機構的「自由裁量權」得到了控制。隨著保險監管相關法律法規體系的不斷完善，行政監管行為的任意性也將進一步降低。

2. 動態監管原則

動態監管原則要求保險監管機構應形成動態監管的理念，建立相應的預警機制，密切關注保險償付能力、公司治理方面的變化，並針對性地採取事後的規制、補救措施。與傳統靜態監管相比，動態監管更具靈活性和有效性，監管機構可根據償付能力指標和保險公司治理評價等結果，及時發現其存在的問題並適時調整監管方法，從而提高監管的精確度和效率。

3. 適度監管原則

保險監管的適度原則，包括促進適度競爭原則和適度管理原則兩個方面。保險監管強調的是政府授權的保險監管機構對保險市場的干預，而這種干預必然會對保險市場的效率產生一定影響。因此，保險監管尤其應注重監管的適度性和監管邊界，防止行政監管權的擴張和異化，達到保險體系安全和保險運行效率的平衡。

五、保險監管的方式

（一）公示主義

公示主義又稱為公告監管，是指政府對保險行業的經營不進行直接監督，而由保險機構將其資產負債、財務成果及相關事項呈報監管機構，並公布於眾的寬鬆的監督管理方式。這種方式適用於保險業自律能力較強的國家。在這種監管模式之下，國家很少對保險業進行過多干預，更多由保險機構和保險行業自律組織進行自我監督約束。公告監管的優點是最大限度地促進保險市場競爭，通過充分競爭提高保險市場的運行效率；而缺陷在於一般公眾由於信息劣勢和非專業性，對保險機構的優劣評判標準不易掌握。

（二）準則主義

準則主義又稱為規範監管，是指國家通過頒布一系列涉及保險行業運作的法律法規，要求所有保險市場參與主體共同遵守，並在形式上實行監督的管理方式。這種方式適用於保險法規比較嚴密和健全的國家。這種監管方式與公告監管相比，更注重保險經營形式上的合法性，並不涉及保險業經營管理的實質。德國早期私人疾病基金的監督管理即採用這一監管方式，但目前大多數國家已放棄該種監管方式。

（三）批准主義

批准主義又稱為實體監管，是指監管部門根據相關法律法規所賦予的權力，對保險業實行全面有效的監督管理。這種方式是保險監管方式中最

為嚴格的一種。實體監管的內容涉及保險機構的設立、經營、資金運用乃至倒閉清算等方面。實體監管方式是從規範監管方式的基礎上發展而來的。規範監管的基礎是立法，實體監管的基礎除了完備的法律體系外，還包括嚴格的執法和高素質的行政管理人員。與規範監管相比，實體監管迴避了許多形式上的監管內容，追求更有效率的監管方式，目前為大多數國家所採納。在金融監管有所放鬆的趨勢下，許多國家已逐步放寬了保險費率管理和條款審定等，實體監管也在逐步放寬。

六、保險監管的主要內容

市場行為監管、償付能力監管和公司治理監管構成了現代保險監管的完整體系，又被稱為保險監管的「三支柱」。由於保險公司的市場行為、償付能力和公司治理具有內在相關性，如公司治理的內在缺陷可能導致保險公司市場行為變異，也可能造成償付能力不足，因而保險監管的這三部分內容互為補充，缺一不可。

（一）市場行為監管

保險公司市場行為監管是指對保險公司交易行為和競爭行為的監管。市場行為監管是保險監管的重要內容，是現代保險監管的保障。市場行為監管強調保險機構具體經營行為的合法合規性，通過逐步建立完善的市場行為準則，監督檢查保險機構的經營狀況，促使其合法經營和公平競爭，目的在於加強投保方權益保護，維護社會公眾對保險市場的信心。

保險市場行為監管是從「合規市場行為的制度設計」和「保險市場變異行為的規制」[1] 兩個方面，實現保護保險消費者的監管目標。其主要內容包括保險信息的公開透明、保險機構的勤勉義務、公平對待保險客戶、良好的理賠機制和司法糾紛解決機制，以及防範和打擊保險詐欺等。第一，保險信息的公開透明要求保險機構在促進保險消費者理解保險合同的內容、明確保險合同中各方的權利和義務方面，應當承擔相應的責任。第二，保險機構在提供產品或服務時，要勤勉盡責，按照行業公認的行為準則從事保險活動，切實維護好消費者的利益。第三，保險機構應向保險消費者提供及時、完整的相關信息，公平對待客戶。第四，監管部門應要求保險機構通過便捷、公平的程序，有效處理賠案，並建立保險公司內部

---

[1] 楊立旺. 保險公司市場行為及其監管研究——基於中國保險市場行為變異的研究視角 [D]. 成都：西南財經大學，2006：24.

理賠機制、司法機制和準司法機制，提高解決保險糾紛的專業化水平和效率。第五，政府通過反詐欺立法，將保險詐欺行為，特別是理賠詐欺行為有效納入法律調整的範圍，並要求保險機構建立反詐欺制度，維護公平、誠信的保險市場環境。

（二）償付能力監管

償付能力是保險公司承擔所有到期債務和未來責任的財務支付能力。實際償付能力額度是保險公司的實際資產與實際負債的差額；法定最低償付能力額度是監管部門要求保險公司償付能力額度的最低數額。[1] 保險公司的實際償付能力應保持在法定最低償付能力額度之上；否則，監管部門將採取相應措施促使其提高償付能力。

保險公司償付能力監管是對保險公司成立及經營過程中應具備的資本金、保證金、責任準備金等與償付能力密切相關方面的規制和約束。償付能力是「三支柱」監管的核心，體現了保險公司對所承擔風險的賠付能力，因而充足的償付能力是保險公司穩定經營的必要前提保證。通過對償付能力額度的監管，可有效防範由於償付能力不足所導致的保險公司經營風險，保護廣大保險消費者的利益。

保險公司償付能力監管在20世紀80年代以來全球金融保險監管逐步放鬆的背景下備受重視，特別是保險公司審批制度的放鬆和保險費率的市場化，使保險監管機構防範保險經營風險的重心向償付能力監管轉移。在償付能力監管中，強調以資產負債和財務狀況監控為主，注重責任準備金評估、財務比率分析、現金流量測試、資本充足性測試等靜態和動態的償付能力監測技術和預警機制的運用。保險公司償付能力監管，通過即時關注保險公司的償付能力狀況，確保保險公司具有充足的償付能力和良好的財務狀況，在保險公司償付能力不足時採取必要的監管措施使其恢復正常的償付能力水平，在保險公司因償付能力不足而破產倒閉時保證保單持有人得到應有的償付，以保護保險消費者的利益。

償付能力監管通常由三方面內容組成。一是償付能力的計算方法，包括保險公司資產和負債的謹慎評估標準、風險資本評估標準和法定最低償付能力標準等。運用這些標準對保險公司資產和負債的質量、流動性、價值以及兩者的匹配程度進行評估。二是償付能力真實性的檢查方法，包括財務報告、精算報告制度、償付能力報告、監管部門的現場檢查和非現場

---

[1] 傅平安．壽險公司償付能力監管［M］．北京：中國社會科學出版社，2007．

檢查制度等。三是償付能力不足時的處理方法，即監管部門根據保險公司的償付能力水平採取的整頓、清算等監管措施。①

(三) 公司治理監管

保險公司治理監管是一國政府或其授權的監管機構依照現行法律法規，對保險公司的治理結構、治理各方的權責等方面實施的監督和管理。保險監管部門對公司治理結構進行引導和規制，並促進公司治理機制發揮激勵、約束的作用。② 保險公司治理監管是保險監管發展到一定階段的產物，也是「三支柱」保險監管體系中「治本」性的監管。良好的公司治理能夠增強保險經營的透明度，顯示保險公司履行其對股東和投保人的受託責任的可靠性。保險公司治理監管旨在對保險公司治理制度的構建和完善提供指導性的框架，促使保險公司建立有效的治理機制和內控制度，實現增強投資者信心、保護保險消費者利益、防範風險、確保整個保險市場穩定運行的治理目標。

保險公司治理監管制度的核心內容，包括保險公司治理結構、保險公司內部治理機制和基於公司治理信息披露的利益相關者保護。在保險公司治理結構監管中，要求明確保險公司的治理主體及其權責，區分和保護各治理主體的利益。此外，保險公司董事會的構成與職責，高管人員及重要崗位人員的任職資質與權責等是保險公司治理結構監管的重點。在保險公司內部治理機制中，主要包括對高管薪酬激勵和大股東治理的監管。在信息披露中，監管部門要求所有與公司經營狀況、財務狀況、所有權狀況和公司治理有關的重大信息都應準確及時地傳遞給各治理主體。監管部門的主要職責是制定保險公司信息披露標準，監控所披露信息的質量，並採取必要的措施確保其符合監管要求。

復習思考題

1. 影響保險需求的因素有哪些？它們是如何影響保險需求的？
2. 影響保險供給的因素有哪些？它們是如何影響保險供給的？
3. 什麼是保險市場？不同的保險市場模式對保險市場有什麼影響？

---

① 李揚、陳文輝. 國際保險監管的核心原則——理念、規則及中國實踐 [M]. 北京：經濟管理出版社，2006：47-48.

② 楊馥. 中國保險公司治理監管制度研究 [D]. 成都：西南財經大學，2009：43.

試分析中國保險市場模式結構及其利弊。
 4. 應用保險供求理論分析如何發展中國保險市場。
 5. 簡述保險監管的概念與特徵。
 6. 保險市場為什麼需要保險監管?
 7. 簡述保險監管的理論基礎。
 8. 簡述保險監管的目標、原則及方式。
 9. 你對保險監管的主要內容如何理解?

國家圖書館出版品預行編目(CIP)資料

保險學原理 / 孫蓉, 蘭虹主編. -- 第四版.
-- 臺北市：崧博出版：財經錢線文化發行, 2018.10
　面 ；　公分
ISBN 978-957-735-608-6(平裝)
1.保險學
563.7　　　　107017327

書　名：保險學原理
作　者：孫蓉、蘭虹 主編
發行人：黃振庭
出版者：崧博出版事業有限公司
發行者：財經錢線文化事業有限公司
E-mail：sonbookservice@gmail.com
粉絲頁　　　　　網　址：
地　址：台北市中正區延平南路六十一號五樓一室
8F.-815, No.61, Sec. 1, Chongqing S. Rd., Zhongzheng
Dist., Taipei City 100, Taiwan (R.O.C.)
電　話：(02)2370-3310　傳　真：(02) 2370-3210
總經銷：紅螞蟻圖書有限公司
地　址：台北市內湖區舊宗路二段 121 巷 19 號
電　話：02-2795-3656　　傳真：02-2795-4100　網址：
印　刷：京峯彩色印刷有限公司（京峰數位）

　　本書版權為西南財經大學出版社所有授權崧博出版事業有限公司獨家發行電子書及繁體書繁體版。若有其他相關權利及授權需求請與本公司聯繫。

定價：450元
發行日期：2018 年 10 月第四版
◎ 本書以POD印製發行